自邸の日常づかい

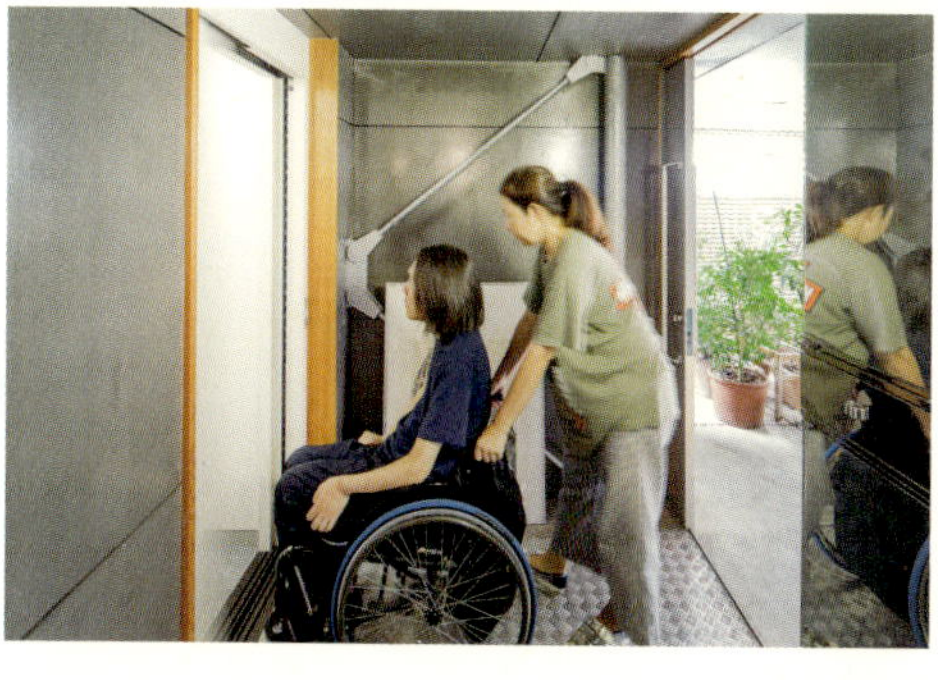

上から：

道路側よりアプローチ

玄関へ

エレベーターを待つ

上から：

2 階エレベーターより出る

出るときは後ろ向き

洗面台へ

整容する

左ページ上から：

2 階のデーブルへ

パソコンのセッテイング

上から：

2 階リビングより 2 階玄関、バルコニーを見る

2 階玄関扉を閉めるヘルパー

体験的ライフタイム・ホームズ論

車いすから考える住まいづくり

丹羽太一＋丹羽菜生＋園田眞理子＋熊谷晋一郎＋小笠顕子＝著
丹羽太一＋丹羽菜生＝編

彰国社

はじめに

ひとりが車いすで生活し、ひとりがその生活をいつも共にしている、そういう二人で設計をしていると、そこで住宅を設計するときには自然、車いすの視点から住宅を考えることになる。それでこの本は、車いすから住宅を考える、というものになった。とは言っても、自分たちはそのことにはじめ、気付かずにいた。ましてバリアフリーという発想は微塵もなかった。バリアフリーやユニバーサルデザインは設計手段の一つであり、専門的な技術的知識の一つだと思っていた。専門家と呼ばれる人は他にたくさんいたから、自分たちではそれ以上掘り下げることもなかった。自分たちにとってはそれがあまりに日常、あたりまえのことであり過ぎた。

一方で多くの人にとっては、バリアフリーといっても障害者や高齢者のための後付け機能ぐらいに考え、それが必要であることが普段の生活で意識されることはない、ずっと遠い先の話だろう。しかし住宅の場合、実際の現場では例えば高齢になってバリアフリー化の改装をしようと相談に来られても、それさえなかなか構造的に難しい住宅も多いという。バリアフリーの現場に長く携わってきた設計者はみな、どんな住宅でもそんなときのことも考える必要があることを、誰もが知っておいてくれれば、という思いを持っていた。

そんな設計者のひとりから、イギリスにLifetime Homesという住宅設計基準があるので、その内容を一緒に勉強しないかと誘いを受けた。それは、長い人生の中ではバリアフリーがどんな人でも直面する可能性のある問題であり、すべての住宅はできるだけそのための備えをしておこうという趣旨でつくられたガイドラインで、生涯使える住宅をつくるという意味で、ライフタイムと銘打っているものだ。将来のバリアフリー化に対応できるような準備だけ仕込んでおくが、いま必要でないものは省いてそれを一般の住宅として使う。必要になったときに必要な対応をする。あとは好きなようにデザインすればよい。これはバリアフリーに無縁な人にも受け入れてもらいやすいバリアフリー住宅の考え方ではないか。それはしかも、わたしたちがそれと知らずに考えていた、車いすでも使える住宅というものにもどこか通じる部分があると感じていた。

この本は、以前設計した車いすで生活するための自分たちの住宅と、このLifetime Homesを応用して新たに設計する機会をいただいた住宅を例にしてこのガイドラインの考え方を具体的に紐解き、それがこれからの住宅の考え方のひとつにでもなればと思い、未熟を承知であえて、わたしたち流のライフタイム・ホームズ論としてまとめることにしたものだ。

わざわざライフタイム・ホームズという新しい言葉を使うのは、そんな住宅に、単にバリアフリー、ユニバーサルデザインと言っただけでは伝わりきらない側面を見いだすためだ。それとは意識せずにやっていた自分たちの家は、車いすで使うということよりむしろ自分の生活の形態にいかに合わせるかで考えた。車いすでなくても、つまり住む人の条件が変わってもこういう使い方ができる、ということも考えていた。来客や来訪者のことも考えて、外との関係も工夫している。最終的には二人が、つまり車いすでもそうでなくても同じように住むことができる、そういうものにしたかった。そんな、自分たちの持つ住宅のイメージの一面にこの言葉が重なった。さらに、車いすで使えるということだけではない、それは住む人のライフスタイルを考えること、それも少し長い時間を眺めて考えること、いろいろな人との関わりや住宅の地域における役割を考えることにつながるはずだ。そこに、それぞれ自分のイメージを投影しそれぞれが考えることができれば、この言葉は誰にでも意味を持ちえる。ライフタイム・ホームズにはそんな奥行きを見ている。

chapter 01では、車いすを使う生活になるということがどういうことか、それが今まで「普通」と思っていた生活にどのような影響を与えるか、車いすを使う生活のために自分たちの住宅をどのように考えたのかを、自分たちの体験の記録として記している。さらに、当時リハビリの病院でソーシャルワーカーの見習い研修生として、社会復帰のために奔走してくれた小竿顕子さんにそのときの話をあらためて聞く機会を得た。驚いたことに彼女はそのとき自身でつくった記録や書類を二十年以上そのまま全部保管していて、いろいろ詳細まで覚えていてくれた。身体の機能の一部が働かなくなったとき、物理的な解決方法と人的な解決方法を取り入れることで生活はスムーズに新たな環境へ移行することができる。そんな試行錯誤と現在の考え方に至るまでの過程を振り返っている。

chapter 02では、それぞれわたしたちの興味があるテーマについて、それぞれの先駆者との二つの対話を収めた。明治大学理工学部建築学科の園田眞理子さんは、国の住宅政策に長く関わられて、とくに昨今の高齢者住宅問題やその居住環境、都市環境の整備などに鋭い視点で問題提起をされており、ライフタイム・ホームズにもさまざまな見識をいただいた。東京大学先端科学技術研究センターの熊谷晋一郎さんとは、同大の経済学研究科松井彰彦教授の「REASE社会的障害の経済研究」プロジェクトでご一緒し、今回は障害がある身体とその環境について、とくにその空間を考えるうえで環境をいかに身体に合わせていくか、体験などを踏まえて話を膨らませた。彼はいま、身体の障害だけでなく医師としても幅広く障害というものを考えており、当事者研究という新しい分野では最前線を走っている。

chapter 03では、車いすの視点から住宅を考えることと、それまでに学んできたちょっと変わった住宅設計の考え方を照らし合わせてみて、自分の住宅を自分で考えることの意味とその先の地域社会について、そこではライフタイム・ホームズというものがどうとらえられるべきなのかの一端を述べる。最後に、高齢化を意識し歳をとってもそれを楽しく過ごすという意志を、自らがしっかり持ったクライアントと実際に建てたライフタイム・ホームズの家を紹介する。

障害の困難は、障害者の身体にあるのではなく、身体に障害があることを生活のいろいろな面での不自由として障害者に強いている社会の側にある。それが現在の障害をめぐる考え方の主流である。住宅が高齢者や障害者に使いにくいものであるならば、住宅を変えていかなければならないということだ。そのためのひとつの方法として、ライフタイム・ホームズという考え方があるということが、少しでも誰かのお役に立ってくれればよいのだが。

丹羽太一・丹羽菜生

目次

［装幀］榮元正博
［本文組版］スタヂオ・ポップ

Chapter 01

自分の家を自分で考える

01 気がつくと、障害者になっていた

一九九二年秋

◉全身に力が入らない

その日の朝、天気もよかったので、思いついてバンドのメンバーに電話を掛け、西武新宿の改札で待ち合わせて、前から約束していたしながわ水族館にイルカを見に行った。一緒に『グラン・ブルー』[1]を新宿ミラノ座で見たときに、そんな話になったのだと思う。一週間前に呼ばれた学祭での演奏後、昼間から飲み過ぎて一人で大騒ぎして迷惑掛けて情けない状況だったんで、その寂寥の秋空を味わうような気分だった。

品川から京浜急行で大森海岸へ、という少し不便なところにある小さな水族館になぜかイルカがいて、その少し街外れた存在感が好きな場所だった。葛西は建物もデザインされていてロケーションも洒落たようなところだったし、池袋はラッコはいたけど、どちらもイルカはいない。品川は、ベビーカーが行き交う新興の中層団地に囲まれた公園の中にある、という古くさい環境も、実感を持てない光景ゆえに止まっているかのような、その時間の感じも申し分なかった。入ってすぐ正面にあった、熱帯魚の水槽の散りばめた色を眺めていると飽きなかったし、イルカのプールは小さいけれど、ショーが終わって誰もいないプールサイドで、のんびり浮いているイルカをぼんやり見ている、世紀末にむかう東京とはまるで関係ない、日常極まりない刹那の午後感が可もなく不可もなく、ただそうして

いられるところだった。

ちょうど三年前から海外に滞在する母親が家に帰っていて、夕方まだ日の暮れる前には水族館を出て、品川から一人鎌倉の実家に向かった。久々に妹と三人で母親のつくった晩飯を食った。ビールの買い置きがなくなったので、一人で近所の酒屋の自販機にビールを買いにいって、居間に戻って、その日買ってきた十二インチのアナログ版を聴きながら、缶ビールを飲み干した。

そのとき、どちらだったかの手の甲に力が入らない気がして、指を拡げようとしたけれど、なんとなく半分、自分の一部でなくなっているように感じた。首の中で軽く絞られるような変な感じがして、すぐに気分が悪くなった。うまく動けなかったのだと思うが、妹にトイレに連れて行ってもらって、便器に向かって顔を伏せたら、そのまま起き上がれなくなった。

肩を起こして、そのまま廊下に引きずり出して横にしてもらうと、もう全身に力が入らなかった。とりあえず様子を見ようと、しばらく横になっていた。なにか手足の居心地が悪くて、妹に、手をこっちに、足を伸ばして、と言ってあちこち動かしてもらっていたように思う。その間何度か外から電話が掛かっていたようだが、母も妹も慌てることもなく、今お兄ちゃんがなんか変だから、というぐらいの感じだった。夜だったが、向かいに住んでいた整形外科の方に来てもらって、どうなっているんでしょうなんて聞いてみたけれど、やっぱり病院で見てもらったほうがいいよ、と言い残して帰っていった。そうこうしているうち、少し心臓のあたりが苦しくなってきて、自分でもこれはもうだめだ、救急車を呼んでくれ、ということで、生涯初めて救急車に乗る羽目になった。

1 **『グラン・ブルー』** 一九九八年　92年グレート・ブルー完全版として日本で公開された、フリーダイバージャック・マイヨールを描いたリュック・ベッソン監督の映画。

救急隊員に首を固定されてストレッチャーで運び出されながら、自分で何があったか説明した。説明といっても、気分が悪くなってそのまま動けなくなりました、ぐらいのことだったろう。横になったまま、車の中をぐるっとを見回して、なるほどこれが救急車ね、と思っただけだった。上を向いたまま、跳ね上げたドアを見上げて、一瞬外に出たかな、でまたすぐまっすぐ建物に入って、がらがらと流れる天井、もう一度、今度は併走する医者に、晩飯喰って、ビール飲んで、気分が悪くなって、立てなくなって、と言い掛けたところで記憶は途切れた。

次に気がついたのは真っ暗な中、広いところの真ん中でベッドの上、誰かと話をしたような気もする。その日約束していたことを、妹に替わって事情を説明しに行ってもらったりしたはずだ。どうも、父親の駐在仲間が来ているようだな、医者が、専門の人がいるもっと大きい病院に移るって話をしに来て、いつの間にか父親が呼び戻されている、海外にいたはずだがいつのまに、身体はまだ動かないな、暗い部屋で何度か目が覚めたけれど、そのたびすぐにまた眠りに落ちた。多分、一日おいてその次の朝までだったが、ほとんど眠っていたんだろう。ぼーっとしたままふたたび救急車で別の病院に移って、どんな部屋に入ったのかも覚えていない。動脈にカテーテル[2]を入れて首の血管を造影するよってことになって、手術室に行ったのは今でもちゃんと思い出せる。寝たままで写真を撮られて、病室に戻って、カテーテルの動脈の傷が塞がるまで姿勢変えちゃだめ、と言われても自分では動けないのだが、空気で膨らんだり萎んだりするマットの上でひざを立ててまる一日、同じ姿勢でいたらさすがに尾骨のあたりに床ずれができた。ここまではどのぐらいかかったのだろう、時間感覚がほとんどない。

一週間は経っていないか、そのぐらい、病室はすでに専門病棟の二人部屋だった。倒れてからは寝ているばかりだったが初めて、ベッドの背もたれの部分だけ立ちあげて、そこに上半身をもたれたまま起こす姿勢になった。天井を見ているよりは、目線がまわりと一緒の分だいぶましだ。肩は上げ下げできるけど、腕は降ろしたまま、脚は投げ出したまま動かない。ちなみに当初トイレ事情はといえば、手術なんかで入院したことのある人は経験があると思うが、小さいほうは膀胱から管を通して直接外へ出す。これはけっこう痛いらしいが、動かないうえに熱い冷たい痛いが鈍くなっているのでわからない。あとは出たとこ勝負の防水シートでなんとか、ここまではまったくそんなこと気にもしていなかった。そして倒れて初めて担当の新人看護師の女の子に、食事を食べさせてもらった。食欲もあるのかないのかわからず、恐る恐るなますを「はい、なますー」と言って口に運んでもらった。ちゃんとなますの味がした。

◉入院生活は有無を言わさず始まった

病名は、前脊髄動脈症候群[3]というものだった。首に前脊髄動脈という血管があって、そこから頸椎という脊髄の首の部分に血液が送られるのだが、そこが何らかの原因、通常は詰まるか破れるかして血液が送られなくなることで、首の神経がダメージを受けて傷つくらしい。ただ、わたしの場合は血管造影で何の異常も見つからなかった。結局なにが起きたかはわからずじまいだったが、傷ついた神経は、ＭＲＩを見て大体わかるものだった。原因はわからないけれど、症状は首を骨折して神経を傷つけたような、いわゆる頸椎損傷と同じようなものだ。内部の病気なので、外傷で神経が横に切断されるのとは少し違って、部分的な損傷が縦に延びたようになっていた。不全まひといって、一部感

2 **カテーテル**　血管などを通じて造影剤などを注入するための医療用の細いプラスチックチューブ。
3 **前脊髄動脈症候群**　前脊髄動脈という頸部の血管の破裂や梗塞などにより血流の低下がおこり、脊髄を傷つける病気の総称。

覚や機能が不完全ながら残りかつまひが残るような傷だった。

首から下がまったく動かないまま、ベッドにもたれて上半身を起こす以外に何もできなくなった。それ以外には何かが変わったかといわれれば、そうなるとそうなったで、別段意識が変わることもなく、特別何の感情も起こらなかった。それまでの自分が今もここでこうしているというだけだった。怒りも不安も自棄も苦痛も、かといって希望も平穏もなく、ただ事態の只中でそれをそのまま体感しているという風だった。自分で動かすことができなくても、自分の身体という感じはまったく変わらない。じっとしていることを苦しいと感じない限りは、ただじっとしているというだけのことだ。そうして入院生活は有無を言わさず始まった。

ベッドを起こしての食事は、横から家族か看護師の女の子に口に入れてもらって摂る。着替えもトイレの始末もすべてベッドの上で、看護師の女の子にやってもらうしかない。動くことができないと、それは誰かにやってもらわなくてはならない。それは受け入れなくてはならない。というほどの葛藤も躊躇も恥ずかしさも微塵もなく、どんなケアも処置も、自分で理解して、新しい看護師が来れば自分で説明しながら、慣れたようにああしてこうしてと何でも頼んでいた。あたりまえに女性看護師にそうやってケアしてもらうしかないけれど、逆に女性だから気楽に何でも頼めるような気がした。なまじ同性は気を遣うように思うが、単に女性が好きなだけかもしれない。

回診に来るドクターは、手脚の動きと感覚の様子を診るけれど、いつも同じことを確認するぐらいで、他にできることもないらしい。若い担当の医師は毎日朝夕顔を見せ、何かと話をしていった。それでも病気については悲観的な話も楽観的な話もしなかったように思う。一度だけ、「脳からの信号が、少しでも下に行くようになれば、それは十日後か十年後かもわからないけれど、動くこともあるのかもしれない」って話をした。だから自分もそのときはそんなふうな気分だったんだろうと思う。

◉リハビリの始まり

そのころ時代はもう、事故などで身体に障害を負っても、動かせるようになったらできるだけ早くリハビリを始めるのがあたりまえになっていた。すぐに理学療法士[4]が病室にやってきて、ベッド上で手脚を曲げ伸ばしし始めた。それまでに点滴も排尿の管も外れて、小便は、決まった時間に医師が来て、そのたんび細い管を通して膀胱をカラにすることになっていた。ニ、三日後には車いすに乗って、リハビリ室に行くことになった。

車いすに乗るのも、看護師二人がかりで担いで乗せる。肩を持って脚を持っておしりを支えてイヤそれじゃ三人必要だとか、慣れない力仕事をあれこれ試しながらの大騒ぎだ。看護師さんもベッドに乗ったり降りたり、結局一人が上半身を抱えて一人は脚を持ち上げて、今となっては力ずくの解決方法だったと思う。車いすに乗って最初にやりたかったことは、洗面台へ行って顔と手を流水で洗うこと。洗髪や清拭はベッドでもやっていたけれど、さっぱり感がぜんぜん違う。とはいえこれも、誰かに車いすを押してもらい、手を一緒に流し、身体を前に倒して支えながら顔に何とか水を掬ってかけてもらう、それでも少しは生き返る心地がした。そのうちに、週に何度か、それ用のストレッチャーごと入る大がかりな浴槽で、風呂にも入れるようになった。

◉腸閉塞、ただ自覚はない

症状は安定し、それ以上悪くなることもなかった。というか、端から見ればもう十分最悪の状態だ。

4 **理学療法士** Physical Therapist（PT） 身体に障害がある人の動作の回復や維持のために体操や運動などで治療をするリハビリテーションの専門職。

そのころ家族には、医師から息子は一生車いすの生活だという説明があって、けっこう参っていたらしい。それでも落ち込んでもどうなるものでもない、朝比奈インターまでの峠が空いていれば横浜横須賀道路で二十分ぐらいの病院に、毎日通ってきて一緒に過ごしている間は、お互い暗くなることもまったくなかった。ベッドサイドは一人座るのがやっとの広さの二人部屋に、家族も見舞いの人もしょっちゅう出入りしてくれていたのもあって、しばらく続きそうな付き添い生活にも滅入らない、最上階の少し広い個室に移ることになった。ミニキッチンとユニットバスの付いた大きな部屋で、一面の窓から埋立て地と東京湾が見下ろせる。自分はベッドの上だから、広さもバスも関係ないけれど、来てくれる人たちはのんびりできるいい部屋だった。

ところが、リハビリ室へ行けるようになって一週間もしないうちに、どうやら腸閉塞というものになったらしい。本来七転八倒の痛みらしいのだが、痛みがわからない身体では、少し気分が悪いのと微熱があるぐらいで自覚はない。腹にエコーを当ててみたところでは、どうもそうだということになって、今度は鼻から胃に管を、胸から栄養点滴を入れる羽目になった。絶食のうえリハビリも中止。夜中なのにやけに大事になって、さすがにこのまま死ぬのはちょっと寂しいって気分にはなった。結局一カ月ほど、飲まず食わずのベッドで安静、文字通りのゴロゴロ生活になった。年の暮れ、ようやく点滴も全部取れて、おかゆが食べられるようになった。正月の病院食はおせちと銘打って少し豪華なものがでるらしい。何とかそれまでに普通食に戻さなければ。（TN）

02 本格的なリハビリの開始

一九九三年

◉教授の来訪

病院のおせちは小さな鯛が真ん中に、ちょっとした正月料理のようなものだった。餅は出たかどうか忘れた。正月が明けると、リハビリ室に通う日々がまた始まった。

当時勤めていた大学の研究室のボス、石山修武[5]さんが何度か見舞いに来てくれた。ぜんぜん知らなかったのだが、一度医師に話を聞く機会があったらしい。そこで、普通こういう人は嘆いたり自棄になったりして、泣きわめいたり親や看護師にあたったりするのだけれど、彼はまったくそういうことがなかったのが不思議です、とかなんか聞いたらしい。それはでも、我慢とか意志の強さとかいうような立派なものじゃない。底抜けに楽観していたか何も考えていないだけだった。ただただ、思い詰めるようなタイプじゃないってだけのことだった。どっちがまともな反応なのかはわかりはしないけれど、石山さんは、お前医者が不思議がってたぞ、なんて言って、わざわざそんなことを言うなんて何か感じることがあったのだろうか、元来の、多分義理より人情の質がちょっとでて、ついでにぽろりと、車いすで来られるなら、研究室に戻ってくれれば、と言い残していった。

5 **石山修武**（いしやま・おさむ）建築家、早稲田大学名誉教授。一九四四年生まれ。二〇一四年三月まで早稲田大学理工学部教授症状が落ち着いても機能の回復はほとんどないまま、車いすに乗ってベッドとリハ室を一日一往復と、三度の病院食、決まった時間にトイレ処理とときどき入浴、すべて看護師の手が必要で、なんだかこうなることがぜんぜん意外でも何でもないような気がして、ただ淡々とスケジュールをこなす。それだけで何が出来るようになるわけでもなく先が見えるわけでもないし、今思えば随分お気楽な気もするが、焦るような気にもならない、とくに頑張るでもない、とにかくできることをやるしかなかった。

とはいえ、いつまでも何も進まないということもない。病院を出たらどうするんですか、という話が出てくるのは時間の問題、医師から次の病院の候補を挙げられるようになったころ、よいリハビリの病院があるという話を聞きつけた母親が早速その病院へ乗り込んだ。

そこは当時東洋一のリハビリ専門病院といわれ、とくに脊髄損傷の人のリハビリを多く手掛けていたところで、全国からリハビリを受けに来るから入るのに順番待ちだという話だったが、どうやら車いすでの社会復帰に力を入れているらしい。母親は飛び込みでソーシャルワーカー[6]に会いに行って、石山さんのぽろりを多分大げさに伝えたんだろう、大学が受け入れてくれるというなら、すぐうちに来てそのための準備をお手伝いしましょうと、むこうも乗ってくれたらしく、次の行き先とその先の展望まで、ぐっと引き寄せてしまった。実際にはひと月かそれ以上後になったのだが、そうして病院を移ることになった。

◉リハビリ専門病院へ移る

それまでは、病院まわりを車いすで散歩させてもらう、ぐらいの外出しかしていなかったのに、いきなり次のリハビリ病院は、車でかなり移動しなくてはならない山の奥にあって、病院の普通の事務用の車の後部座席に担ぎ入れて、高速を一、二時間は掛けていくことになった。まず車にどうやって乗せるのか、座っていられるものなのか、そして二時間車での移動に耐えられるのか。半年も病棟にいてすっかり仲がよくなってしまった担当の新人看護師はその日、夜勤明けのまま出発まで居残ってくれて、わたしが車に乗せるよ、と張り切ってくれた。いろいろ研究したと言っていた割には入口で四苦八苦、結局最後は座席に一緒に倒れ込むように無理矢理な乗せ方になったけれど、それで笑ってお別れになった。車の移動は問題なく、着いた病院の看護師は二人手慣れた調子で、難なく車から降ろされた。

リハビリ専門病院は、それまでいた新築の病院とは違い築二十年、こんな重症の障害にも慣れたスタッフと環境、それがすぐにわかる。六人部屋にすっと通され、ベッドに移動させられた。ナースコールも飲料水のボトルも全部、動かない身体でも使いやすいように用意されている。でも、慣れているというのも良いことばかりではない。それまでは慣れないから、なんでも希望やこんなふうにしたらの提案を、そのつど考えながらなるべくそれに近いかたちで実現させようとしてくれた。ここでは色んなことのやり方やスケジュールがすでに決まっているから、こちらがそれに合わせなくてはならない。管理されている感じがあって、はじめはもう前の病院が懐かしくなるような心細さも感じた。

でも、やはり専門病院。すぐに自分用にサイズを合わせた車いすをつくり、トイレも小さいほうは中味を簡単に捨てられるゴム製の袋をくっつけてズボンに収納、大きいほうはそれ用の車いすでトイレで座って、と今までみんなが苦労していたこともあっさり解決してしまう。ベッドから車いすへの移動も、ちょっとしたコツで一人の介助者でできてしまう。今の生活スタイルの基本はすべてここ

6 ソーシャルワーカー　社会福祉士

で身につけたものだ。PT、OT[7]の他に自分で車いすを動かす練習をする体育まである。大部屋で、色んな事故で車いすになった人たちとたくさん会って話を聞いた。わたしより重症の、それでもあごで操作する電動マシンで動き回る人なんかもいたし、大工の棟梁や登山家、ユースのサッカー、大学ラグビーの選手やBMX、オートバイのレーサーまで、軽い障害の人には随分助けてもらったりもした。PTにはチェアスキーのパラリンピック強化選手も、道具の開発に来たりしていた。外来でも大勢の車いすの人が毎日のようにやってくる。体育館でバスケやテニスをし、裏の山道をこぎ上がっていくような、タフで多様な車いすの人たち。わたしはそこまで動かなかったけれど、動き回っている車いすは格好良ささえ感じる自由さだった。

ソーシャルワーカーは、これまた今まで何人も車いすの若い人を見てきて、それぞれの仕事に送り出してきた、気っぷのいい女性だった。あなたもすぐ、大学で働く準備をしなさい、職場も住まいも環境を整備して、ヘルパーも自分で集めて、一人で生活するのよ、ちょうど、あなたの大学からソーシャルワーカーの研修に来てる学生がいるから、彼女にいろいろやってもらうわ、ボランティアサークルをまわって、ヘルパー募集もしてもらうわ、といった調子で、やはり彼女がこれまで社会に送り出してきた研究者やエンジニアにも、彼らが来院するたびに連れてきて会わせてくれる。それぞれが工夫して車に乗り降りし、大学で働く人も何人もいた。そうして研究室に戻る道筋が、そんなにたいそうなことでなくあたりまえに見えてきた。

◉ちぐはぐにまひした両腕でパソコンを使う

仕事をするにはパソコンができればいい。すでにマックではイラストも写真もソフトウェアで扱える。設計用のCADも出ていたし、ワープロもある。多くの頸損の場合は、傷が首の上に上がるほどまひの範囲も下肢体幹から指、手首、腕、肩と上がっていくのだが、わたしの場合、首の神経の部分的な損傷が縦に延びたようになっていたために、まひは左右対称でなく、左腕だけが少し上がり、右だけ手首がしっかりして、指先は両方とも微かに動いたりする。このちぐはぐなまひが、実はマウスとキーボードを使うのにぎりぎり最小限に機能することになる。

まだ少ししか上がらない左腕を、上から吊って支えるような装具をテーブルに立てて、力のない手首ごとベルトで固定するフォークを手に付けて、ベッドの上で介助してもらっていた食事を、テーブルで自分で摂れるようにした。装具を着ければ電動歯ブラシで歯を磨くこともできる。左手にテーピングでラケットをグルグル巻きにして、バドミントンの羽根を打ち返して腕の力を少しでも強化する。腕を載せる市販の台を使ってパソコンを打ってみる。左指先一本、腕ごと上下してキーを叩き、右手は指を使えないので手のひらでマウスを動かしながら手首でクリックを操作する。達成感なんてないけれど、必要なことを工夫しながら確認することで、とにかく先を見るだけだ。

週末は外泊というかたちで、家に帰るようになった。

金曜午後は、プールでシュノーケルを付けて一時間ほどぷかぷか泳ぎ、シャワーを浴びてさっぱりしてそのまま帰る。介助の付いた入浴が週に一回の病院生活ではこのシャワーが貴重なのだ。家人も車いすの乗せ降ろしができるようになって、家の車でやはり一、二時間かけて帰る。

◉大学へ戻るための部屋探し

家に帰るといっても、新興住宅地の一般的な一軒家、玄関前に五段の階段と玄関ポーチ、玄関には

7 PT、OT　理学療法（Physical Therapy）、作業療法（Occupational Therapy）の呼称。

上がり框があって、トイレも半間の小さなもの。病院で教わる力技で、階段も車いすで何とか上がれるものの、トイレは介助者が入れないので改装が必要だ。敷居をなくしてとなりの洗面所との間に狭い扉を付けて普段は閉じ、必要な時は横から手助けができるようにして、表の階段はスロープにできるほど余裕もないので、一段が90㎝ずつある緩いものにして、一段ずつ車いすが上がるようにするのが精一杯だった。でも、最低限必要なところは案外シンプルに改良できるものだ。その人の必要に合わせて考えれば、介助するための改装は、実はそんなに大がかりな何かが必要なわけではないのかもしれない。

しかし大学へ戻るためには、もう一つの住居、通える範囲に部屋を借りなくてはならない。部屋を探すのも、車いすで住むとなると汚れたり傷ついたり、あるいは貸し手が単に、車いすで住むことがどういうことなのかよくわからないからなのかもしれないが、なかなか難しいことが多い。またまた母親が不動産屋に乗り込んで一軒目、大学の目の前にあった新しい個人経営のマンションで最上階に住むオーナーが、留学生や障害者に部屋を貸して支援することに前向きな人で、快く家族用に使っていたワンルームを空けてくれるという。自分のところにも老人がいるので、建物の入口にスロープを付けようと思っていた、と部屋の玄関と一緒に建物入口にもスロープをつくってくれて、車いすで使いやすいようにと、部屋のトイレ、居室などの扉を外してくれた。この部屋が、敷地に合わせた三角形の部屋で、三角に四角く部屋を配置するので、トイレと洗面が別々のうえ、余分なスペースがあって、逆に介助が入るのに大変都合がよい（77頁参照）。ワンルームだけれど変形ゆえの余分なスペースがあるうえにいろいろ手を入れてくれたことで、車いすでも使いやすい部屋になった。

病院の外泊で戻る家には家族がいるが、新しい部屋では一人で生活しなくてはならない。一人暮らしをするためには、基本的に二十四時間、身の回りの介助を受ける必要がある。昼間は石山さんが、研究室のスタッフに面倒を見てもらうようにするからと、それまでに一度病院スタッフに大学に来てもらって、何が必要か、説明してもらう機会もつくった。病院で出会ったソーシャルワーカーの研修生が、大学のボランティアサークルをいくつかまわって、ヘルパーの募集を呼びかけてくれた。けっこうな数の学生が集まったので、一度わたしも病院からマンションの部屋に出かけていって、面接説明会を設けた。みんな若くてやる気があり、任せるのに不安はない。その後ヘルパー派遣制度が変わるまで、わたしがローテーションの調整をしながら約八年間、それらのサークルの学生を中心にして、毎年代々後輩が引き継ぎつつ、毎日毎晩介助に来てくれた。

それまで古い建物の狭い部屋だった大学の研究室は、たまたま、わたしが入院している間にできた新しい建物の広い部屋に引っ越ししていた。一階に一つだけだが、車いす用トイレができている。構内で唯一ここだけの新設。絶好のタイミングで戻ることになったものだ。新しい研究室に、新しいマックが二台。Ｑｕａｄｒａ[8]のタワーの中にＭｉｎｉＣＡＤ[9]、イラストレーターとＦｏｒｍＺ[10]の製図環境、ワープロはＥＧＷｏｒｄという当時理想の、今ではなんだかわからないかもしれないセットが準備されていた。とにかくマウスとキーボードを使って、なんとかコンピュータを使えるようにすること。

こうして一年の入院を終えて、翌年の春、一年半ぶりに研究室に戻り、同時にヘルパーを入れての一人暮らしを始めることになる。(ＴＮ)

8 **Quadra** アップルマッキントッシュの初期のハイエンドタワー型機
9 **MiniCAD** エーアンドエーVectorworksの前進CADソフトウェア
10 **FormZ** 3Dモデリングソフトウェア

03

まちの中に住む

一九九四年春

◉ヘルパーの応募

一人暮らしを始める前に、リハビリ・センターで紹介されたソーシャルワーカーの研修生が、大学のボランティアサークルをいくつかまわって、わたしのためのヘルパー応募を呼びかけてくれた。一度、希望者にマンションに集まってもらった。わたしは生活のほとんどで介助が必要なのだが、自分の状態と何を手伝ってもらうのかを自分から説明する機会をつくった。ほとんど学生の、男女半々ぐらいはいただろう二十名ほどが来てくれて、あれこれ質問も出て、結局ほとんどが参加してくれることになった。病院では女性の看護師に任せるのがあたりまえだったから、女性のヘルパーでも気にならなかった。食事をつくってもらうことも考えれば、女性のほうが向いている仕事もあるかもしれないとも考えていた。もちろん、まず希望して来てもらうことが前提である。

当時、ヘルパーの自立支援は国の制度としてはまだ確立しておらず、何人かの車いすの先達の話を伺ってそれぞれの例を参考に、区役所に相談に行った。今のような登録事業所はとくになく、ここでは、ヘルパーを必要としている重度の身体障害者は自分でヘルパーを探してきて区に登録し、ヘルパーの費用は区からの援助を受けられるようになっていた。登録すれば自分で選んだ人はヘルパーになれるというのが、学生のボランティアを集めるのには都合の良い制度だった。学生は卒業するときにサークルの後輩を新たに連れてきて、そうして切れ目なく人をつなげてくれたから、国の支援費の制度ができるまでの八年ほど、毎年春には何人かが入れ替わるのだが、それでも学生中心のヘルパーは常に十五人ほどいた。

昼は研究室にいるのでヘルパーは必要ないが、夕方マンションに帰るとそこから翌朝研究室に出かけるまで、ずっとヘルパーがつきっきりになる。夕飯をつくってもらって一緒に食事をし、トイレとシャワーを済ませるまで一人のヘルパーが担当、夜には交代して次のヘルパーが就寝と起床を泊まりがけで担当する、一日二人体制である。

車いすではほとんどテーブルについて、新聞を読んだりテレビを見たり、食事は補助具を使ってある程度自分で食べるけれど、飲み物や汁物は介助が必要で、補助具の着脱や配膳や片付けはすべてお任せとなる。

食事後は洗面所で、補助具を使って歯磨きをする。電動の歯ブラシを補助具にセットしスイッチを入れてもらい、うがいは手伝ってもらう。終わったらベッドへ一度移動し、トイレ・シャワー用の車いす（**図1**）に乗り換えるのだが、この移乗もすべて介助が必要だ。男性のヘルパーは力があるから無理矢理でも持ち上げてなんとかなってしまうが、女性のヘルパーはみな、最初コツをつかむまでは一人で移乗させるのは一苦労だった。なかなかおしりが持ち上がらず、はじめは必死に力を入れているのだが、たいていは二、三回目に突然、力を入れなくてもすっと立ち上がるようにうまくいくと

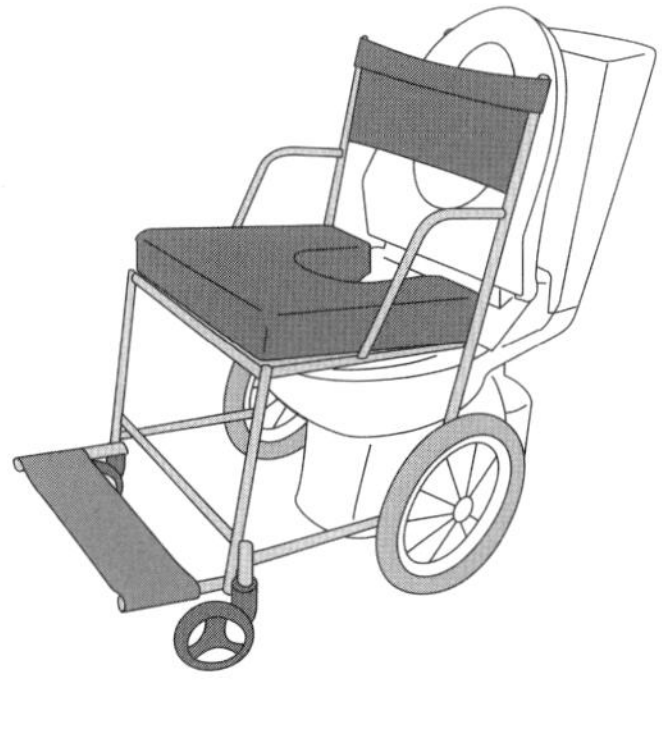

図1　トイレ・シャワー用車いす

きがあって、それからは何でもないように移乗できるようになる。うまくバランスを取ることができれば、わたしの足がうまく床について、体重がそこにかかるようになって重くないことが身体でわかるのだ。

シャワー用車いすに乗り換えれば、これは座面がトイレの便座に合わせてあるので、そのままの状態でトイレを使えるようになっている。トイレのあとはそのまま浴室へ行って、洗い場で車いすのままシャワーで、横に立ったヘルパーに頭から足先まで洗ってもらう。バスタオルで拭くのもドライヤーをかけるのも、車いすのままヘルパーが介助する。最後にベッドに移乗したら、寝るまではベッドの背を起こして、ヘルパーが後片付けをする間テレビなど見ていると、交代の泊まりのヘルパーがやってくる。

夜はそのままベッドの背を倒して、就寝。不随意の動き[11]で夜中に脚がベッドからずっこけて落ちたりしたら、そのまま身体ごと落ちないよう、横の折りたたみベッドで寝ているヘルパーを起こして、姿勢を直してもらう。

朝はベッドの上で着替えたら、車いすへの移乗。朝食をつくってもらって一緒に食べて、歯磨き洗顔をしてもらったら、これで一日の準備完了だ。

ほとんどこのスケジュールは決まっているので、やってもらうことも毎回同じ、そのほうがヘルパーもやりやすいと考えて、介助の内容は固定した。やり方はリハビリ・センターで覚え、時間割は自分で決めた。ヘルパーはみな、週に一度のローテーションになった（**図2**）。

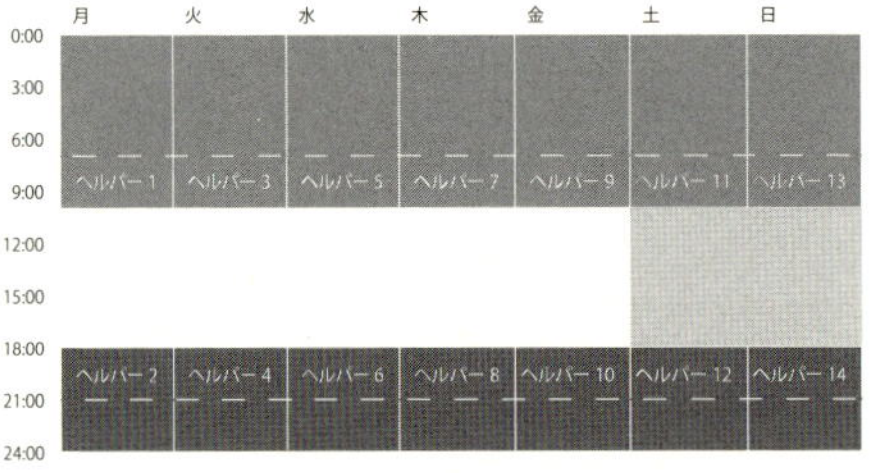

スケジュールは決まっている—ヘルパーはみな、週に一度のローテーション

図2　ヘルパーのローテーション

◉指示なしでも次々と動く

土日の昼は実家から誰か来ることになっていたが、友人が来たり、ヘルパーが遊びに来たりで、家族の助けが必要ないことも多かった。みな事情をわかって来てくれるから、食事なんかもつくってくれるのだ。自分もヘルパーも若いから、けっこう楽しくやっていた。ヘルパー同士も学校の友人だったりしたから、その交友関係にわたしが加わっているような、そんな気楽さがあった。

はじめのうちはヘルパーには誰でも、やることを言葉で指示しながら覚えてもらわなければならないけれど、これもひと月、四回ほど繰り返すとあとは何も言わなくてもどんどん自分からやってくれるようになる。内容が最小限で、決まったことをやるだけだからこれが出来る。指示は最小限にして、あとは遠慮しないでやってもらうようにしていると、自分流に動き出してくれる。指示しなくても次々動いてくれるようになると、介助されるほうもほとんど自分でやっているかのような、無意識にいろいろこなせる習慣的な動作のような、そんな感じで歯磨きもシャワーもできてしまう。ヘルパーの存在はそこにあって、それを意識しないというわけではないし、一体化、というのとも違う気がするけれど、自然にしていられるのは確かだ。やってもらっていることは意識にのぼらず、その行為とはぜんぜん別のことを考えられるようになる。介助されながらいかに自分の身体や行為を意識しないでいられるか、これは、介助されるもの独特の感覚かもしれない。介助の合う合わないという意味での相性は、この感覚になれるかどうか、決して上手下手ではなくて、躊躇なく介助できるかどうかの慣れ具合、ほぼそれだけで決まると思う。それは、決してお互いがお互いに十分気を遣うとか、人としての相性が合うとか合わないとかとは違う。逆にいろいろ気にしない程度に作業に慣れることがで

11 **不随意の動き**　意図せずに勝手に動く反射などの運動。

きればいい。一緒にいることの意味が、その信頼の価値基準が、わたし個人に対する極めて限定された職能にある、ということなのか、ともかくこれまでに慣れなかった人は皆無だ。経験の浅いヘルパーも、やっていることに慣れて自然にこなせるようになれればみな達人だ。そして、慣れることで自信やら余裕やらが感じられるようになると、そこから今度は全面的に相性が強化されていくように思う。

自分で自分の身体を意識しないことがありえるように、一緒にいる人が、こちらの障害を意識しないようなときもあると思う。車いすで、手もあまり自由でないけれど、話をしているとそのことを忘れる、と周りからはいわれることがある。目の前に飲み物の入ったコップだけポンと置いて話をしていると、飲ませるには手伝わなくてはならないなんてすっかり忘れていた、なんてこともよくある。テーブルの上の新聞は自分でめくれ、本はひとりでも読め、パソコンは、キーの打ち込みには時間がかかるけれど、マウスではほぼ思ったように使え、リモコンで操作できる録画再生などというものもあり、そういったあまり不自由を感じないことをやっているときは、自分でも自分の身体の不自由さを意識していないこともある。それは、身体と空間の親和性が高いとき、空間との関わりがスムースなときに起こりうる感覚だ。簡単に言えば自然に動けているということなのだが、人がわたしの身体を意識しないのもそんな瞬間だろう。

◉車いすの自分がいる風景

車いすであることを身体で感じるのはやはり、車いすで移動するときだ。

最初の病院では、車いすでリハビリ室へ移動するぐらいであったが、何回か、病院の周りをぐるりと一周してもらうことがあった。寒い時期だったから車いすで風を切るその冷気に顔がひやっとして頭がはっきりする。もともと冬の朝出かけるときの、頭をやる気にさせるあの顔に感じる冷気が好きだったから、そう感じたことだけはよく覚えている。その時は病院の車いすで、寝間着みたいな格好でいるから、病人として車いすに乗っているという、あたりまえの感覚だった。

リハビリ・センターに移る前に、担当の看護師の女の子と二つ下の親戚の男の子、妹が付き添って、病院の目の前にある水族館へ出かけた。初めての外出だったが、みんなわいわいはしゃぎながらの数時間だったので、車いすであることも自分では気にしていなかった。ただ、水槽の下を通るエスカレーターに無理矢理車いすで乗って、周りは傾かないように押さえるのに必死、自分は落ちやしないかとひやひやしたとき、車いすは大変だなと感じた。

車いすでいることを、あまり意識していないことが多い、その感覚は、今まちなかを歩いていても案外変わっていないように思う。

それは、自分には車いすの自分がいる風景が見えていないから、というだけの理由かもしれない。ときどきふと、客観的に考えてみれば今この場所に車いすの人がいるって、明らかに目立つよな、と思うことがあるが、自分ではちっとも風景に違和感がないのだから、気になることもない。人は自分の周りの空間を、自分の視点で感じているものなのだろう。

最近は、車いすの人をまちでよく見かける。その人たちに違和感を感じることはもちろんない、むしろ、風景に溶け込んでいることに意外な気さえする。自分はあんなに自然に存在しているのか。それが自分への違和感だったりするけれど。

だから、ここでもスムースに動いているときは、少なくとも身体的には車いすの不便さを感じることはあまりないように思う。いつも周りの状況との関係の中にその意識は生じるから、そこで何かの違和感を感じて初めて、車いすが意識にのぼってくる。

リハビリ・センターで職場復帰の準備をしているとき、担当の男性の看護師の付き添いで、一日か

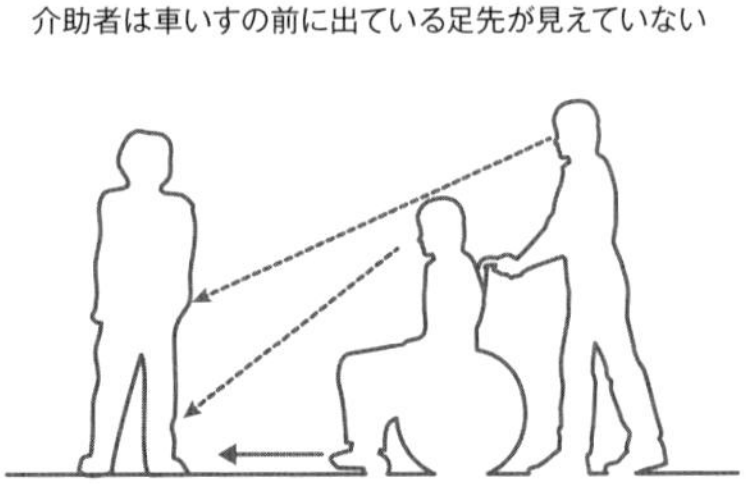

図３　前の人との距離の見え方

けて大学まで行って帰ったことがある。車いすで電車に乗り、新宿経由で大学へ行ったのだが、新宿駅の人混みを車いすで初めて通り抜けた。車いすを押す人は、後ろで立った状態の視線で前を見ているわけだが、自分はその前の低い視線で同じ行く先を見ている、その時の前の人との距離の見え方が二人で違っているのがよくわかった（**図3**）。座っていると、前を歩く人が異常に近く感じるのだ。いや実際、慣れない介助者は、思っているより車いすの前に出ている足先が見えていなくて、前の人のアキレス腱に突っ込んでしまいそうになる。慣れた介助者でも人混みでは、押されている身としては近いよ近いよ、と思ってしまうぐらいに間合いが詰まってくる。人はある距離以上に人に近づきすぎると危険を感じるものだから、その間合いの身体感覚を人にゆだねているのは、けっこうしんどいものなのかもしれない。

◉バリアの意識

そして、車いすになったことを一番わかりやすく意識せざるをえないのは、物理的な障壁、いわゆるバリアフリーというときのバリアにあたったときだろう。

外に出るときはいつも、自前で手配するほうができることが多いような気がして、なるべく軽い、小さい車いすでいつも初めから誰か介助者に押してもらう。ちょっとした二、三段の段差なら、他に助けがなくても、慣れた介助者が一人いればどんどん行けることの気楽さを取って、車いすは電動にはしていない。どうせ一人では出られない、誰かといるのであれば、電車とホームをつなぐ渡り板を用意してくれる駅員を待たずに電車に乗れるほうが、自分も同行者も制約を感じないからだ。それは、バリアを少しでも感じなくて済むように、という逃げなんだが、本当はそのバリアをなくすためには、バリアを放っておいている側に、これがバリアですよ、と見えるようにしなければいけないとも思う。それが障害者に障害を強いている環境の改善につながることだからだ。

ここは難しいところだが、例えば自分の手で車いすを走らせることができる場合は、ちょっとした段差や電車の乗り降りに人の手を借りる必要はないから、エレベーターさえあればほとんど一人で行動できる。けれども、それでも越えられない段差しか選択肢がないときは、人の助けを頼まなくてはならない。電動車いすで一人で行動する人は、一段段差があればスロープが必要だし、電車にもスロープで乗り降りするから、ここでも人の手を借りることになる。階段などでは少し重い分、人の手も多く必要とする場合もある。しかし、これは本来環境の側がなくしていくべき障壁だ。電動車いすでまったく手伝いなく動くことができるように環境が整えば、どちらも移動に関してはすべて自分で出来るようになる。これが、理想だ。ここでは移動の自由＝移動における自立が成立している。

一方、介助者に頼ることで移動の自由を確保しているようなわたしのスタイルは、そういう意味では自立とは正反対だ。車いすでも自分ひとりで行動するという意味での自立より、介助者に頼る移動の自由を選んだと言える。わたしの場合はもし環境が完璧になったとしても、移動の間に移動以外で人を頼らざるをえないことが多すぎて、結果、自立とはほど遠い移動になってしまう。他の要素が入りこんでくることで、なかなか移動の自由＝移動における自立が成立しそうにない。むしろ移動を支援してくれる人を多く確保しておくほうが、そこまでは自分で管理しているという意味で自立に近いという転倒が起きている。自由を取るか自立を取るか、単純な二者択一で、そう簡単に結論は出そうにない。

それでも、目の前にそびえる階段を前にすれば、バリアを感じざるをえない。そのバリアを回避するために回り道をし、エレベーターを探し回り、すでに人でいっぱいのエレベーターを見送り次を待ちながら、毎度これにつきあっている人たちにすまないと思うのであった。（TN）

まちのバリア・いえのバリア

それまで企画書はワープロで、図面は手描きの青焼きだった研究室での作業環境が、わたしの退院復帰時には、マックの導入でワープロソフトとイラストレーター、CADやモデリングソフトに置き換わり、マウスとキーボードが使えれば絵も図面も描けるようになり始めた時期と重なった。ワープロで文章を書く速度が手書きより便利に感じ始めていたところで病気をやり、パソコンでは、肩の上がらない右手のひらの角度でマウスをクリックしながら、ふらふらして力のない左の指一本で何とかキーを押す、という身体の残存機能ギリギリ、時間の掛かる方法での再スタートになった。考えているスピードに書くスピードがまったく追いつかないのには今でも苦労しているが、それでもマウスで図面が自由に描けることは、ペンを握れない者にとってはひとつの画期的な出来事だった。

まちなかにはノンステップのバスなどはその発想もまだなく、リフトが付いたバスが走り始めていて、それでも何台か待つと当たるといった程度の台数が走るのみであった。鉄道の駅は最寄りといってもどこも微妙に遠く、住んでいたマンションの目の前の幹線道路を走るバスはいつも混んでいて、ようやくリフト付きのバスが来ても、混んでいれば車いすは乗る場所がない、とあっさり扉を閉められる。ニューヨークではリフト付きのバスがあたりまえで、乗務員もお客さんも、車いすの人のリフトでの乗降にすっかり慣れていた、そんな話がまだ少し美談めいて紹介されていたような時代だった。

法律によって、公共の建物のバリアフリー化がちょうど始まり、鉄道のバリアフリー化が義務になるのは少し先、駅では四人の駅員が揃って初めて、車いすを担いで階段を上り下りすることができるから、どこも駅の階段では、手の空いた駅員から順番に集まってくるのを、その階段を眺めながらじっと待っていた。集まってくれたのがけっこうな年配の駅員さんで、ふらつきながら汗かいて、懸命に持ち上げているのは気の毒でもあった。

そんな状態だから、区からの補助が出ることもあって、出かける時にはタクシーを利用するのが便利ということも多かった。とはいえ車いすで乗れるリフト付きのタクシーもまだほとんどまちなかにはなく、手動の折りたたみできる、できるだけ小さい軽い車いすならトランクに入れて、身体だけ二人がかりで抱えて座席に放り込んで乗せられる、といった感じで、やはり人手に頼る必要があった。

リハビリ・センターでは電動の車いすも試したが、平坦な建物内の床なら手動でなんとかゆっくり移動ができたし、腕や脚の不随意な伸縮もあって不安定な身体での電動での外出は、ちょっとの段差や傾きでずっこけたり倒れたり、しかも、バッテリーを積んだ電動の大きな車いすでは、外出時の小回りもそんなに利かなかった。当時、溶接や塗装の技術が確立して、スティール製に替わって出始めたアルミ製のできるだけ軽い、そして座っていて倒れない程度でできるだけ幅も背もたれも寸法の小さい車いすを、いつも誰かに押してもらう、というスタイルを選ぶのが一番無難ということで落ち着いた。

新宿区は、それよりも前から自立して生活をする車いすの人が多く住んでいて、その人たちは、施設以外には住む場所も公的なヘルパー派遣も何もない状態から、独力でまちに出て、役所と交渉し続け、この長い闘争とも言うべき活動を通して、いろいろな制度を勝ち取ってきた歴史がある場所だった。そんな先達にもアドバイスをもらいながら、役所の担当者と何度も派遣時間の相談をし、ヘルパーのいる生活を自分で組み立てる必要があった。当時は自分で身のまわりの手助けをしてくれる人を探してきて、区に登録してもらい、自分で毎月の利用状況を区に申請して助成してもらうというヘルパー制度だった。

区内の公営集合住宅では、一階が障害者あるいは高齢者などの入居者用に、段差がなく水回りなどが広くつくられた部屋があったが、入居待ちの人も多く、優先とはいえなかなか入れるものではなかったらしい。民間では、車いすで部屋を借りようとしても、建物入り口から部屋の玄関、各部屋の扉、廊下の幅、そしてとくにトイレと風呂が使えるようなものはなかなかないし、改装だってそう簡単に頼めるものではない。貸し手だって、事故や病気も気になるだろうし、車いすでは部屋の傷みも気になるのだろう、理解がないというよりは、わからないことが多すぎて、はいどうぞというわけにはいかないという感じだった。まちなかに、車いすで暮らす家を探すことにはみなさん苦労していたはずだ。

わたしの場合は、たまたま近所にまだ新しいマンションがあり、そのオーナーが自分用とは別に一室を家族用に持っていて、ちょうどそこが空きそうなタイミングで、さらに障害者の受けいれに積極的、室内の扉をはずすことも厭わないという幸運物件に最初にあたったという、申し訳ないくらい恵まれていた話だったと思う。

マンションのバリアフリーがあたりまえになりつつあり、不動産情報でバリアフリーの検索ができる今でも、車いすで入居可能な、物理的にも経済的にも自分に合った賃貸物件を探すのは、それなりに制限があるのかもしれない。

一九九四年のハートビル法、二〇〇〇年の交通バリアフリー法から、二〇〇六年、ふたつが統合されるかたちでバリアフリー新法ができ、道路、交通機関、不特定の人が訪れる大規模な建物に関して移動の円滑化が図られたことで、実際都心では、私鉄はかなりのバリアフリー化が進み、ＪＲも駅にはエレベーターが増え、ホームドアの設置が行われている。東京メトロも古い駅以外は便利になってきて、車いすの利用者を見かけることが増えた。役所や大きなデパートではちょっとした階段はスロープになり、使いやすくなっているところも多い。二〇二〇年の東京でのオリンピック・パラリンピックを機に、ようやく競技場や体育館の中までバリアフリー化され、観光施設の車いす利用も改善されるだろう。障害者差別解消法[1]ができて、さらに人権という意味からも、さまざまな障害が取り除かれ、社会環境も変わっていく。

高齢化が進んで、そんな中でもし身体のどこかが不自由になる人がいたとしても、そうやってまわりが更新されていくならば、生活の不自由は減らしていける。

もっとも身近な環境である住まいについても、望む限り自由に選び、好きなところに住み続ける、それが可能な住環境が、ますます必要になる。誰でも自分の住む家を自分で選ぶことができる。好きなところに自分に必要な環境を整えて住むことができる。それは単なる理想の夢物語なんだろうか。（ＴＮ）

1 **障害者差別解消法** 障害を理由にした不当な差別的取り扱いを禁止し、社会的障壁の除去や必要かつ合理的な配慮として性別、年齢および障害の状態に応じ個別に必要な対応をすることなどを定めた、障害者権利条約批准に伴い制定された国内法

04 車いすの人と初めて会う

一九九八年春

◉一人の車いすのスタッフ

大学院での石山研究室の最初のゼミは、八階にある研究室内ではなく、同じ建物の一階にある広い会議室で行われた。研究室の所員と学生を集め、プロジェクトの説明を中心にしていた。石山さんは少しポーズを取るところがある。その時も、新しい学生を前に、プロジェクト担当の所員や学生にプレゼンテーションをさせ、その内容に厳しくも鋭い指摘をしていた。その言葉は厳しかったが、「なるほど」と納得できる内容でもあった。今考えると、研究室に入ったばかりの新人に設計の仕事が甘くないことを、まず教えていたのだとも思う。目論み通りわたしは驚き、大変な研究室に入ってしまったと少し後悔もしていたが、何ができるのか、楽しみでもあった。その時、研究室に一人の車いすのスタッフがいることをわたしは初めて知った。「あれ、車いすの人がいる」というのが最初の印象で、石山さんの性格から「車いすだからいる」訳ではないのは察しがついた。八階に戻る帰りのエレベーターで、たまたまその車いすの人と一緒になった。そしてエレベーターから彼の席まで、短い距離だったがわたしは生まれて初めて車いすを押した。

驚いたことに、彼は歩けないだけではなく、書類をとったり、物を動かしたり、自分の車いすを動かしたりすることも、ほとんどすべてのことができなかった。印刷したプリントをとって彼の机に持っていき、飲み物の用意をして、家へ送るなど、彼の手伝いはおもに新入生がすることになっていた。どうやって車いすを押し、どうやって彼の手伝いをしたらよいのか、最初は戸惑いもあった。そういった戸惑いに彼も慣れていたのだろうか。彼自身が一つひとつ、あたりまえのことのようにその方法をわかりやすく説明して指示をした。とくに難しいことはない。少しのことで問題は簡単に解決した。「身体が動かないことも大した問題ではないものだ」と、次第に感じるようになった。

そうした印象を受けたのは、わたしだけではなかったと思う。他の学生にとっても、研究室に彼がいることはいつものことであり、車いすに乗る乗らないに関係なく、普通に先輩として厳しい研究室の中で頼れる人、という存在だった。もちろん、中には、なぜ障害のある人の面倒を自分が見なくてはならないのか、と感じた人もいなかったわけではなく、誰にも相手にされず一日机の前で、一人でじっとしていたということもあったという。だが、彼の端的なアドバイスで優秀な論文の成績を修めた学生も多くいる。淡々と自分のやれる範囲でやるべきことを、研究室で彼はいつも自分を保ちながらやっていたと感じる。

◉車いすで知るまちや建物の裏側

そのころはまだ、まちの中でもバリアフリーという考え方はそれほど一般的ではなかった。どこかに出かけるにしても、例えば、電車に乗るためにはホームまで車いすを四人がかりで担いで階段を上がり、バスに乗るにしても三段ほどの急なステップを持ち上げてもらうなど、周りの人に頭を下げ、とても気を遣う外出だった。そのためか、友人が家に遊びに来ることはあっても、彼らがときどき連れ出してくれる以外は、彼は積極的な外出はあまりしていなかったようだ。わたしが車いすを押すようになって、ちょっとした思いつきで出かけるようなことが多くなった。乗り物に乗るのは面倒なので、車いすを押しながら割と遠い場所でも歩いて行った。平坦だと思っていた東京も、車いすではちょっとした上り下りなど、一つひとつが冒険だった。上り坂では下を向き、前のめりに車いすを押して踏ん張りながら一歩ずつ進んでいく。前が見えずに、人や電信柱ににぶつかりそうになる。下りは、転がっていきそうな車いすを引っ張りながら踏ん張るが、グリップを握る手の力だけで車いすを支えなくてはならないので、手を離さないように力が入るのが上りよりきつく、あまりに急な下り坂では毎回怖い思いをした。どこに行っても、いつもスロープやエレベーターを探し回り、遠回りした。おかげで、普段は通らないようなまちや建物の裏側を見るようなこともあった。

裏側を見るというのも、悪いことばかりではない。例えば、今はすべてエレベーターが設置されきれいに整備された東京駅だが、エレベーターが設置される以前は、新幹線に乗るために職員や搬入用の地下通路を通ってホームまで上がっていた。地下通路は建築当初のレンガが露出されている場所があった。床はすり減り、壁の古い照明など、まるで馬車でも走っていそうな雰囲気が漂っていた。タイムスリップしたような場所に迷い込んだわたしたちは、新幹線に乗るためだけの道のりで旅気分が盛り上がった。

二階のレストランに行くエレベーターがないという、ホテル付属の宴会場の視察に参加したことがある。支配人が「車いすの方でも二階まで上がれる方法を用意した」と言って、既存の従業員用のエレベーターでレストランまで案内された。裏の従業員用通路を通り大回りをする二階までの道のりは、休館日だったその日は、やけに広く閑散としていた。普段は慌ただしく食事をつくり、多くの従業員が大声を出しながら、次々とお皿を運ぶのに追われているのだろう。静けさはむしろ、表のゆったりとした雰囲気とは違ったショーの楽屋のような宴会場の裏側を想像させた。

最初は裏を通ることに驚きもあった。裏というのは、普段は客に見せない場所である。にもかかわらず、裏側を見せることになったとしても、それまで二階の利用は断っていた車いすの人にも、普段の利用者と同じように楽しんでもらいたいという気持ちがそこにはあった。逆に、新しく設置されたはずのエレベーターの場所が、喫煙所の横であったり、ずっと奥の暗く目立たないところにあったりすることもある。バリアフリーがただ単に段差をなくしたり、エレベーターを付けることだけが目的であることがわかるような例も多くある。バリアフリーという概念が一般的ではなかったころ、建物の中に入れるかどうか、上階に上がれるかどうかは、建物のオーナーや管理者の気持ちが重要だった。バリアフリーに関する法律や条例などが整いつつあったとしても、結局はオーナーや管理者の気持ちというものが一番重要なことのように感じる。

◉大学の車いす用トイレ

研究室のあった建物は、彼が車いすで復帰する一年前の九三年にできた新しい研究棟だった。九階建てであったのでエレベーターが設置されていた。そしてキャンパスで初めての車いす用トイレも一階に設置されていた。いわゆる「ハートビル法」が施行されたのが一九九四年である。それより前の年に竣工されたこの建物が車いすを使用する人にも対応したことになる。障害を持つアメリカ人法（ＡＤＡ）[12]が制定されたのが一九九〇年で、「不特定多数の人が利用する施設経営者はその設備・サービスにおいて障害者を差別してはならない」と定められている。九〇年代に入ると、日本でもようやく公衆トイレにもバリアフリーの視点から、車いすでも使える広めのトイレがつくられるようになり始める。新しい研究棟の一階にトイレが設置されたのも時代の流れだったのかもしれない。

12 ＡＤＡ　Americans with Disabilities Act of 1990　アメリカの障害者差別禁止法。

新しい研究棟に移る前までの十七階にあった研究室はとても狭かった。トイレもとても狭かった。そもそも車いす用のトイレが、キャンパス内にはなかったのだ。このころに彼が復帰していたらとても不便であったろう。もしかすると物理的な理由で彼は復帰することなどできなかったかもしれない。新しく建てられた研究棟のお陰で、物理的な心配をすることなく、研究室に戻ることができた。ただし、車いす用トイレが一階のみだったため、トイレのたびに一階まで降りなくてはならなかったのは少し不便も感じた。また、男子トイレの前にあるため、男性用のトイレとして使われることも多く、使用中のトイレの前で待つのも気が引けるため、少し離れた窓際で空くのを待っていたこともよくあった。車いすの人が使うことを、世の中の人はあまり意識していないものだということを改めて感じた。

彼が住んでいたのは、研究室のある建物から歩いて二分ほどのところにあるマンションだった。研究室から彼の家まで彼を送っていくのは、大学院一年の仕事だ。午後六時ごろになると、「帰ります」という彼の言葉で学生が彼の机の上を簡単に整理して、車いすを押して帰路に向かう。マンションに帰るためには、目の前の大通りに出る門を使うのが近い。だが、大通りに出るためには四段の階段があった。これは新しく研究棟が建てられたときに合わせてつくられた階段である。階段横にスロープを付けるスペースがなかったわけでもないのに、そこには階段しかなかった。そのため、階段を使わずに構内から外の道に出るためには車の出入りもできる正門、もしくは敷地の正反対の駐車場入り口のほうまで行かなくてはならななかった。200ｍほどでマンションに着くのに、正門を使うと600ｍほど大きく回らなくてはならない。わざわざ大きく回るのが面倒だったので、わたしが彼を家まで押していく時は大抵、その四段の階段を一人で下ろした。車いすの前輪を上げて自分のほうに傾け、座っている人の体重を車いすの後ろにかけるようにバランスを取りながら、一段ずつゆっくりと下ろす。彼は体重もそれほど重くないので慣れれば難しいことでもなく、この方法を覚えると、まちなかの数段の階段ならば簡単に上げ下ろしができる。ただ、慣れないとやはり少し難しいようだ。車いすの把手のカバーがすぽんと抜け、階段途中で前のめりに倒れて転げ落ち、少しだが頭から血を流して帰ったこともあったというので気をつけないといけない。

バリアフリーという言葉が一般的になり、いわゆる「バリアフリー法」というものが出来てからは、新しい地下鉄には必ずエレベーターが設置され、また古い駅でも新しくエレベーターが設置されるなど、随分と車いすでの移動も楽になった。しかし、行きたい方向とまったく逆の場所にしかエレベーターがない場合は、とても不便なこともある。

キャンパスはそれほど広いというわけでもない。それでも大通り側にバス停があること、他にも車いすでその通り側から来る人がいることを考えても、大通りに出る階段にもスロープをつけるべきではないか、とわたしはいつも感じていた。そもそも、一番移動に不便な車いす使用者の建物への出入り口が限られていること、一般の人と違うことに問題があるように感じていた。そのため、一度、大学の学内ポストに「スロープ設置願い」を出したこともあった。それから、十年ほどして、彼が大学をやめる少し前に、キャンパス内直結の地下鉄の駅がつくられ、その出入り口の整備に伴って、新しく門がつくられたが、その時にようやく大通り側にもスロープの出入り口ができた。四段階段の脇にスロープがついたのはさらに後だったので、わたしの「設置願い」が聞き入れられたという訳ではなさそうだが、ようやく大学もそういう時代になってきたのだということだろう。

◉「結婚する？」

マンションのエントランスへは10㎝ほどの段差があった。マンションのオーナーの厚意でそこには、簡易的ではない、スティールでできたとても頑丈なスロープが設置されていた。玄関の暗証番号を押して、エントランスに入り、エレベーターで九階に上がる。九階には部屋が一つしかなく、玄関前はほぼ彼の専用のスペースになっていて、玄関前にもまた頑丈なスロープが用意されていた。スロープ前で車いすを一旦止め、インターホンを押し、玄関の扉を開ける。大抵は鍵などかかっていない。「お帰りなさい」と言って、週の大半は彼の母が元気に迎えに出てくる。時々、若いヘルパーであったり、彼の母の友人であったり、妹であったりすることもあった。玄関で彼を引き渡して、送ってきた学生の任務は終了だ。わたしは玄関から見える廊下の先に置いてあった、普段の車いすよりも小さなタイヤと黒の背もたれの付いたステンレス製のスリムな椅子がなぜか気になった。「あの無駄のないデザインの椅子は何だろう。あの椅子に座ってミシンでもかけるのか」などと、送るたびにいろいろと想像をしていた。彼とわたしの距離が縮まったのは、そのころ使い始められ出したメールだったが、その彼の言葉の組み合わせは、わたしはそれまで見たこともなく、なんだかそれらの言葉に芸術性を感じてしまった。もっといろいろと話を聞いてみたくなったわたしは必然的に家まで送っていく回数も増える。そのうちに、彼は「家によっていく?」なんて言ってくる。「男性の一人暮らしの家に、うら若き女性が寄る?」などと焦りもするが、介助者がいる生活だ。あの無駄のないデザインの椅子の存在も気になる。「じゃあ、少しだけ」なんて言って家に上がってみる。最初は、「へえ、こんなことろで暮らしているんだ」などと言って帰る。次には、お薦めのCDなんかを聞いてみる。で、そのうちに「夕飯食べてけば」なんてことになる。彼の母は日常的に家で宴会を開いているというだけあって、いつも豪勢な夕飯が用意されていた。「じゃあ、少し」と言って夕飯をいただき、そのうちに休日にも行くことになる。だんだんともっと親しくなっていく。

彼の生活はヘルパーに支えられていた。彼のヘルパーはみな、彼の要望をうまく察して介助を行っていた。どのぐらい彼のヘルパーをしているのかはわからないが、彼と息が合っている。そのころの彼のヘルパーは、おもに早稲田大学のボランティアサークルに入っていた学生だったが、一人ひとり、責任を持って彼のヘルパーを交互に回していた。他の大学のボランティアサークルの学生はときどきすっぽかすなんてことを聞いたこともあるが、彼のヘルパーはまったくそんなことはない。さすが、伝統ある早稲田のボランティアサークルに所属する面々、みな、明るくてまじめで責任感の強い青年だった。それでも必ず介助枠が埋まるわけではない。「ヘルパーがいないなら、わたしがやってみようか」といって、わたしも介助もやってみる。介助などしたことのないわたしだったが、わたしよりも若い学生がやっているのだからわたしにも出来るだろうと気軽に考える。しかし、自分よりも大きくて重たい人をどのように介助するかなんて想像もつかない。でも彼は、なんてこともなく、研究室で最初に受けた指示と同じように一つひとつ端的に指示をする。車いすからベッドへの移乗も、まるで介助する側も彼の体の一部でもあるかのようだ。「足の裏をきちんと付けておけば、移動したときも体は安定するから」とか、「きちんと自分の体に俺の体をのせられれば、体重は感じないから」とか、「あ、足が内側に入ると、ほら、体が前に倒れるから気をつけて」とか、自分の動かない体を相手の体に任せながらも冷静にアドバイスをする。しまいには、移乗がうまくいかず、彼の体が床に倒れてしまったとしても「ゆっくり、あせらないでいいから。まず腕を持って、そのまま体を起こして。力ずくでなくて、ゆっくり体重を移動させながら体をのせて」なんていって、元のベッドの場所に自分の体を戻している。「あれ？介助したことあるの？」、「え？どっか上から見てる？」なんて思ってしまうほどの的確さだ。彼の説明に無駄はない。初めてのヘルパーが彼の介助に慣れていないことも含めて彼は常に冷静だ。そして、無駄のないデザインの椅子は、なんてことない、シャワーを浴びるときに使う車いすだった。濡れてもよいようにステンレスでつくられたそれも、小回りがきく、彼の説明同様、これも優れものだった。

障害がある人の一人暮らしの入居は嫌がるオーナーが多いが、ここのオーナーはとても好意的に彼を迎え入れてくれたという。そこには車いすになった彼でも暮らせるようにいろいろな配慮があった。邪魔な箇所にある室内の開き戸ははずされ、車いすでの移動が簡単にできるようになっていった。マンションがY字路の間の土地に建っていたため、部屋は不思議な配置になっていた。九・五畳ほどのワンルームの居室の割には整ったキッチンがあり、随分長い廊下と広く独立したトイレや洗面台、そしてユニットバスがあり、外された開き戸の部分にはカーテンが付けられていた。ほとんど収納がなかったため、長い廊下や居室には家具屋につくってもらった家具が設置されていた。もともとある程度、部屋に不思議な余裕があった。トイレにも洗面台横にも介助者が立つことが容易にできたので、介助も楽にできた。唯一、車いすを使ううえで不便だったのは、入り口が狭く、段差もあり、洗い場も狭かったユニットバスだが、洗い場にすのこを引くことでとりあえず使うことはできた。無駄のないデザインの椅子に乗った彼は、狭い洗い場で何度か後ろのタイヤを持ち上げられながら回転をして、シャワーを浴びるのにちょうどよい場所に収まった。

介助されやすい部屋ではあったが、環境面では必ずしも良かったわけではない。窓を開けると目の前には大通りがあり、一般の車やトラックだけでなく、大きなサイレン音を鳴らしながら救急車や消防車が昼夜を問わず走っていた。のんびりとした郊外で育ったわたしには少し都会過ぎたが、その大久保という場所のお陰で、友人も会社帰りや休日に気軽に寄ってくれたこともあったと思う。充実したキッチンではたくさんの美味しいごちそうがつくられた。そのマンションには、障害を負って一人暮らしをするのに必要な最低限の機能が運良くすべて揃っており、ちょっとした工夫で一般のマンションにも住むことができる、という体験をしたことは意味があったはずだ。この、「介助が楽に行える」、「友人が集える」ということは、その後の家をつくる際のわたしたちのテーマにもなった。

車いすを押して出かけるようになってから一カ月ほど経ったころ、彼はマンションのエレベーターの中で何気なく、車いすの後ろに立つわたしに「結婚する？」と言った。こんな重い障害のある人とどうやって結婚して生活をするのか、そのときわたしにはよくわからなかったので、少し時間が欲しいと応えた。彼が笑って「想像力が足りないな、簡単だよ」と言うと、エレベーターは部屋の階に着いてドアが開いた。玄関まで行く間、「今までも生活ができているのだから、結婚しても生活ができるかな」などと、何となく思った覚えがある。介助の人に支えてもらい、彼の母の料理も有り難い。わたし一人では無理だが多くの人に支えられている彼とならばやっていけるような気がした。まちなかには依然、多くの不自由さはあるが、少なくとも、彼の使えるようになっている職場や家では、彼は自立をしていて自由である。介助者の存在が前提ではあるが、彼と生きていることを否定する理由にはならない。彼と過ごすことがあたりまえになりつつあって、わたしもすでにそんなことも考えていたような気がする。親にはどうやって説明をしたらよいか、大学院を出るころまでにゆっくりわかってもらおう、などとおぼろげに考えていた。そしてだんだんと、彼との結婚を本気で考えるようになった。

あるときわたしたちは、彼の母に「二人が結婚することも考えている」と伝えたところ、話しは考えていたよりも早くに進みだした。まず、わたしたちが住むための家を探すことから始まった。大学近くの賃貸マンションを何軒か内覧したが、入り口に階段があったり、部屋の廊下やトイレが狭いなど、車いすで住めるような家はなかった。近くに公団があり、その一階部分が車いす仕様になっているという話を聞き、問い合わせをしたものの、空きが出るのが何年先になるかわからないとの返事だった。「車いすだとなかなか住むところもないものなのね」と、わたしたちは気軽に話していた。そんなとき、近くに分譲住宅の広告が出ていたから見てきなさいとその母が言うので行ってみた。道路から家の中に入るまでに三段ほどの階段があり、また家の中の廊下も狭く、トイレやお風呂も車いすでは使えるような広さはなかった。「エレベーターを設けても大丈夫です」という不動産屋の説明はあったが、スペース的にその余裕はなかった。二階建ての家で本人が一階しか使えないのはどんなものか、ということでそこは諦めた。諦めたというより、やめにした一番の理由には、結婚していきなり一軒家を購入するのはどうかということであったが、「車いすで住むには無理がある」というちょうど良い理由になった。他にも不動産屋から、「建設中の高層マンションがあるから、内装を注文にしてバリアフリーにしたら」と、勧められたりもしたが、それよりも随分と高級で躊躇した。親の説得もまだできておらず、まだわたしが学生であったこと、それよりも結婚したては、まず狭いマンションなどに住んで、ある程度落ち着いてから少し郊外に一軒家を購入することを視野に入れるというのが流れだろうと、当時の常識にとらわれ漠然と思いこんでいたことなども、積極的な購入を避ける理由でもあった。

結局、住むところが見つかるまで、同じマンション内の別のワンルームを借りることになり、彼もそのままマンション生活を続けることになった。他の階のワンルームを借りてわかったのだが、トイレと浴室が分かれていたのは彼が住んでいる階だけで、他の階では彼が生活をするのはとても無理だった。家賃は少し高かったものの、社会復帰という大事な時に、必要な場所で、彼の生活に適した物件を見つけられたのは運が良い。また、わたしも彼とは別の階での生活を送ることで、彼と住んだときの自分のプライバシーの確保について考えるいい機会になった。彼の介助すべてをわたし一人ではとてもできない。外部の介助者にもお願いすることは、わたしたちにとってとても大切なことになる。これは、外部の介助者も日常的にわたしたちの生活空間の中に入ることになる。新しい家をつくる時、ただ単に彼が住みやすいバリアフリーの住宅をつくるだけでは不十分であり、同居家族であるわたしにとっても自分の場所と時間が確保できるようなことまで考えなくてはいけないと、この時期の経験を通して強く感じた。

◉土地とめぐりあう

それから半年ほど過ぎた一九九九年の年明けころ、再び母から土地が出ているから見に行ってみてという話が出た。わたしたちは「え、土地?」と思ったが、取りあえず、見に行くことにした。今まで住んでいた場所からそれほど遠くないにもかかわらず、大通りから一本入った場所にあるその土地は、随分静かだった。今でもまだ西早稲田の辺りは、通りから一本入ると静かで昔ながらの住宅が多くあることを初めて知った。

見学した土地の横は、昭和を思わせるような古いトタンの塀で囲われた駐車場で、敷地の正面は雑草で覆われていた。土地としては十分満足いくものだったが、前に行った分譲住宅のときと同様、新宿に土地を購入することは考えていなかった。奥まった土地だったので、「車を置くと、車いすが通れないのでは」など、いろいろと住めない理由を付けて保留にした。すると一週間もしないうちに、不動産屋から、手前の土地を購入することもできるようにもなったとの連絡が入った。この西早稲田近辺で土地の売りが出るのは珍しいようだ。聞くとこれらの土地物件は、昭和三〇年代から四〇年代にかけて、この辺りに多くあった、早稲田大学の学生のための賄い付きの下宿屋のひとつだったが、相続の関係で分割されたものだという。その下宿屋には有名な文豪も下宿していたようだ。さすがに、そうした下宿屋は大学周辺にはほとんどなくなってしまったが、かろうじてこの界隈には今も数件ある。その中には大正ロマンの面影を残した建物等もあり、学生の街であったことを偲ばせる。母は何度か土地を購入して転居するなど、土地に対する勘もあったようだが、ことを急いで進めたのも、将来親である自分たちが居なくなった後、障害を負った息子が、病院の窓から一人で外を眺めるだけの生活になるようなこともあるのか、と思うと不憫でならなかった、一緒になってくれる人がいればそれにこしたことはない、ということだったと後に聞いた。そうした後押しがなければ、わたしたちは結婚にまで至っていなかったかもしれない。何はともあれ、数年後にはわたしたちは新しい土地に新しい家を建てて、新しい生活を始めることになった。自分たちでつくる、自分たちが生活しやすい家だ。

◉住宅が人を選ばない、人が住宅を選ぶ

障害を負った人の中には、自立についていろいろな考え方がある。例えば、事故に遭う前のように出来る限り自分一人ですべてを行うべきだという考えの人、時間をかければ出来ることであっても、介助を受けることで容易に出来るのであればそれを選ぶことも選択肢の一つであるという考えの人など、人によってさまざまだ。マンションでの生活は、障害を負ってからの彼の自立生活に、いろいろな課題と方向を示していたように感じる。失った機能を補う物（＝車いすを含む補助具やパソコン）、人（＝ヘルパー）、場所（＝家や職場）とどのように関わり、その関係を保つのか、これらは彼にとって重要な要素になる。それを自分でプログラムして、生活にうまく取り込むことによって、彼の身体的な大きな障害という問題は、小さな問題へと変わることを、ここで彼はうまく自分の中で消化したのではないかと思う。

個人の住宅は、とくに内部の細かい仕様までは建築基準法のような法的規制の対象ではない。またコスト面などからみても、車いすでも住めるようにするという考え方はなかなか取り入れられない。高齢になったり障がいを負ったりして、今まで住んでいたところに住めなくなったときは、住める場所に移ればよい、という考え方も間違いではない。しかし、家族構成が変わったので広いところ

から少し狭いところに移ろう、というのと比べて選べる住宅の幅が狭いという点で、両者の意味が違う。まして高齢者や障がいを負った人が施設や障害者用の住居など特別な場所でないと住めないとなれば、住むことができる場所が極端に限られてしまうことになる。そもそも、高齢者や障害者のみが集まって住むよりも、まちの中にいろいろな人が普通に住むことのほうが自然だ。実際には一般の住宅に住む障がいのある人は多くいるが、トイレの戸を開けたままでないと使えなかったり、広いトイレがあっても玄関前に位置するために使い勝手が悪い、というような話はよく耳にする。車いすや介助の必要な人でも使えるトイレとなると、一般の住宅ではなかなかない。最近ではマンションやハウスメーカーなどでもかなり配慮がされつつあるが、より一般的な住宅でも個々の状況に対応できるように配慮されているならば、住む側の選択肢が広がり、提供する側にとっては対象となる入居者＝消費者の数は増えることになる。もちろん、住宅だけでなく、まち、店、そして映画館や美術館、歴史的な施設などでも、そうした配慮をすることで、来場者を選ばないということが施設側の利益にもつながるはずだ。それは教育施設においても同じだ。誰もがどこにでも行けるという体験、誰もが同じように学べるという体験ができることは、社会の豊かさにもつながるはずだ。つまり、建築が長く使え、誰でも使えることとは、経済的にも有利に働くのではないか。

住宅が人を選ばない、つまり誰もが住める住宅は、さまざまな人が利用できるという点で、社会にとってもプラスになっていく。そうした社会資本としての住宅を考えること、社会資本としてのまちを考えることは彼だけでなく、今ではわたしの課題にもなった。実際には、あらかじめ配慮するといってもそこには限界もある。何が一般化できて、何ができないか、どこまでそれぞれの状況に合わせていけるのか、そして住宅を設計する中で、健常者と障害者を隔てている境界はなんなのか。そこをこれからも考えていかなくてはならないと思っている。（NN）

05 自分たちの家をつくる

二〇〇〇年

◉小さな平行四辺形の土地

　土地は母親が探しだしてきた。紹介された不動産屋で、場所としては好条件のものがあり、早速現地に見学に行った。古い大きな賄い付きの学生下宿が、どうやら家主が歳をとりやめてしまって、二階建ての小さなアパートになり、余った部分を売りに出しているという。幹線道路から少し入っただけだが、静かな下町風の狭い通りも、ちょっと前まであっただろう古い建物はほとんど建て替わり始めていて、アパートやマンションに変わりつつあった。向かいも、昔の一軒分ほどの空き地に背丈ほどの草が生えっぱなしで、もうすぐ四つの家が建つという。家主のアパートとは反対側の隣は、広い舗装していない駐車場でがらんとして、一番遠くに二階建ての古いアパートと一軒家が並んでいる。めざす物件はそんな細い通りに面した縦長の土地で、きれいに更地になっていたその奥の側の半分、いわゆる旗竿敷地だった。そもそも土地を買うことに尻込みしていた二人は、その竿の部分、車一台分の幅の、道路と土地を結ぶ通路部分が車いすで通るのにどうかなーなどと、マイナス部分を見つけては消極的な意見を言っていたら、母親も、奥の土地はやっぱり不便かしらなんて同調するのでまあ保留だななどと思っていたら、こっちの手前はまだ売りに出ていないけど、交渉するわと後日、不動産屋にどう言ったのか、ついに家主の承諾を受けてきてしまった。それで、断るわけにもいかずに即、決まった。

この土地は7・2m×11mほどの平行四辺形の形をしている。建物が建てられる範囲は幅6m×奥行き9mほどで、建ぺい率の関係で、実際に建物が建つのはその三分の二ほどの大きさになる。まず考えなくてはならないのは駐車と玄関アプローチの方法。車を手前に横付けする縦列駐車型はこの土地の幅では難しいし、その停め方では車いすでの通り抜けも乗り降りもちょっと狭苦しい。一階部分に駐車場を設けようとすれば、車いすの出入りも考えてどうしても縦に車を入れたいから、建物も縦長にヴォリュームを置かなければならない。敷地の6m幅は、面積的には縦長に割ればだいたい4m幅が建物に割けることになる（**図4**）。

実際には、車を停めた状態で車いすが横を通り抜けるためには、車のスペースプラス通路幅が必要だ。その通路幅で、車いすから車に乗り降りする場合の、車いすが横につけられるスペースも兼ねるので、少し幅には余裕が要るのだ。これは実は、普通の人でもすごく通りやすい最小限の幅なのだが、それでも狭い土地ではなかなかとりづらいかもしれない。縦長の敷地にさらに縦長の建物にするとなるとしかし、駐車場は車いす通路と合わせて3・3mの幅が要るから、この敷地の幅では、建物の幅は残りの2・7mしかとれないではないか。

出入り幅に加えてもう一つ、日本の住宅には基礎の高さ、わかりやすく言いかえれば玄関という問題があって、車いすにはこれがやっかいだ。通常住宅の一階床は、法律で決められたコンクリートの基礎の高さの上に乗った角材の土台の、さらにその上に乗っていて、玄関で靴を脱いで家に上がるというスタイルがあたりまえなので、普通はまったくそれが気にならないのだが、車いすになったとたん、これが大変なバリアになる。この段差は、道路から敷地に入って玄関に入る間に解消しなければならないのだが、それをスロープで解決するとなると、けっこうな距離が必要になる。30cmの高さを

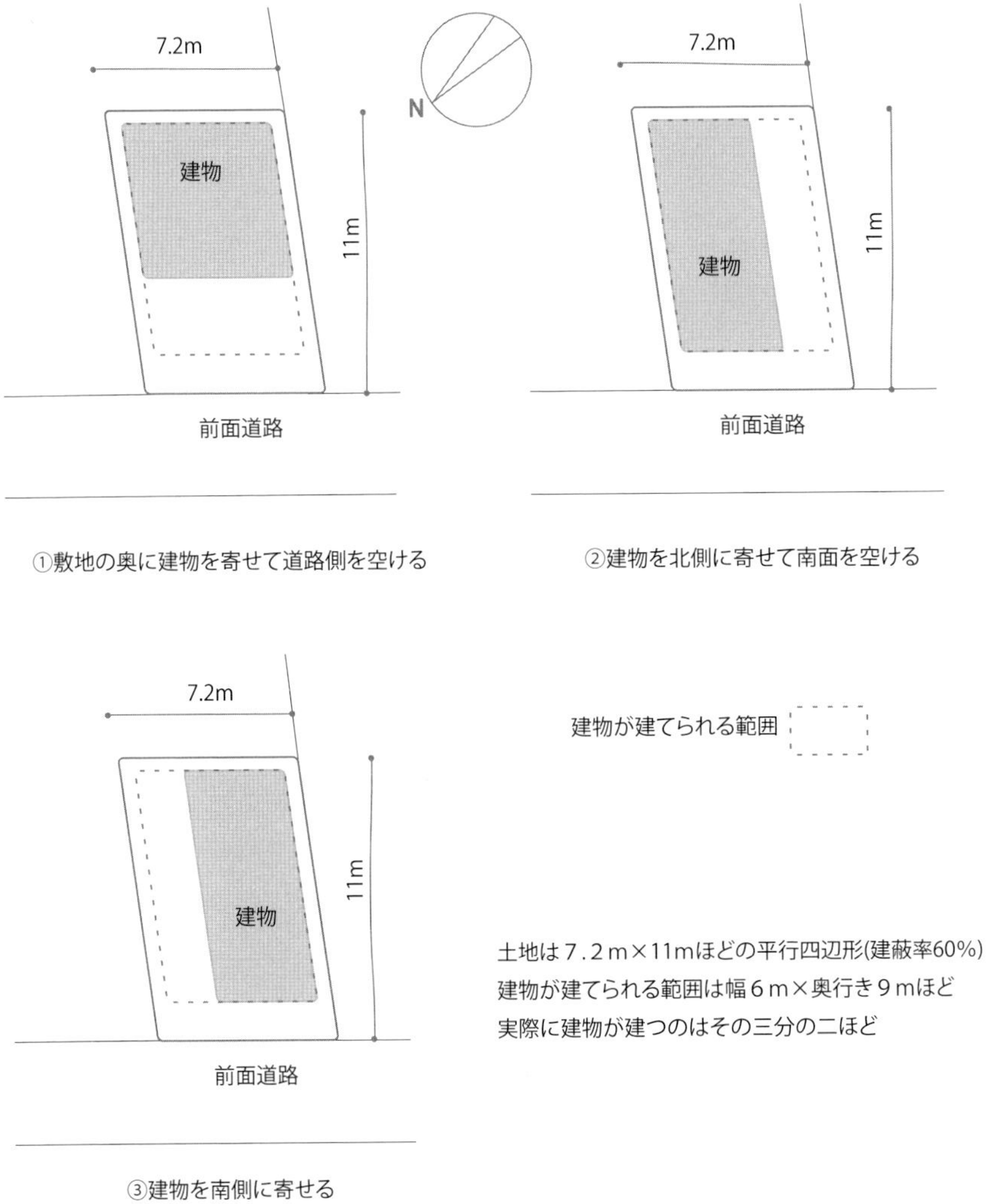

①敷地の奥に建物を寄せて道路側を空ける

②建物を北側に寄せて南面を空ける

③建物を南側に寄せる

図4　敷地は土地の2/3程度

昇るのに3・6mの距離が必要で、楽に、つまり安全にということでもあるのだが、上り下りするには、30㎝の高さには6mの距離が理想になる（**図5**）。ちなみに30㎝は法律で決められた基礎の最小高さで、これよりもさらに上がらなくてはならないのが一般的だ。

車いすでの狭小敷地のアプローチは、こんな感じで悩ませられるものなのだ。

この敷地で6mの長さをとるには玄関が6mより奥になくてはならず、自然に、駐車場の奥行き6mをスロープにしてアプローチも兼ね、玄関がその奥にある、というのがもっともシンプルで無駄がないことになる。ということで駐車場が縦で、建物も縦に配置することにならざるをえない。まあ、寸詰まりの家より縦長の家が格好もよいだろうとは思う、ことにする。

◉駐車場、バルコニーも南側に

敷地が道路に面した接道部分は敷地の西側なので、道路から見て右、敷地の南側に駐車場をもってきて、建物もそちら側に窓を開けるか、左すなわち北にもってきて上階バルコニーも北にするか、それによって玄関の位置も決まってくるのだが、これは家全体が南を向くか北を向くかの問題でもあるから、その人の好みで決めればよい。絵描きは北側の窓を必要とするし、眺望によっても北向きはなくもない。そもそも都市生活者に南の陽の光は似合わない、などと考えてはみたものの、洗濯物が乾かないという周囲からの圧倒的な意見に逆らえるはずもなく、南隣がガランと空いていたこともあり、

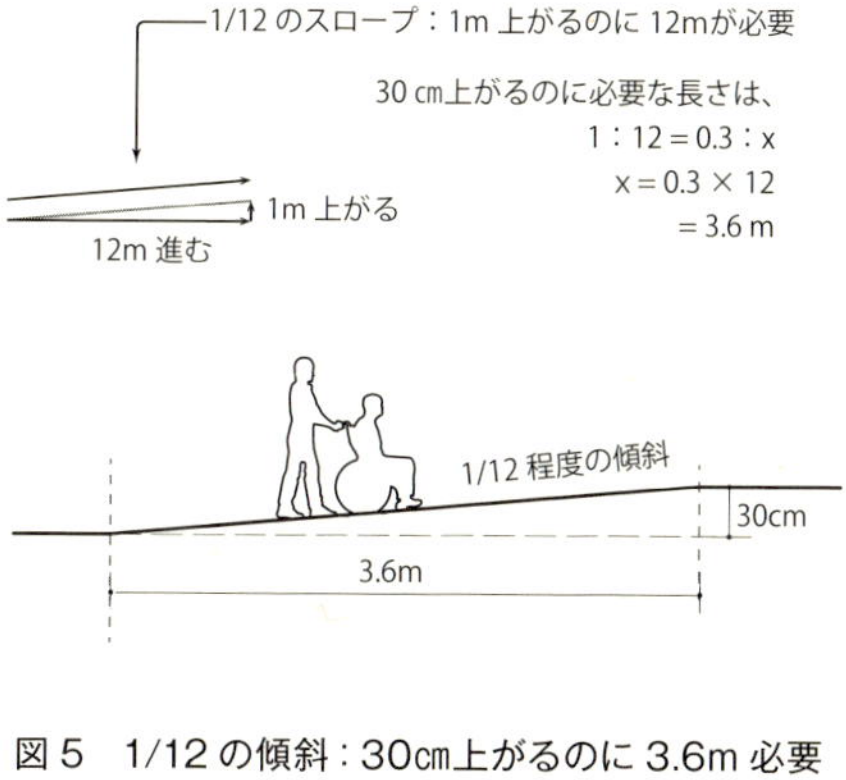

図5　1/12 の傾斜：30㎝上がるのに 3.6m 必要

駐車場は南側に、バルコニーも南側に、そうして建物は、全体として南を向くことになった（図6）。

◉二階への動線――階段とエレベーター

一階は幅が最大でも2・7mしかとれないので、メインの生活フロアは二階に、しかも一階が引っ込んだ分、駐車場上に張り出したかたちに載せることになるだろう（図7）。二階に上がるとなると、車いすなのでエレベーターが必須になる。これがけっこうな面積をとる。エレベーターだけというわけにもいかないので階段も考えるのだが、そこでも一応、エレベーターが止まってしまっても、人力で階段からの車いす避難脱出が必要になることを考えなくてはならない。

車いすの人は、車いすに乗った姿勢は絶対安定しているので、そのまま上げ下げするのが比較的安全だ。もちろん、変に横や前に傾けると、車いすから転がり落ちてしまうので用心しなければならないが、背もたれのある後ろ側に人がいれば、後ろに傾けることはできる。後ろに傾けた状態で持ち上げると、乗っている人もそんなには怖くない。車いすに人を乗せたまま階段で上げ下げするのに、鉄道の駅などでよくやっていたのは四人で車いすごと担ぐ御輿スタイル。前の左右と後ろの左右計四カ所を、四人が持ち上げてそのまま運ぶのだが、これはかなりの階段幅がないとできない。住宅の狭い階段ではなかなかできるものでもない。もう一つは前後に一人ずつ、二人で車いすを支えながら、階段を一段ずつ上げる、または下ろす方法。持ち上げないので重くないのだが、そのためには階段ができるだけ緩やかでないときつい。車いすのタイヤが半分乗る深さの踏面だと、どんどん落ちていくこともなく一段ずつゆっくり下ろせるので、上で引っ張るのも下で支えるのも無理がない。しかし緩やかにすればそれだけ長さが必要になり、平面的にはひと回り長い階段になって、ここでも面積がとられることになる。そのうえ、ここでは9mの奥行きにすでに6mのアプローチをとっていて、まっす

道路から見て右、敷地の南側に駐車場をもってくるか、
左すなわち北にもってきて上階バルコニーも北にするか

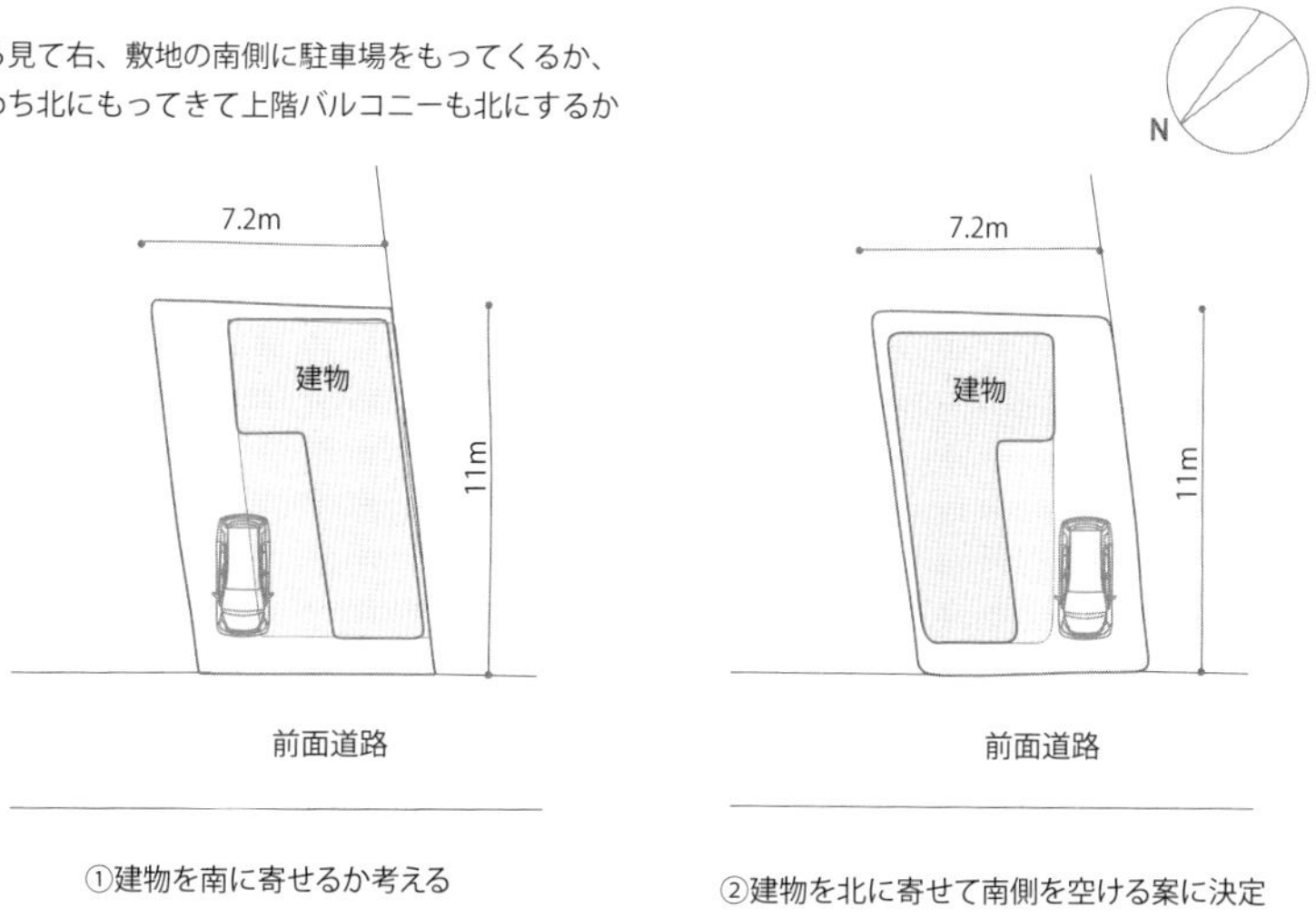

①建物を南に寄せるか考える

②建物を北に寄せて南側を空ける案に決定

図６　駐車場と建物との関係

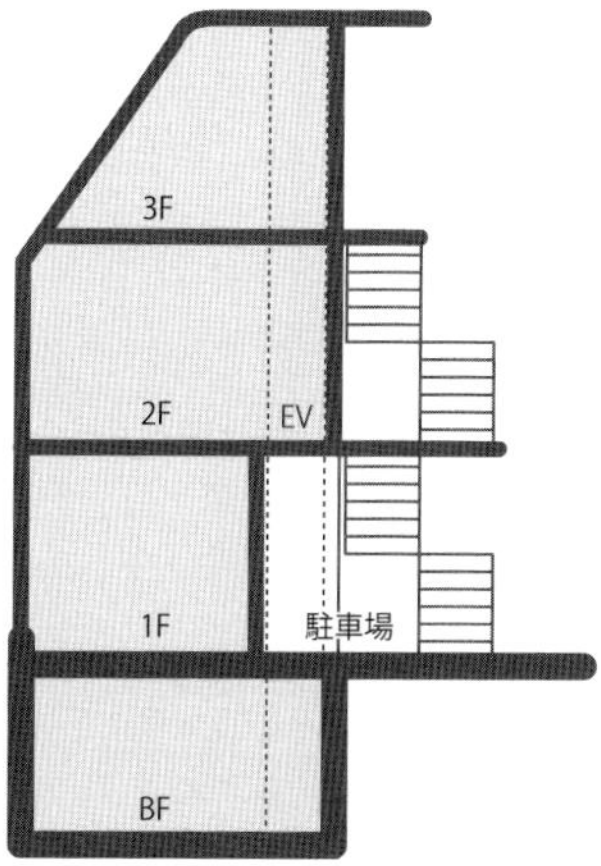

図７　断面図

ぐな階段をアプローチとは別にとろうとすれば、無駄に重なる部分が出てくる。そうなると、残り3mの狭い奥行きのところに階段を納めようとするので、行って来いの折り返しが必要で、そのための踊り場も車いすが方向転換できる広さにしなければならない。さもなくば避難はあきらめることにもなりかねない、普段使わないからといってないがしろにするわけにはいかないのだ。

こんなふうにして、階段のかたちとエレベーターの大きさから、二階への動線を考えながら、狭いところでその向きと位置を決めていくことになる。

エレベーターは、アプローチからまっすぐに入れるのが理想。3mの奥行きでエレベーターと一階玄関を納めれば、アプローチ6mと合わせて9mの奥行きをまっすぐ使い切る。階段はその横に、あとで何とか納めよう（**図8**）。

◉二階のメインフロアへの動線

二階のメインフロアは、車いすで使うすべての機能を備える。日常、あらゆる場面で介助が必要な生活には、訪問のヘルパーが毎日何度も出入りする。車いすでの職場への送迎も、ヘルパーや研究室の学生の手を借りなくてはならない。まずは二階への車いすとヘルパーと、そして家人や訪問者の、それぞれの出入りのあれこれのパターンをエレベーターと階段の使い分けで整理する必要がある。

ヘルパーは重要だ。ヘルパーが日常を支えてくれるということは、障害のあるものにとって、自立した生活の本質の部分だからだ。家族がいてもいなくても、それは変わらない。それによって家族に頼ることが減ればその分、家族も自分の生活を失わずにすむ。そうして初めて、自立と言えるからだ。

しかし、ヘルパーに家に来てもらうことが、今度は家での家族の生活に影響してしまっては元も子もない。ヘルパーのいるときに家族が自分の時間を過ごせる環境が必要だ。そのために、出入りの動

まっすぐな階段をアプローチとは別にとろうとすれば、
車いすの通る幅は狭くなる

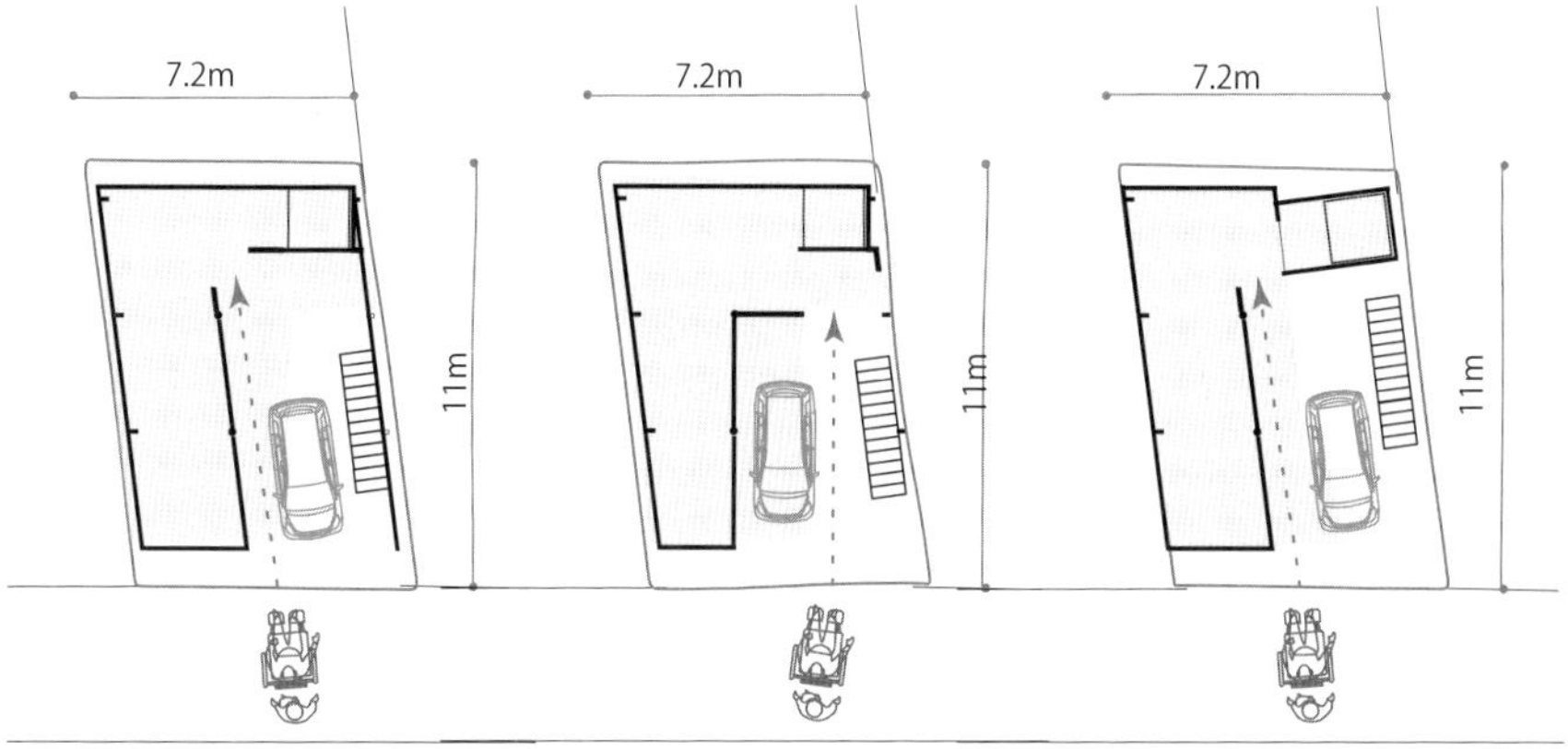

9 mの奥行きに6 mのアプローチをとって、
残り3 mの狭い奥行きのところに階段を納めようとする

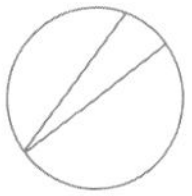

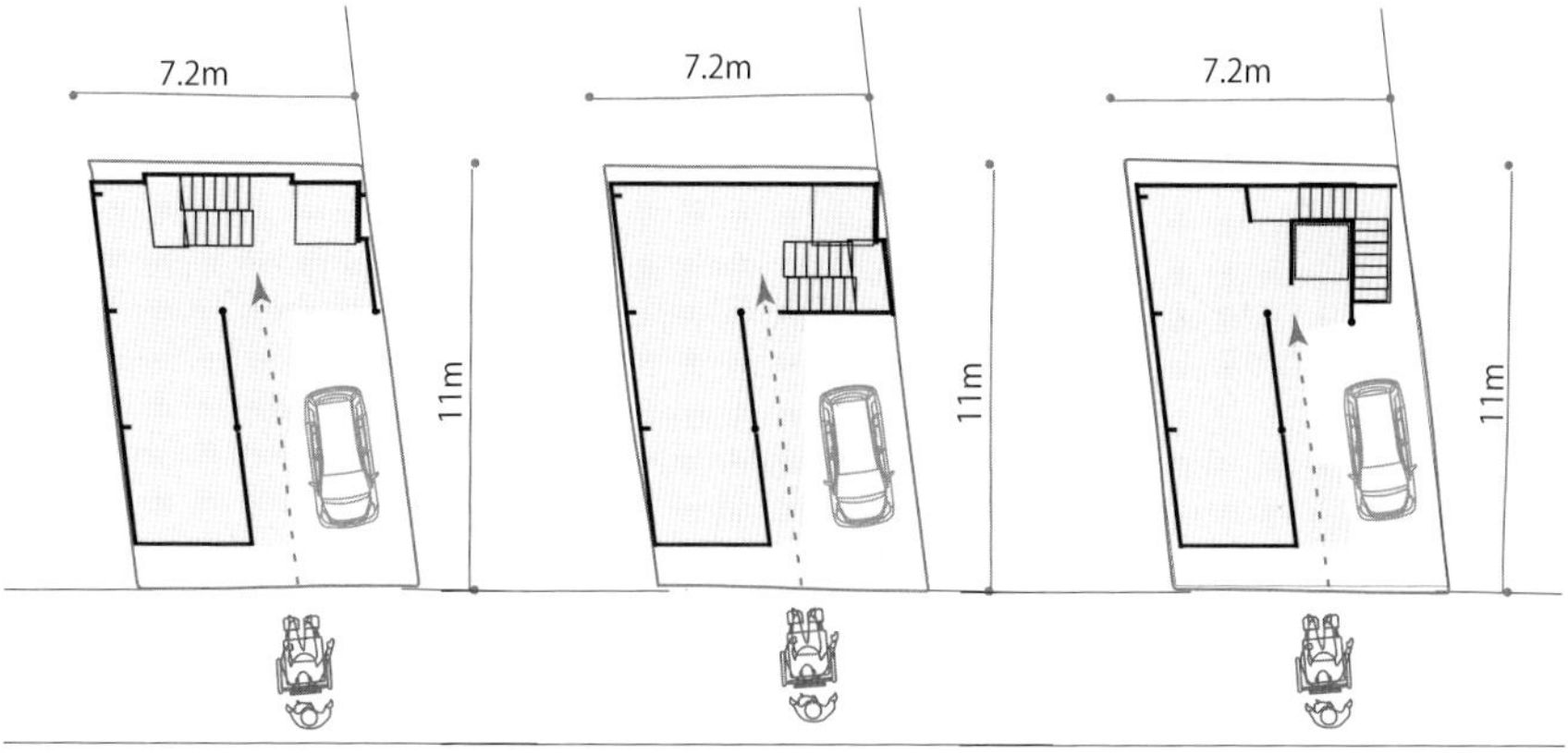

図8　EVと階段の位置

線や部屋の切り離しが大切なのである。

車いすの玄関は一階で、そこからエレベーターを使って上がってくる、これは他に方法がないので決定。車いすでの一階玄関の使用時、開け閉めは同行者がすることになるが、鍵の管理は自分でしなくてはならない。でもヘルパーは一人で出入りすることも多い。何人もいるヘルパーがみんな鍵を持つわけにもいかず、彼らの、一階での鍵が必要な出入りはどうもうまくいきそうにない。車いすでなければ、エレベーターに乗ってくる必要もないから階段でよいわけで、一階玄関は使わないで直接二階に来られれば、もしかして一番よいのかもしれない。いっそ、一階玄関を使わないで二階に来られる階段をつくる、ということはそれは外階段だ。階段が外で困ることは何か、もし日常、家の中で上下移動する必要がある場合に不便ではないか、雨とか寒いとか夜とか何かと面倒にならないか。いや、エレベーターで上下に移動する車いすにはそもそも関係ないけれど。ああ、じゃあ、外に出たくないときは誰でもエレベーターで上下すればいいか。本当にいいのか、それでもなんとかなりそうではある（**図9**）。

そうすると、二階は階段を上がったところにも出入り口が必要だ。階段から二階バルコニーに上がって、そこから家に入るようにするか。そうすると、簡単に鍵が付くように一枚扉にする必要がある。二階の部屋がどのようになるかで、このドアの位置とかたちを決めることにしよう（**図10**）。

◉二階は区切らない

二階は全部でだいたい4m幅の奥行き9mという広さがとれる。これは、実際にはこれまでいたマンションの広く長い廊下を含めた面積とほとんど変わらない。車いすでの生活機能をここに揃えたい。それは、ベッド、洗面、風呂、トイレ、そしてダイニングとキッチン、余裕があればデスクも、とい

２階への車いすとヘルパーと、そして家人や訪問者の、それぞれの出入りのあれこれのパターンをエレベーターと階段の使い分けで整理する必要がある

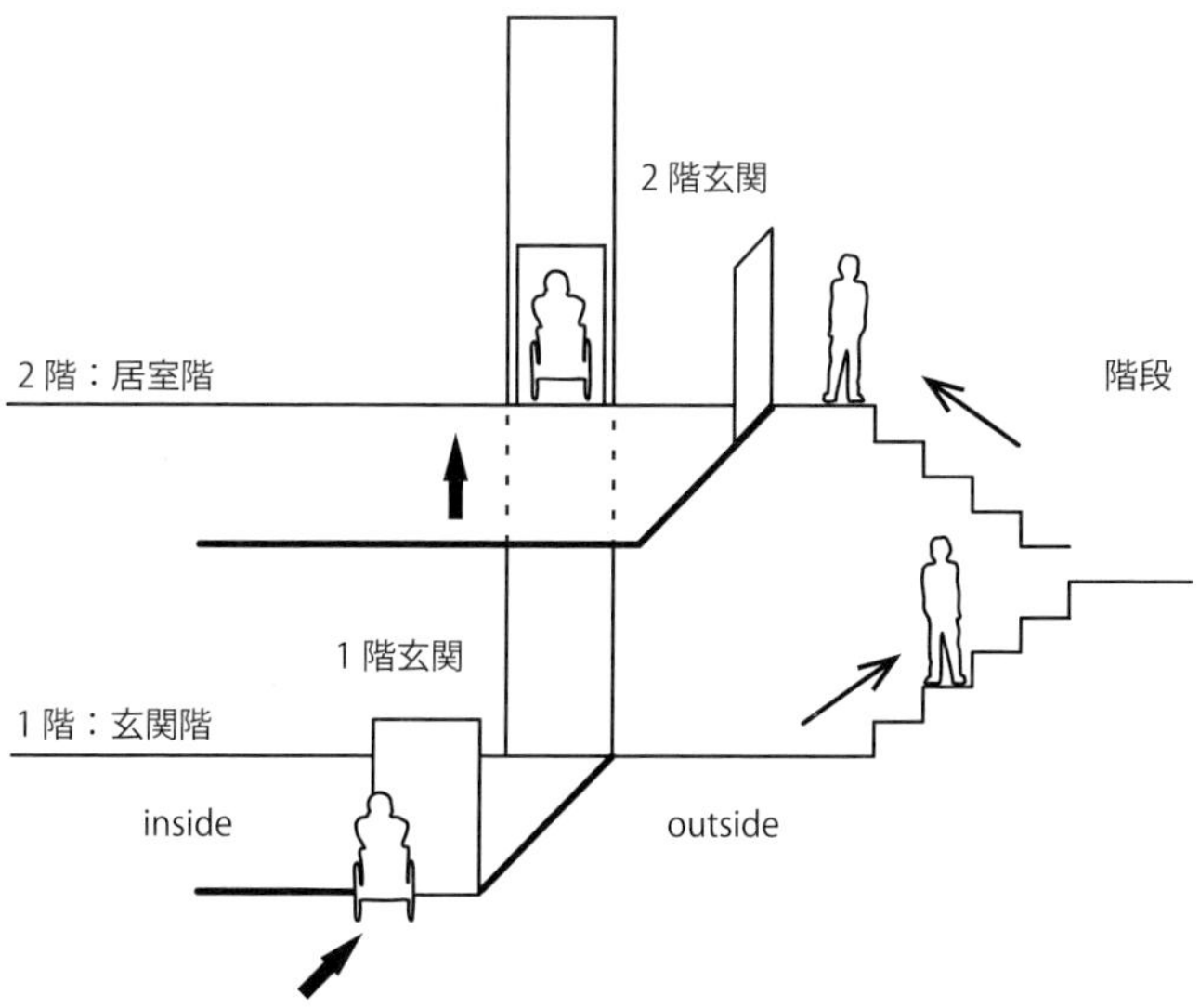

図９　EV と外階段の２つの動線

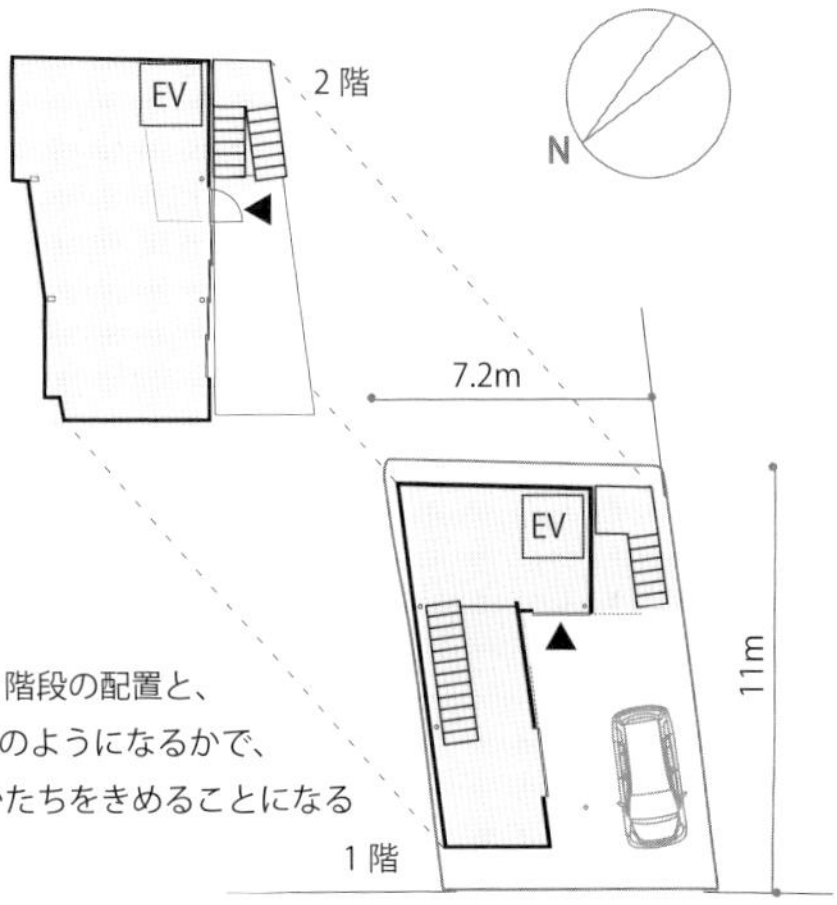
エレベーターと階段の配置と、
2階の部屋がどのようになるかで、
ドアの位置とかたちをきめることになる

図10　EV・階段と出入り口の位置

ったところか。この広さで寝室を区切る余裕がはたしてあるのか、いや、マンションでは、三角の十二畳ワンルームにベッドテーブル書棚とデスクが、不釣り合いなでかいシステムキッチン、実際には大変重宝したのだが、と一緒に詰め込まれていたけれど、むしろ人が集まるにはよかったかもしれない。車いすとヘルパーと友人来客が一緒くたになっているのは、車いすにとっては移動しなくとも一目で室内の状況がすべてわかる、見通しのいいものだという利点がある。

機能の取りこぼしなく、この狭さで車いすで、ヘルパーも入るには、二階外階段、ワンルームにベッドテーブル、キッチンで、まとめる他ないようだ。

そのまま三階も基本的には同じスタイルで平面プランを考えよう。もし車いすじゃない人が住む場合、二階のベッドは要らないから三階を寝室に、二階は全部リビングでもダイニングでも使ってもらえばよい。

一階で、南側駐車場からまっすぐにエレベーターへ入れるよう、エレベーターは建物一番奥南寄りに配置することになる。そうすると、階段はその隣、さらに南の外側で、折り返しのかたちになる。階段上がってすぐに一枚、二階開き戸を入るとエレベーターを降りたところとかち合って、そこが二階玄関になる。玄関といっても、車いすなので、床の素材を変えるだけで上がる段差もない、もうほとんど室内だ。二階は玄関というよりも、庭から直接家に上がる、縁側でのコミュニーケーションができる昔の民家みたいなものかもしれない。

車いすは一階で敷地を縦にまっすぐ縦断して、一階玄関を開けたところの最奥のエレベータで垂直に上がり、二階に出たら今度はまっすぐ逆に引き返して、また端まで縦断して戻る、というのが基本の動線になる（**図11**）。一階は玄関までの通路が外だが、二階はその真上に張り出した室内に収まることになる。これが建物南側になるのだが、南側なのでバルコニーに対してなるべく開放するようにして、窮屈な狭さを少しでも感じないようにしていければよいだろう。

◉玄関は一階と二階に

一階と二階に玄関を分けることで、ヘルパーが一人で出入りする場合は、二階から部屋に直接ということになり、二階に居ながらにしてその様子が把握できるようになる。さらに、車いすの送迎の際の一連の動線も無駄をなくすことができる。

車いすを押しながら帰ってきたら、一階玄関を入って一緒にエレベーターで二階へ。二階室内玄関まで来たらそのまま、送ってくれた研究室の学生は二階玄関から外へ出て、階段で戻っていく（**図12**）。迎えの場合は外から直接、階段で二階へ入って、車いすを押しながら、エレベーターで一緒に一階から出る。なんだかうまいこと、送迎が無駄なく一本の動線で描けるようでちょっと気持ちいい、と感じるのは、設計する者のちょっとした満足ではある。

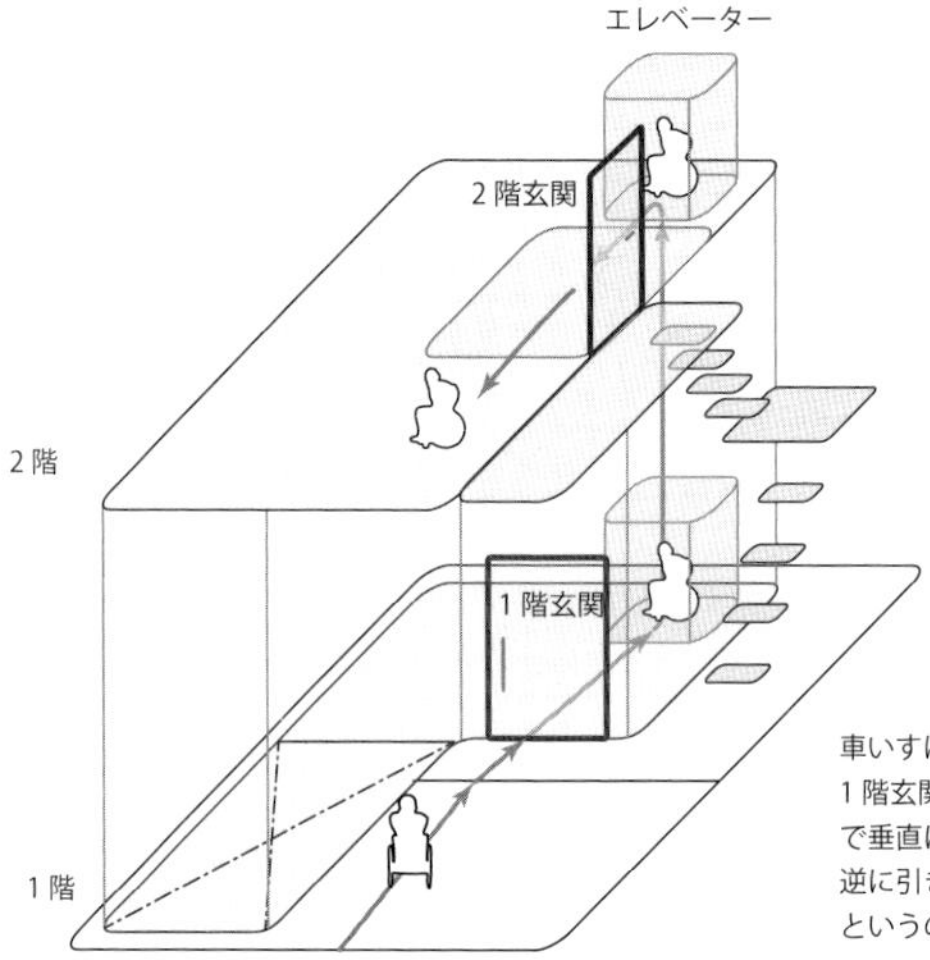
車いすは1階で敷地を縦にまっすぐ縦断して、
1階玄関を開けたところの最奥のエレベーター
で垂直に上がり、2階に出たら今度はまっすぐ
逆に引き返して、また端まで縦断して戻る、
というのが基本の動線になる

図11　車いすの動線

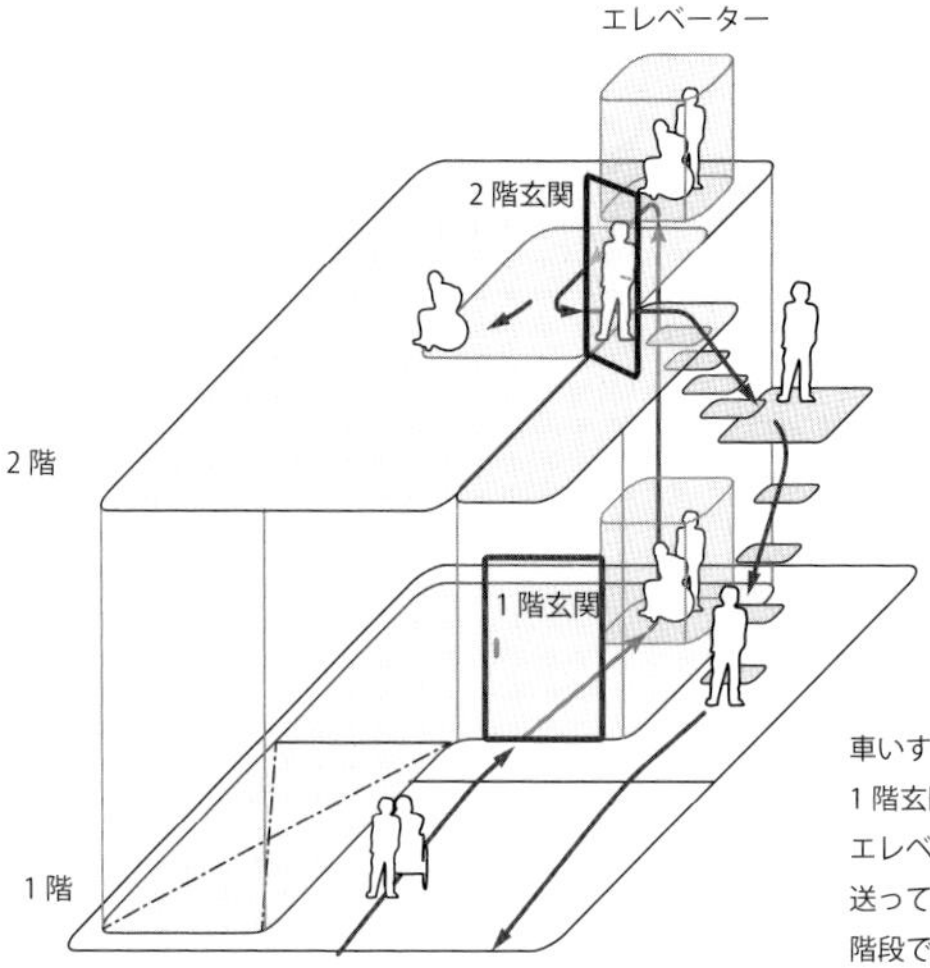
車いすを押して送ってときはもらうときは、
1階玄関から一緒に入り、2階室内玄関まで
エレベーターで来たらそのまま、
送ってくれた人は2階玄関から外へ出て、
階段で戻っていく

図12　ヘルパー動線

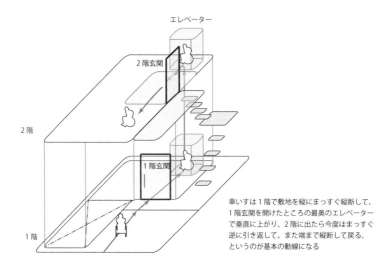

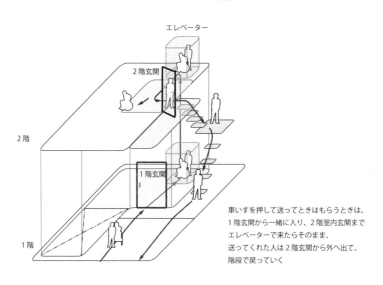

狭い敷地で、それでも面積をできるだけとるために、敷地の平行四辺形に合わせて、建物北側は敷地の境界に沿って斜めに傾けつつ、南側の車いす動線は道路と直行するようにまっすぐに保つため、プランは台形になる。一階南は、駐車場と一体の通路が少し内側に引っ込んでいる分さらに狭いから、三階建てにしなくては狭くてやっていけない。二階は日々車いすで使う、つまりヘルパーの入るスペースなので、それとは分けて、プライベートなスペースを設ける必要があるのだ。三階は、二階の生活とは交わらずとも使えるようにして、外階段ならばそれを実現できる。

◉譲れないもの

さらにはこの地域には、地下をつくった場合容積に入らないという、土地有効利用の制度的な緩和がある。これはぜひとも使いたい。地下をつくるにはその分地面を深く掘らなければならないし、コンクリートの地下室分は余計に工事が増えるので当然お金がかかる。お金はない。だからもったいないとか、あちらこちらからのやめとけの圧力もある。いや、でもなんだかやっておいたほうがいいような気もする。というかどう考えてもやらないと狭すぎる。

当時出たばかりという防水のコンクリートで何とか工事費を抑えてもらいつつ、やってしまうことにする。どうせ基礎は打たねばならない、それがちょっと、三倍くらいに膨らんだだけ、と思えばいい。

もう一つ、どうしても譲れないどうにかしてしたい贅沢が鉄骨造の採用（**図13**）。石山さんの自邸・世田谷村の鉄骨工事を見学して、それとは似ても似つかないお粗末なものだけれど、これはここでもやっておきたかった。小さすぎて必要ないと、これも研究室ではさんざん言われたが、三階建てならむしろ、構造材としては、木造でしっかりするより鉄骨で軽くシンプルに支えたほうが効率的で

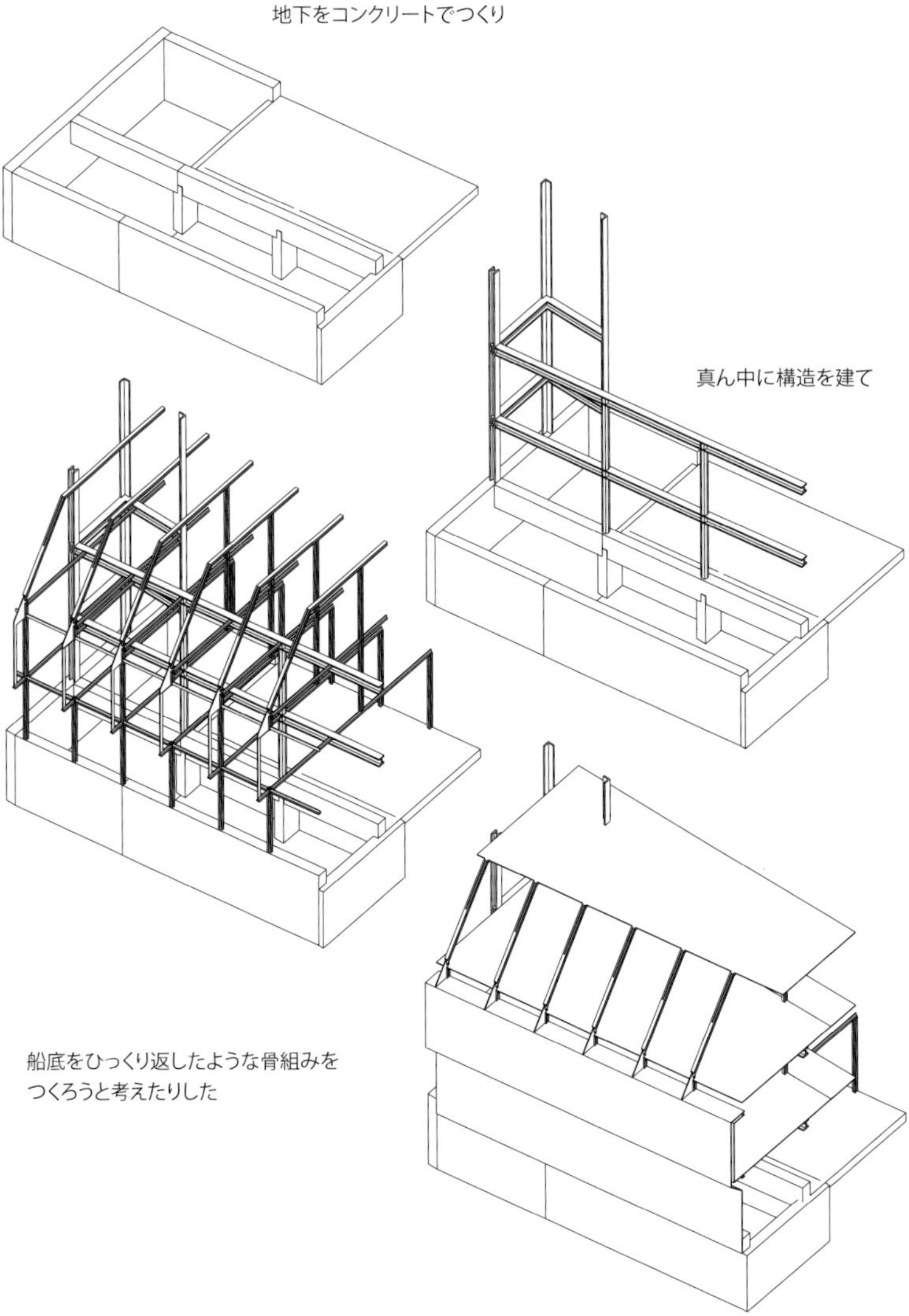
地下をコンクリートでつくり
真ん中に構造を建て
船底をひっくり返したような骨組みを
つくろうと考えたりした

図13　鉄骨スタディ

お得に違いない、とかなんとか、そんなことはないのだけれど、無理矢理ねじ込んだ。

結果的には外階段は鉄骨にしたほうが耐久性もよかったわけだし、二階の張り出しもあるし、近々大きな地震もあるというし、そんなこともひっくるめてなんとなく辻褄は合ったのかもしれない。

必要なことを並べただけだが、これでだいたいのヴォリュームと骨格が決まった。狭いところに車いすということで、そんなに大胆な冒険はしなかった。心も懐もそんな余裕がなかったのだ。ひとつだけ、二階車いす動線、つまり一階から行って上がって戻っての、二階どん詰まりの外壁部分にある、どん詰まった勢いが壁を内側から押し出して、少し外へはみ出してしまったような意匠は、何にもできないならこれだけはやっておけという石山さんの助言でできたものだ。もっといろいろやれたら、と今になってこの外壁の出っ張りを道路から見上げるたびに思う。

しかし室内も、これまた盛り込むべき機能的な課題がいくつかあって、まだまだ油断はできない。

◉水回り

車いすでの帰宅時、たいていはまずそのまま洗面所へ向かう。洗面台はもちろん、車いすで使えるようにカウンター下が空いていなくてはならない。今でこそ、座ったまま膝が配水管にもつかえずに使えるカウンターがあるが、当時は二種類の、バリアフリーと謳ったFRP製[13]カウンターが開発されたばかり、既成の洗面台キャビネットは、カウンター下にも収納があり当然使えない。結局それはオリジナルでつくることになるのだが、まずはその位置だ。二階でエレベーターを降り、同行者はそ

13 FRP　Fiber-Reinforced Plastics（繊維強化プラスチック）

こで靴を脱いで、車いすのタイヤの汚れを拭き取ったら、なるべく単純な移動ですっと入れる洗面台がいい。

洗面は風呂場と並べて、風呂場はトイレと並べる必要がある。そしてベッドはその水回り近くに置く必要がある。これは入浴やトイレに介助が必要な場合には重要なことで、とくに車いすの介助では、ベッドからトイレ、そして風呂場へと車いすで移動が楽に行えることが、ヘルパーにも本人にも負担解消につながるのだ。

ここまでで、玄関と洗面所、ベッドと洗面・風呂・トイレはそれぞれ関係づけて動線を考えることが必要になる。水回りに関しては、同様の配管を必要とする設備としてキッチンも考えなくてはならないが、わたしの場合は、自分では料理ができるほどには手が自由でないので、車いすとは関係ない、むしろ車いすで移動しても料理の邪魔にならないところに、キッチンはあったほうがよい。キッチンは車いす動線の一番末端に持って行って、その一つ手前にテーブル、これは車いすで素直に近づける位置にして、来客もそこが居場所になる。狭い部屋なのでベッドがさらにその手前に来ることになるが、昼間はカバーを掛けて誰でも座れるようにして、人の昼の居場所の役割と、自分の夜の就寝の役割を兼ねることにする。縦長のワンルームなのでなんとなく、車いすでの使用度のグラデーションで、リニアな室内の配置が決められてしまいそうだ。

◉3m×3mに洗面・風呂・トイレをどう配置するか

玄関と洗面所を近くに置くには、やはり、水回りはエレベーター側の部屋の端に並べるしかない。一階三階も、平面上の同じ位置に水回りを置いて問題ないことを確認しつつ、今度はその中身、洗面・風呂・トイレの車いすでの使い勝手も踏まえた配置を考えるのだが、これがさらにやっかいだ。

使える面積は３ｍ×３ｍ、ただ一体の西洋風のバスにすると、風呂でもトイレでも車いすで使っている間は他の人が使えず困る、なんとかトイレと風呂は分けられるようにしたい。前のマンションでは、友人が来ているときなどは風呂とトイレを順番に、縫い合うように使うこともあったから、一人で一度に両方ふさいでしまうのはなんとも気を遣うのだ。

ところがヘルパーが夜間に入る場合は、夜中にトイレや風呂場を使うこともあるだろうから、その場合は一体の一室のほうが、一度扉を閉めれば出入りも少なく、寝ているこちらも使うほうも落ち着くだろう。以前から友人が夜も泊まっていくようなこともあったのだが、そんなときもきっとそのほうがよい。

まずそもそも、この面積で風呂場を一坪とるのには無理があった。自分の入浴は通常、風呂トイレ用の車いすで洗い場にそのまま入ってシャワーで済ますだけで、浴槽よりもむしろ、広めの洗い場があるのがよい。で、早い段階で浴槽はあきらめ、風呂場は単なるシャワー室になった。それで一坪だった必要面積は三分の二で済むことになる。

一方、通常大きくても一畳＝半坪で済むトイレについては、車いすが入る＋介助者も入るということで、逆に幅30㎝の余裕は欲しい。で、シャワー室もトイレも１・８ｍ×１・２ｍの大きさということになる。

それを縦横・横縦で隣り合わせると、長辺と短辺合わせて３ｍに収まって、さらに面積の上では、１・８ｍ×１・８ｍの洗面脱衣室と洗濯機のスペースぐらいは取れる。

でもそれは、一体一室の入り口一カ所ならなんとかなりそうだが、一つずつを区切って、しかも別々に使えるようにすると、トイレと洗面所にそれぞれ扉が付いて、車いすでのトイレからシャワーへの移動が、出たり入ったりの方向転換も必要となりちっともスムーズでない。

トイレとシャワー室を一体にするか、別々にするか、逡巡しながら3m×3mの中でくるくると配置を回していても埒が明かなかった（**図14、15**）。

◉一枚の扉で問題を解決

問題はトイレからシャワーへの車いすの移動だから、その間は壁でなくて扉にできればいい。しかし車いすで方向を九〇度変えながら移動するのには90㎝の扉では小さい。それ以上大きいと引き戸では納める場所がないし、開き戸に至っては開けただけで車いすが邪魔になって、閉めることもできず身動きできなくなる。シャワー室の扉との取合いはハナから無理。ここで気づいたのは、トイレ―シャワーの間を1・2m幅の引き戸にすると、洗面室の出入りの扉と同じ幅にできるので、二枚引き扉にして互いに納め合えばいいんじゃないか、いや二枚が一方に寄ったとき二重扉みたいになって面倒だから、いっそ一枚で、洗面側に寄せたらトイレとシャワーがつながって、トイレ側に寄せたらトイレが個室になるようにすればいいんじゃないか。そうすると扉の移動で、洗面トイレシャワーを一体にしたり、トイレだけを分けたり、状況によって切り替えられる。トイレを分けると洗面室が見えるかたちにはなるけれど、それが一番困る人が少ないパターン、シャワーは西洋バスタブスタイルのバスタブ抜きで、カーテンで仕切ればなんとかなる。それで、水回りが今のかたちになった。扉が斜めなのは、トイレでの介助者の入りやすさと、あとはちょっとしたデザインの、邪鬼の邪念か。でもこれでなんとか納まるようだ（**図16**）。

◉車いすで使う水回り

洗面台は、鉄工所で頼んで、ステンレスでオリジナルのカウンターだけをつくってもらうことにす

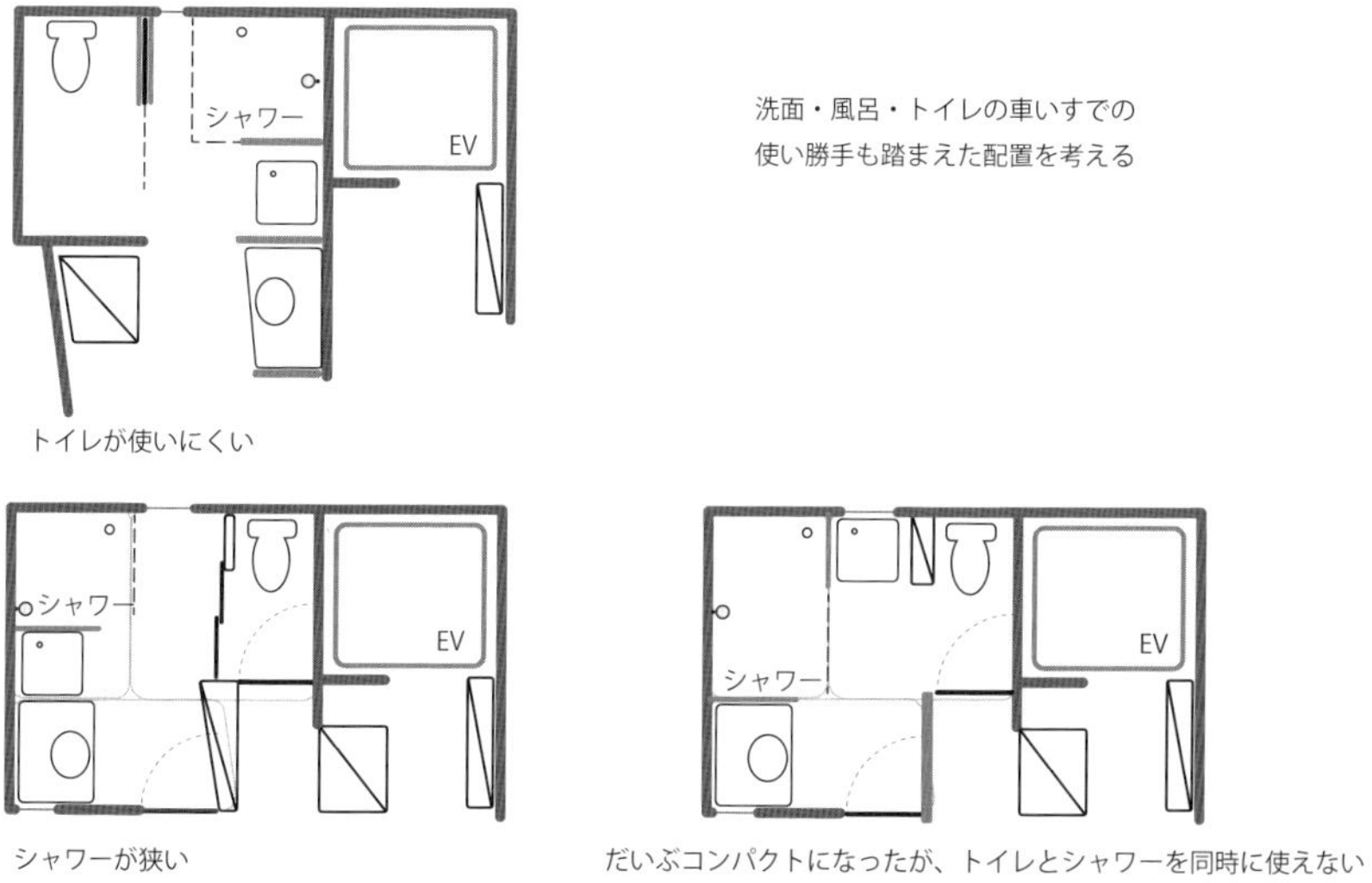

図 14　トイレ・シャワー・洗面台の配置スタディ

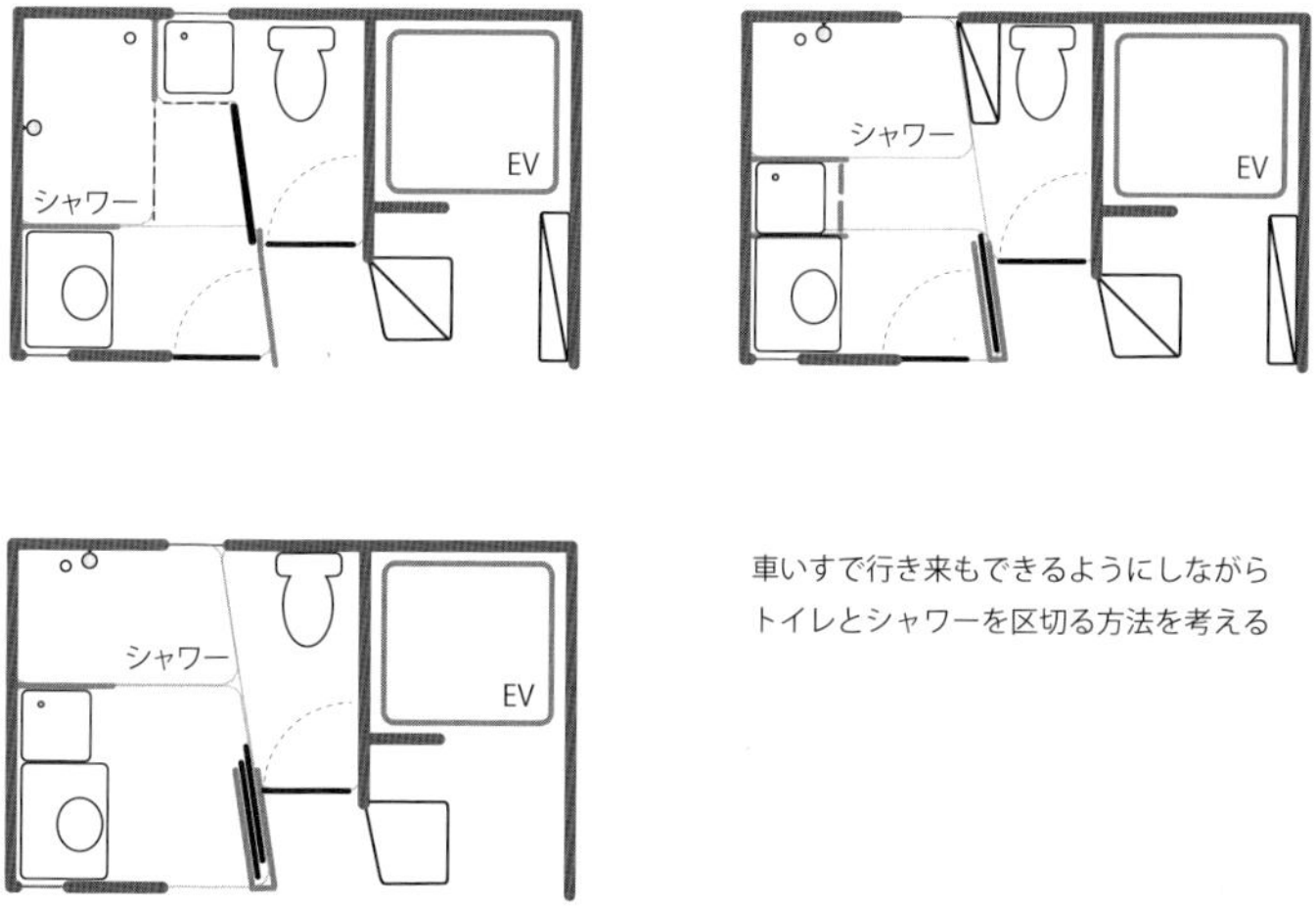

図 15　トイレ・シャワー・洗面台の配置スタディ

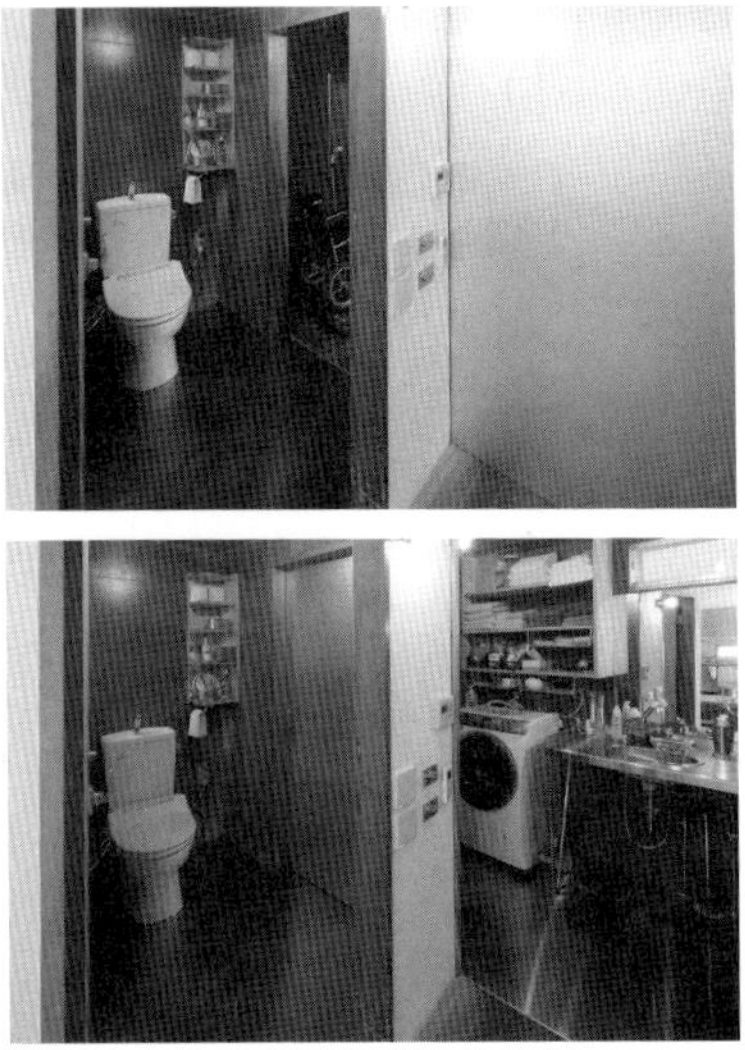

写1　一枚の扉でトイレとシャワー室をつなげたり切りはなす

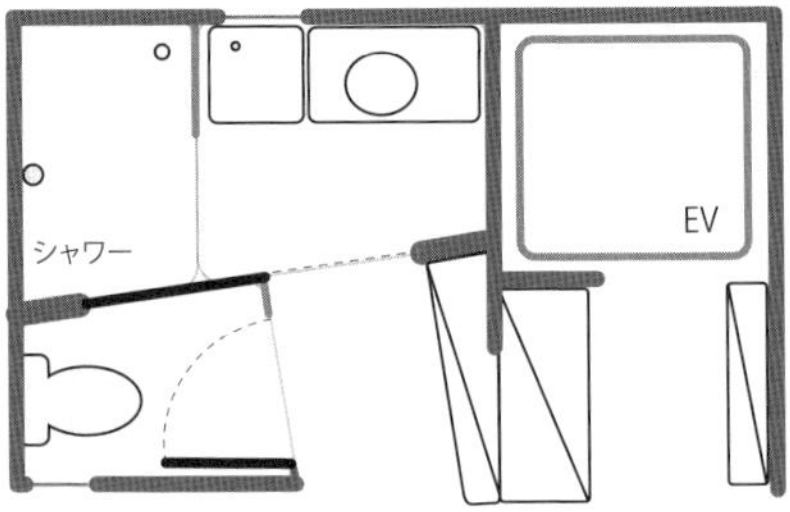

問題はトイレからシャワーへの車いすの移動だから、
その間は壁でなくて扉にできればいい

図16　トイレ・シャワー・洗面台の配置はこれで決定

る。自分でデザインしやすいのと、掃除が楽ということもある。しかも意外と値段が安かったのだ。サイズも自由に決められる。カウンターに簡単な足をつけて、下は車いすで膝がつかえないように空けておく。ところがそのカウンターに合わせるステンレスの洗面器がなかなかない。陶製のボウルはどうしてもステンレスのトップに合わないのだ。ネットでようやく見つけたアメリカのメーカーのものは、ちょっと小さすぎるのだが、どうしても他にない。しかも小さい割に高い。ちょっとでも安くと、メールで直接メーカーに問い合わせてみるも、最後は日本の代理店からちょっと割高な値段で買わざるをえなかった。分離発注での安価な製品づくりの試みにも、商習慣の壁はなかなか手強いのだ。

後にもう一度、別の方のためにステンレスで洗面台をつくる機会があったので、そのときにはボウル部分も一体でデザインしてつくってもらった。そのほうがボウルも必要なサイズでつくれるし、配管の自由度も増して断然よかった。

洗面室は脱衣場も兼ねる。車いすではトイレから直接シャワー室へ入るが、シャワー後はドライヤーをかけたりするのにここを使う。すべて行き来は段差なし。当時は、ユニットバスも必ず入り口に止水の段があって、そもそもシャワーだけなので使えるユニットなどもなく、ここでは薄いステンレスパンを床に埋めて、スノコを敷いて段差をなくした。

シャワーを車いすで使うときは、シャワーヘッドは少し低めに留められるようにし、カランは逆に高めにして、車いすから手が届くようにする。シャワーとカランが一つになっている今時のタイプなら、水量と温度の調節もカランの位置にあるので都合がいい。

車いすではトイレからシャワー室に入る向きも決まっている。ゆえにその際のヘルパーの立ち位置も決まる。それでカランの取り付け位置が決まる。シャワーは前方から当たるようにして、ヘルパーが取りやすい位置にヘッドを持ってくる。ヘッドで水のオンオフができる機能があれば使いたい（**図17**）。

これで、車いすで使う水回りの機能が揃った。

キッチンはこの水回りと反対の部屋の端になるのだが、対面にする広さもないのと、テーブルにいながらいろいろ口出しもできるのとで、壁付けになった。キッチンはレンジが丸見えになるので、業務用などでカスタマイズすることも考えた。が、機能も含めて気に入ったレンジにしようと探したものが、システムでないと購入できないもので、結局メーカーで、レンジとシンクの付いたカウンターの最小サイズのシステムを入れた。オプションのワゴンは値が張ったので、別の注文家具屋で好きなようにつくった。換気扇は一番安いものを探してきて、大学の金工室でカバーを手づくりした。

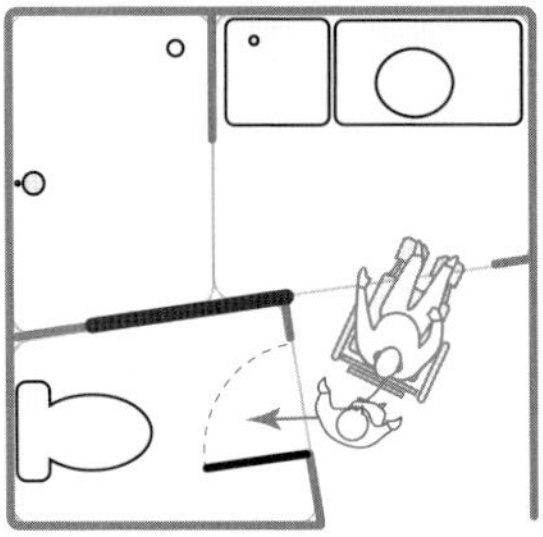

1. 車いすはバックでトイレに

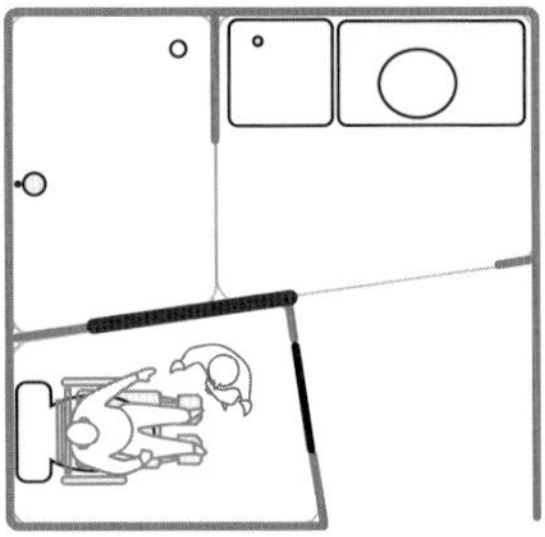

2. 個室になるトイレ

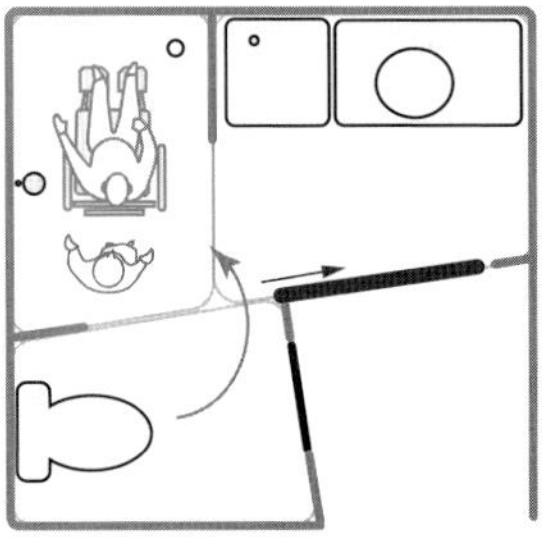

3. そのまま前から
シャワールームへ移動

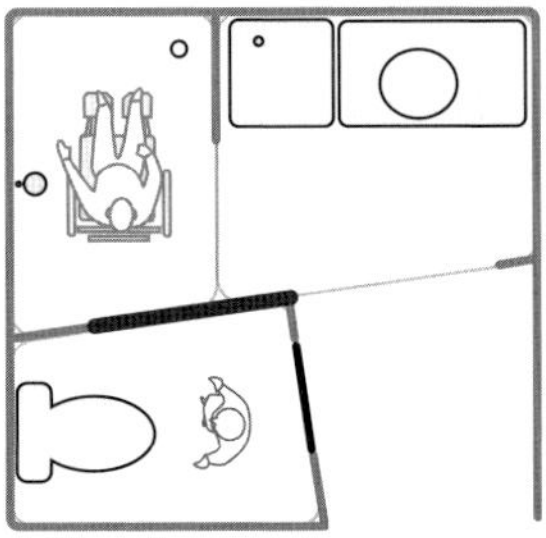

4. シャワー中、扉を閉めると
別の人がトイレを使える

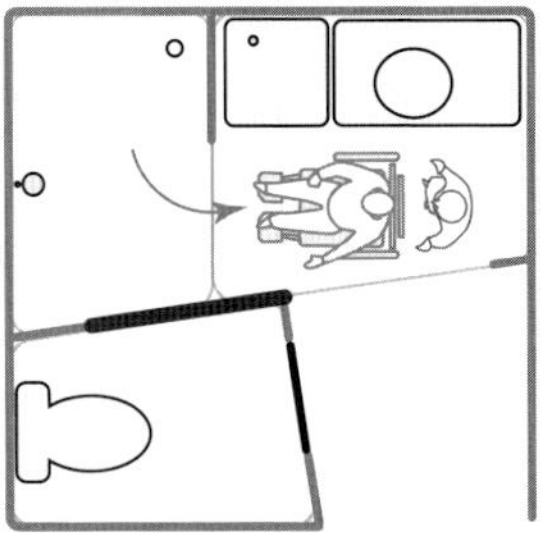

5. シャワーの後、洗面所で
体を拭いて髪を乾かす

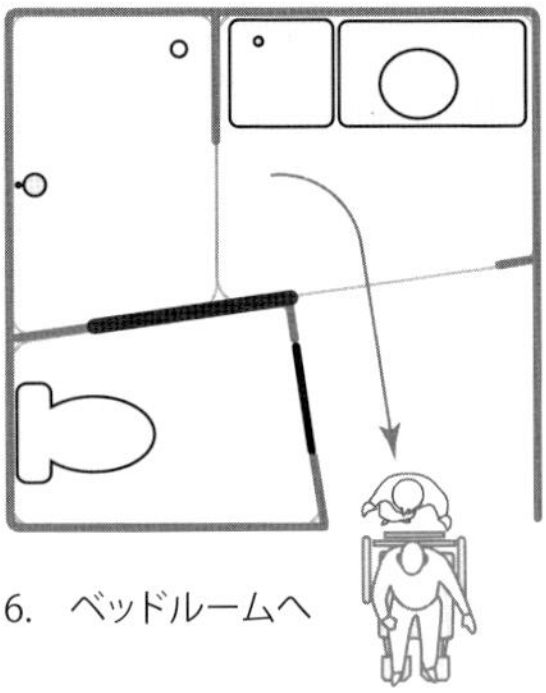

6. ベッドルームへ

図 17　トイレとシャワー室の関係

三階にも、同じ広さでバスルームを設けたが、こちらはプライベート仕様でよいので、一室にまとめてバスタブも置けるようにした。トイレとシャワーは車いすでも使えるようにはしておこう。

◉中が見える収納

車いすを使う身にとっては、収納も悩むところだ。できるだけ手の届く範囲を有効に使いたいところだが、かえってわたしのようにヘルパーに頼むことが多い場合は、むしろ収納全体が見えることが重要だ。全体を見ながら、どこにあるそれを取って、という指示が伝えられる必要があるのだ。だから、棚はなるべくオープンに、プライベートなものだけは扉をつけるが、開ければ見えるようにしておく。

一階と地下はがらんどうにして、収納はこちらをメインに。地下は二階と対照的に、暗い船底のようにしたい。一階から地下へ降りるには、室内階段が新たに必要だ。一階床はどこまで張れるだろうか、金銭的にできるところまでは考えて、あとは本当に必要になったときにでも考えよう。駐車場から荷物など出し入れできるよう、大きな扉だけはつけておくことにしよう。

二階南面はガラスの引き戸で、できるだけ前面を開口に、明るい部屋にする。出入り用の開き戸一枚もガラスにして、上がってきた人が室内から見えるようにする。三階は一枚だけ大きなガラスの引き戸を建てて、雨戸で暗くできるようにする。ここからは立面の話になるので、とりあえず機能的な話はここまで。あとは、鉄骨を活かして二階三階のスラブをなるべく薄く、天井高は、車いす仕様ではないけれどなるべく低く、そうして高さを稼いで、できるだけ屋根の、斜線の規制にかからない部分を増やさないと、三階がただの屋根裏になってしまう。

◉四カ所に止まるエレベーター

この家のエレベーターは三人乗りだ。設計・建設当時、ホームエレベーターというものがまだそれほど出まわっておらず、一人用、二階建て用の小さなものがあるぐらいだった。研究室のスタッフと手分けして、車いすが介助者と一緒に乗れるぐらいで四カ所に止まるエレベーターを探した。スタッフの一人がスイス製のしゃれたデザインのものを見つけてきて、どうです、とばかりにパンフレットを見せてくれた。デザイナーとしてはオーティスやシンドラーのハイテク感がやはり選考基準になるのだ。値段は三百万程度。わたしのほうでは、まちでよく見る専門のメーカーに当たりをつけて問い合わせて、見つけだしたのが国産の小規模集合住宅用のもので、意外とシンプルで見映えもいやじゃない。大きすぎず、最小限の機能だが、スイス製と比べても遜色なく、そして値段が二百万。格好はスイスのほうが良かったけれど、結局こちらを採用した。

三人乗りなので車いすの訪問者も問題なく来てもらうことができる。手で押すタイプの車いすの場合、かなり大きな、リクライニングできるような車いすの人でも入ることができたはずだった。だが、一度だけ、お招きした方がこれに乗れなかったことがある。

重度の障害があっても一人でどこへでも出かけていくようなアクティブな人は、電動車いすを使っていて、比較的軽い初期の普及型ならまだしも、みなさん自分のマシンにはかなり力が入っている。大きなバッテリーに装甲車のような駆動部分、リクライニングや座面の位置調整まで、手元のスイッチや口元のコントローラーで自由に操作し、多少の段差はパワーで乗り切る、疾走するメカの塊の如くにごついのだ。背中にバッグをつけたりして、前後の寸法もでかい。そして当然のように重い。座面下にバッテリーをびっしり積んでいるからだ。まるで重戦車だ。一人で三人分の体重を超えてしまう。だからエレベーターに入らない。入ってもブザーが鳴るだけで動かないのだ。

これには参った。二階に用意した食事も飲み物も一瞥することさえできず、その日はしょうがなくその方の知っている近所の居酒屋へ。完全なる敗北だ。

家は、どんな人でも受け入れられる必要がある。あなたは来られませんでは、まだまだ不完全な家と言われてもしょうがない。とはいっても、なかなかにそれは難しい。まして、日本の住宅事情で、車いすが入れる家をあたりまえにするのは困難極まる。でも誰しも、けがでもして一時車いすをつかう機会だってあるかもしれない。車いすの友人を招く機会だってあるかもしれない。松葉杖でも不便な思いをした人は多いだろう。そうでない人も、自分の家を考えてみて、少しでもそういうことを思いうかべてみるのも悪いことではないだろう。

例えば、狭い住宅でアプローチを確保することは難しい。が、玄関前に階段があったり、玄関に段差があったりしても、実はちょっとした技と手助けがあれば、意外と車いすでも入れるものなので、それは、それぞれの場合、そのときどきの必要で考えてもらえれば、実際はそれでもいいのだ。自分の身の回りについても一度、ちょっとだけでもそんな状況を考えてみてもらうことが、一番だ。問題になりそうな点がわかるだけでもいい、解決策は必要なときにまた探せばいいのだから。

◉住んでわかったこと

この家は、車いすで使うことを考えて、収納などの具体的なことを後回しにして、どうにでもなるようにむしろガランと開けておいて、使いながら考えれば良いぐらいに考えていたのだが、これもそれほど簡単ではなかった。二階には、大工さんにベッドと水回り用の小さな収納、書棚、台所の上と洗濯機の上にそれぞれつり棚をつくり付けてもらったが、他の階は何もない部屋だ。実際、三階は持ち込みの家具で何とかし、二階はワゴンタイプの引き出しなどをつくったり買ってきたりして補充もしているが、気に入った家具を探すのも、買うのもけっこう大変だ。ハンガーラックにかけただけでむき出しの洋服も、いつか棚をつくって、などと思っているけれど結局、今でもそのままになっている。地下には本棚を二つ置いたけれど、入りきらないものがある。それでも、一階から地下への階段の壁面に鉄骨のブレースが入った隙間があって、そこにあり合わせの材料でつくった、自由な組み合わせのできる本棚も自作したりして、それがうまく収まったときは面白い。

この家の二階のように、部屋が一体であることは、車いすで使うのには確かに便利だ。一人で、あるいはヘルパーが来て、一つの空間でほとんどこと足りるというのは、車いすにとってもヘルパーにとってもずいぶん楽なものだと思う。あるいは十分広い家ならば、廊下や扉を少し工夫しておけば、部屋の移動も苦ではないかもしれない。でもこの家の狭さで、ワンフロアに全部の機能があってかつ例えば寝室だけを閉じられる空間にするのには、閉じるときと開くときのいろいろなパターンを考えなくてはならないわけで、ちょっとまた工夫が必要だ。しかも、移動がままならない障害をもつ身にとっては、部屋で寝かされたまま孤立する状態は、何となく不安なものでもある。

ここでは、二階のベッドさえ三階に持って行けば、いわゆるプライベートな空間と昼間の生活空間は明確に分けられる。でも、ヘルパーが入る生活というのは、そういう風にはっきり分けられないのが悩みどころだ。だから最後は、二階での他の機能とベッド・スペースのオープン・クローズの切り替えはあきらめて、ベッドが常にそこにある、という状態を選んだ。車いすでの動線と扉の開閉などを考えたら、それ以外は難しかった。この現状は、自分のために使う場合は大変便利だけれど、来客があった場合はやはり、こちらとしてもちょっと気になる。気楽な人ならなんとか許してもらえるかもしれない。気のおけない人なら、お互いベッドでゴロゴロしててもいいかもしれない。が、それゆえいざというときお客さんをお迎えするには緊張感に若干欠けるのは否めない。できれば一階吹き抜けに床をはってミーティングのためのスペースぐらいは確保したいとは思っている。一応そのために扉はつけてあるのだが、まだ実現はしていない。

一階にそんなスペースをつくるためには、一階にトイレも設けたい。もちろんそのためのスペースも考えてはあるのだが、今は設備もなく、物置になっている。

二階の日当たりが良い分、陽の当たらない一階と地下はどちらかといえば暗い。というか、冬は寒い。夏は涼しくていいのだが、コンクリートの地下は冬は心底冷える。そのころはまだ、蓄熱床暖房や全館暖房なんて発想がなかったし、地下だから夏涼しく冬暖かなんて気楽に考えていた。今となっては、地下を暖めて吹き抜けて上の二階も一緒に、などという効率の良い暖房が導入できると思えば、これも何とかしたいものである。

三階浴室はモルタルの床だが、薄いスラブの上に防水のための層が必要で、車いすで入るのに少し入り口スロープを上がらなくてはいけない。普段使わないので、それで妥協した。二階シャワー室のステンレスパンは、当初その上を左官仕上げにして段差をなくすつもりであったが、漆喰がステンレスを傷つけて水が漏れるのがいやだという理由で、木製簀の子になった。最初は大工さんがぴったりのモノをつくってくれるが、水回りで使う木の寿命は短い。寿命がきてからは近所で簀の子を買ってきて使っているが、ちょっと変形の室なので、市販の簀の子を合わせるのには苦労する。グレーチングなどで見栄え良くつくって代用すれば、長持ちするが、掃除などのメンテナンスはどうだろうか、などと考えて、いまだ解決はしていない。

今では段差のない浴室ユニットもあたりまえになってきているので、そんな悩みも一般では昔のことになりつつあるのだが。

◉住みながら変えていく家

それでもそんなふうに使いながら考える家はやはり楽しい。

生活に合わせて家具を買ったりつくったり、古くなった設備は新しいものに更新したり、誰にとってもそういうことはあたりまえだと思う。実はその延長で、家自体を自由に考え直すことだってできれば、少し家の考え方が違ったものになるだろう。はじめにきっちり決まってしまって、何も変わらないのがあたりまえ、ではない家があってもいい。家のデザインというのは、実は本来そういうものではないか。

自分が車いすになって、自分たちの家を考える必要があって、たまたまそういう家をつくることになった。でもそれは、バリアをなくすということだけではなかった。

自分の必要、不必要をできるだけ家に盛り込んで、自分仕様にしていく。時間が経ってまた新たに考えたこともあれば、時代が変わってきて便利や不便も変わっていく。歳をとればまた、身体も変化していく。周りも変わっていく。その只中で家はどうなっていけば良いのだろうか。自分にとっての理想の家を、時間を追ってさらに理想のまま、住み続けられる家として考えることがきっと必要だ。それは、デザインする者だけの問題でない、住む人自身に与えられるべき自由なのだ。

それは自分たちの趣味やライフスタイルだけの問題とは限らない。それが例えば周りの人との関わりだったり、社会的な制度なんかの要請によるものだったりすることだってあるだろう。

住宅というものは、建てるときに考えたことがすべてではない。住むことは、とくに自分の家に関しては、時間とともに自分も周りも、それに技術や社会制度までもが、少しずつ変わっていく、そのことへ常に応答していかなくてはならないものだったりする。もし社会の変化に対応できる家、つまり時が経っても、それが誰もが住みやすい家であれば、住宅が社会的な資本としても考えられるようになる。それが、いわゆる「開かれた」家のはじめの一歩だ。（TN）

■建築情報

鉄骨造4階建（地上3階、地下1階）

敷地面積　66.0㎡

建築面積　36.0㎡

延床面積　121.2㎡

■所在地　東京都新宿区

■設計・監理　丹羽太一＋丹羽菜生

（BASSTRONAUTS）

早稲田大学石山修武研究室

■竣工年　2001年12月

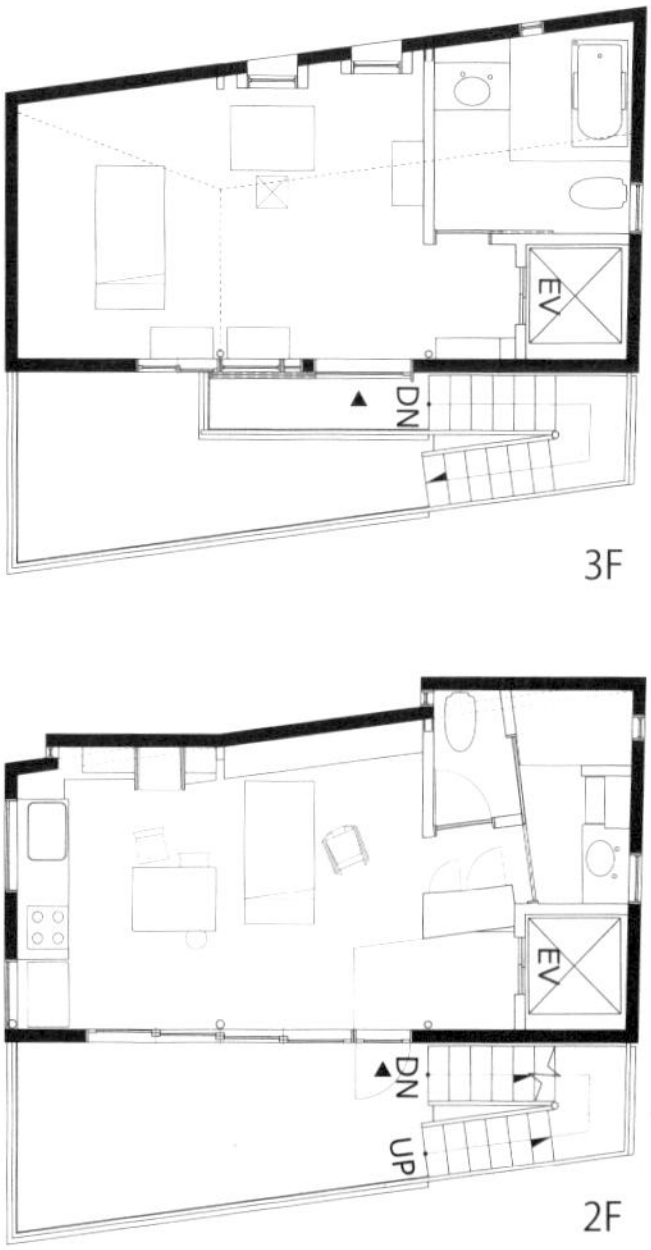

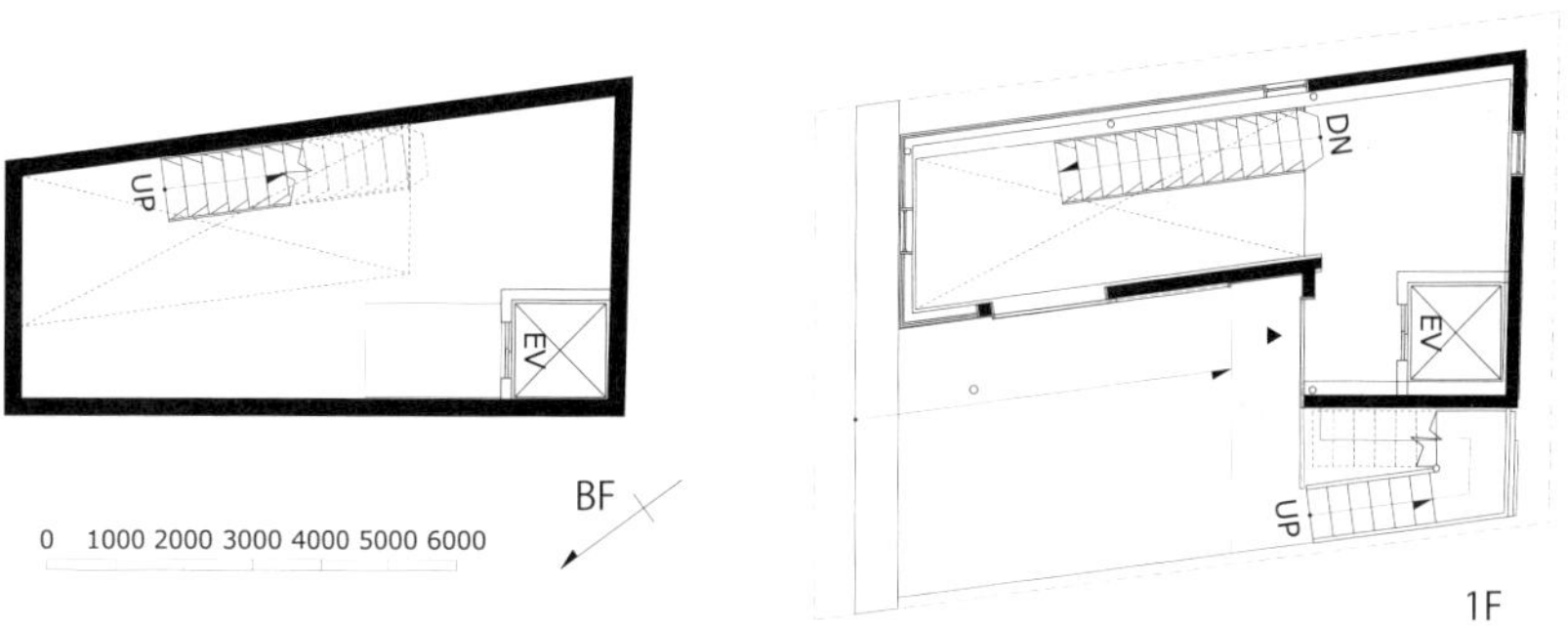

図18　平面図（竣工時）

対話

職場復帰をめざしたリハビリのころ
——小竿顕子さんと語る

一九九三年五月、丹羽太一は病院から神奈川のリハビリ・センターに移る。ソーシャルワーカーの井上朝子氏にすすめられてということであったが、こうして早稲田大学の石山研究室へ職場復帰をめざしたリハビリが始まる。このとき太一と出会ったのが小竿顕子《おざおあきこ》だった。福祉を学ぶ専門学校の実習生として太一とかかわり、退院支援まで行った。

◉出会い

編集部　太一さんに初めて会ったときの印象というのはどうだったんですか?

小竿　わたしは井上さんに紹介されて。太一さんとはお互い年齢があまり変わらないですよね? 二つ違うくらいなので、この年齢でこんな大変な障害で、ということにこちらもちょっとショックを受けつつ、でもこの仕事をめざすわけだし、とかいろいろ逡巡しながらお話をした、という記憶があります。で、井上さんがちょっとふざけながら、緊張してるんでしょとか、少し軽口をたたけるような感じであいだを取りなしてくれて。今も真面目ですけどもともと真面目なので(笑)、硬いタイプなのでちょっとこう、普通にやりとりをしていくのに時間がかかったかな、という感じがしますね。

編集部　実習生というかたちですものね。

小竿　そうですね。今思うと実習生だったので、あんまりいろいろなことを考えずに一生懸命やらせていただくことができたという感じですけれど。わたしも介助の仕方を覚えないといけないし、体もそんなに大きいほうじゃないですしね。わたしに身体を預けるのはちょっと不安なんじゃないかなと思うし、自分でもそんなに自信があるわけではないので、あんまり相手に不安が伝わらないようにやっていたような気がします。とにかく自信がなくて（笑）。

菜生　介助もやっていただいた？

小竿　何回かですね。その前の実習で、ある施設に寝泊まりして実習をやったことがあったので、そこと合わせて介助法を身につけたと思います。オリエンテーションに来た方が、わたしのような小柄な女性でもコツを知ればできる介助だと感じてもらいたいねらいもありました。

編集部　障害を負ったからといって自分の価値がゼロになるわけじゃないけれど、一般的に障害を負うことは、心理面で本人にとってかなりマイナスですよね。モチベーションが上がらなくなるというのかな。

小竿顕子さん

小竿　そうですね。

太一　もうだめだ、と思っちゃうんですよね。

小竿　喪失体験というか、全部なくなってしまった、と思ってしまう人のほうが多いと思うんですよね。

編集部　出来たことが出来なくなるというのは、本人にとってすごいショックになるんでしょうね。

小竿　そうだと思うんですけどね。人間は何かができて社会とつながっていると思っているところがあるので、つながり方を変えればいいと単純に言えばそうなんですけど。そこがとてもふんばりがいるかなと。そこに専門職がサポートをすればいい、と。

編集部　小竿さんたち福祉職の人は、そういうサポートをされるんですか？

小竿　福祉職はそうですね。今いるところは救急病院なので、また全然中身が違ってくるんですけど、リハビリ病院とかリハビリ・センターでのソーシャルワーカーの仕事はまさにそれがすべてと言ってもいいと思います。

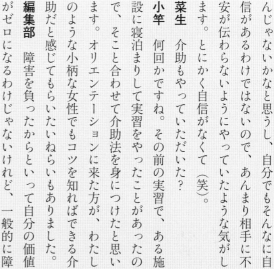

編集部　福祉職の方は人の人生に関わってしまう部分がかなりある気がしますね。

小竿　そう思います。そう言われると怖いですけど（笑）。

編集部　太一さんは頸損ということで、比較的障害の程度としては重いことになるんですよね？

小竿　最重度のほうにあたります。太一さんの場合は呼吸はできますが、頸椎の損傷箇所によっては呼吸のほうも障害を受けることもあります。手が利かないというのは日常生活のすべての場面にかかわることになるので、身体面の障害が最重度ということになります。

太一　手が動けば、ある程度家に帰っても身の回りのことが自分でできる。だから生活をプログラムすることができるけれど、ぼくの場合はそれができない。二十四時間、誰かがみることになると結局ヘルパーに頼らなければならない。それが生活の中心になっていくわけですよね。

小竿　太一さんの場合は、何て言ったらいいんだろう、頭がしっかりしている、というと怒られちゃうけど、いろいろな障害のほうがいらして、脳梗塞とか、脳の疾患で身体に影響がある人は知的なほうの障害も負ったりするので、本当にそこからになるんですけど、太一さんの場合には、それが逆に言うと大変だったんだろうなとも思います。目が見えて頭で考えることはしっかりできて、こうしたいああしたいというのがしっかりあるのに、身体が動かないというギャップが、本人にとってたぶん大変なことなんだろうな、と思いますね。

菜生　例えば、頭がかゆいときに自分でかけないことだとか。

小竿　本当ですよね、それも人に頼むというのが。お醤油取って、と言うのと同じような感覚でヘルパーに言えるようになればいいと思うんですけど、そこまでがちょっと大変だろうって。で、太一さんの場合は、わたしもお会いしたときに井上さんからいろいろ説明を聞いていますが、障害を負ったのは、ある日突然のことですよね。これは、本当になんていうことだろうと思って。例えば事故にあうとか、そういう場合が頸損の方に多いんですけど、太一さんは普通に生活していてある日突然のことだったので、そのエピソードを聞いたときにびっくりしてしまって。そんなことを本人は受けとめられるんだろうかと。それが最初に説明を受けたときに感じたショックでした。

編集部　確かに、事故であればなんとなくそれで理屈がつくし納得できるかもしれないけれど、朝起きてから、状況が急変するわけだし。

小竿　肩こりからはじまって、とかでしたよね。すごい肩こりと吐き気という…。

太一　あっという間でしたけど、最初は何だか首が痛いというところからで、そして何だか吐きそう、気持ち悪いなとなって、苦しくなってきて、それで入院しちゃったからね。ただ逆に言うと、事故の場合は責任が自分にあるでしょう、それは辛いと思います。あのときああしなければと絶対に思う。

編集部　悔やむ。

太一　悔やむ。ところがぼくには、それがないんですよ。別に原因を考えてもしょうがないことなんで。別にぼくが悪いわけではないんで。そう思うとその部分はかえって楽だったと思います。聞いていると、みなさん事故の話題とかそういうときになったりすると、なんとなく暗くなる。ぼくはそれがないんですよね。

小竿　なるほど。

太一　逆に楽なんじゃないかと思います。

菜生　丹羽はポジティブなんだと思います。

小竿　本当にそう思います。だって、わたしがかかわったのは、さっきもお話したようにそんなに長い期間じゃないわけです。太一さんの心中はそんなことなかったとは思うんですけど、外からはすごく冷静に見えたんですよね。だから、そのころ自活をはじめるというアパートでサポーターの人たちのオリエンテーションをするときは、太一さんは淡々と指示を出されていました。こうしてもらいたいとか、これはこう考えればいいとか。普通は状況を受けとめるのにすごく時間のかかる方が多くて、感情的にこういう波をひとしきり過ごし終わるというところを経てから、今お話したような準備に入るんですけど、太一さんの場合は次の準備に取りかかるのが早かったと思うんですよね。それも一時期だけ太一さんがまだ入院中に、バンドでドラムを叩いている夢ばっかりみるっていう話をしていたと、井上さんから聞いたことがあります。

編集部　そういうこともあったんですね。

太一　ぜんぜん覚えてないけど。

編集部　学生時代はバンドをやっていたんですか?

菜生　どっちかというとバンドが生活のメインだったくらいで。

編集部　そのときは大学院の一年生ですか?二年生?

太一　病院に入ったのは大学院を出てからですね。大学院を出て半年、そのまま研究室で一年間働くつもりで半年経ったところで、というタイミングでした。

◉退院後の青写真

編集部　太一さんがリハビリ・センターにいたときの方針は、帰ったときに生活できる基本的な能力を身につけることなんですか。そのため、帰ったらどういったかたちの生活に戻るかという見取り図ができていて。

小竿　できていた、そうですね。そういう方向性の青写真をつくって、それを固めていくためのスケジュールを繰返しやっていたということですね。(資料ファイルを取り出して)これがそのときのものです。当時の資料は全部取ってあるんですよ、捨てられなくて。

菜生　すごい。

太一　自分で企画したものですね。

小竿　いえ、これは井上さんがつくってくれたものですけど。家屋の改造の仕方、職場訪問して、太一さんがコンピューターを使ってお仕事されるので、コンピューターがどうだとか、そのときの間取りもあり、方針を立てていますね(**図20**)。

菜生　すばらしい。

太一　そういうことをやっていたということですね。

小竿　そうですね。

菜生　こんなに支えていただいたのね。

小竿　いやいやいや、こちらとしては勉強させていただいて。これはもう粛々と進めていこう、というところで。

編集部　とても具体的な内容ですね。

小竿　これを相当やられるんですよ、OTさんとかPTさんは。実際に引越し予定の部屋に行って、メジャー持って角度などを測り、太一さんの動作能力を全部測り、からだの状態に部屋の環境を合わせていくんですね。そして、部屋改造のためのプランを考える。賃貸だったと思うんですけど、かなり改造させてもらいました(**図19**)。直接、わたしがやったわけじゃないん

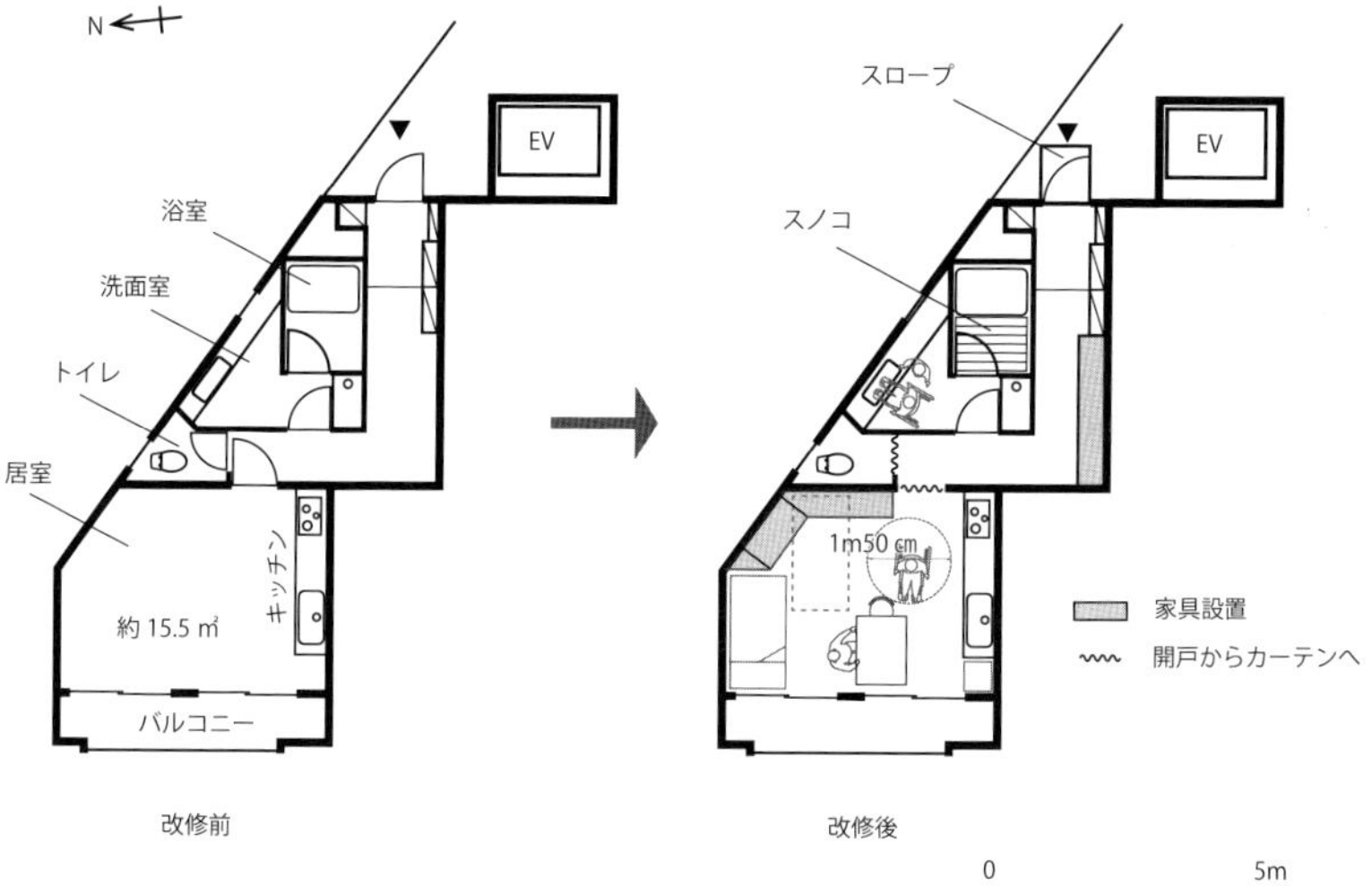

図 19　大久保マンション　平面図

職場・家庭訪問報告書

氏　名：丹羽太一
所　属：７Ｂ病棟
担当医：Dr.林
訪問者：井上SW　藤本Nrs　池田OT
目　的：①復職（早稲田大学理工学部研究室　助手）に際し，主に職場内あるいは出張先での排泄管理およびトランスファー等の介助指導および校内環境調査．
②職場でのコンピュータ・キーボード操作に関する現状報告
③職場近辺に新たに借りた賃貸マンションの家屋環境調査および改造相談．

職場訪問

1．介助指導
復職後，泊まりでの出張なども予想されることから，同研究室の教授・助手を対象に収尿器の装着，尿捨て，更衣，失禁時の対処の仕方，各種トランスファー，車椅子での段差乗り越え，階段昇降などについて介助方法の指導を行った．

2．コンピュータ・キーボード操作に関して
ＢＦＯ（E-rest）使用での訓練状況を説明し，最低必要とされる机の高さ（約70cm）奥行き（約65cm）等について説明した．職場での車椅子は電動になるか手動になるか，まだ流動的であるので，可変式のコンピュータ用机の購入を進めた．また，復職後，主に使用するコンピュータ（Macintosh）は，ptは使用経験がないため，入院中に操作に慣れておきたいとのことから，ＯＴ室へコンピュータ（Macintosh）の搬入の承諾を得た．

3．大学玄関のアプローチについて
大学から徒歩５分のところに賃貸マンションを借り，そこから通勤するには，大学正門を通るより裏門を通るほうが断然近い．裏門には12段ほどの階段（１段：15cm）があるが，その脇にスロープを設置してくれるよう研究室の方からが大学側に交渉してくれるとのこと．

家屋環境調査

1．家屋概要（別紙見取り図参照）
大学裏門から道路向かいに徒歩５分．賃貸マンションの９階．築１年．エレベーター有り．部屋は１ルームマンションであり，10畳程度の台所付きの部屋１室と浴室，トイレ，洗面所が別々に１室ずつある．室内はすべてフローリング．冷暖房完備．

2・現状および改造案
①１階玄関からエレベーターまでのアプローチ
現　状：１階の玄関前に高さ10cmの段差が２段ある．玄関はオートロックであり，高さ145cmのところに暗唱番号を入力するプレートが付いている．エレベーターのボタンは高さ120cmのところにあり，ptの能力では上肢がそこまであがらずボタン操作はできなかった．玄関からエレベーターまでのアプローチは電動車椅子でも十分な広さがある．
改造案：1)１階玄関前にスロープを設置．
2)暗唱番号プレート，エレベーターボタンを押すためのリーチャー作製．

②９階エレベーターから部屋の玄関までのアプローチ
現　状：９階エレベーターから部屋の玄関までは電動車椅子でも十分なスペースがあるが，高さ10cmの段差が１段ある．玄関入り口の幅は78cm（内々），上がりまち10cm．玄関ドアノブの高さ96cmであり，ドアは重くptには開閉が無理．
改造案：1)スロープを設置．
2)大家さんの承諾が得られれば，軽いドアに付け変え，レバー式ノブを低い高さ（80cm）に取り付ける．

③廊下
現　状：廊下は最も狭いところで幅80cm．
改造案：必要無し

④トイレ
現　状：洋式便器，開き戸（内からみて外開き）の幅は54cm（内々），シャワーチェアー（排便兼用）は通れない．段差なし．
改造案：1)ドアを取り外すと入り口幅が59cmとなりシャワーチェアー使用可となるため，取り外してロールカーテンにする．

⑤浴室
現　状：開き戸（内からみて内開き）幅63cm（内々），ドアノブ高さ96cm．入り口外側段差11cm，内側段差16cm，凸型段差のためシャワーチェアー乗り入れ困難．洗い場スペース88cm×148cm，シャワーチェアー乗り入れるとドアの開閉不可．
改造案：1)ドアを取り外し，ロールカーテンにする．
2)すのこを敷き内側段差を解消する．

⑥脱衣所および洗面所
現　状：開き戸（中からみて内開き）幅63cm（内々），車椅子がぎりぎり通れる幅であるが，介助者の車椅子操作にはテクニックを要し，ドア周辺に車椅子による傷がつくことは必至．洗面所高さ73cm．シャワー付き．洗面器の下に収納戸だながあり，車椅子では十分近づけない．蛇口の高さまでは，左上肢は挙げれるが，車椅子がちかずけないため，蛇口に手がとどかない．
改造案：1)ドアを取り外し，車椅子を入りやすくする．
2)洗面器下の戸だなは取り外し出来そうになっているので，大家さんの承諾が得られれば外す．
3)蛇口をレバー式に付け返る．

⑦台所付きの部屋
現　状：開き戸（部屋からみて外開き）の幅は63cm（内々），ドアノブの高さは96cm，ptの上肢はそこまで上がらず開閉は無理．段差なし．台所流しは高さ85cm．
改造案：トイレ・洗面所のドアは取り外す必然性があるが，部屋のドアについては，取り外ししたほうがトイレ・洗面所等に自力で行けるようになるであろうが，冷暖房の光熱費や，トイレ使用時（本人に限らず）の音が部屋に聞こえるなどの問題点がでてくる．部屋のドアの取り外しの判断は，ptと家族に委ねる．

※以上の改造案はptの半単身生活を想定しての案とした．

図20　小竿さんのまとめた職場・家庭訪問報告書

ですけど。

太一　部屋の扉を取っちゃったりしてね。

小竿　そうですね、ぜんぶ扉を取ってカーテンにしてとか。ロールカーテンが多かったと思います。あと蛇口はレバーハンドルに変えました。

太一　知らなかった。

小竿　このへんは介助人を集めて計画を（図22）…

太一　これも大変だったと思うんですけど。

小竿　今思うと、わたし、夢中だったというか、楽しかったんですよね。怒られますけど、そんなこと言ったら。

編集部　これは実際書かれたものですね。

小竿　そうです。これは自分で頭の整理のために計画をたてて井上さんに見てもらったりとかしながら。夏か秋くらいにお会いしたのかもしれないですけど、ここから単身生活、新宿に住むということが決まってから、具体的に動いていったということですね。

菜生　区役所とのやりとりもやっていただいたのですか？

小竿　これは区役所のほうが書いてくれたものなんですけど、介助人をお願いして、太一さんのこの生活スタイルだとどういうサービスがいちばん合うかとか、その介助人の方のために、給料がないと動きにくいので、あらかじめ調べていただいたりとか。担当の方はとてもいい人だったんですよね。[1]

菜生　本当ですよね。

小竿　区の障害者福祉のケースワーカーさん。

菜生　こんなにやってくださったんですね、区のほうが。

編集部　これはヘルパーさんの派遣について相談に行っている、ということなんですかね。

小竿　そうですね。電話を掛け、直接、担当の窓口に行って、こういった方が新宿にお帰りに

1 **新宿区のアドバイス**　重度脳性麻痺者等介護人派遣という制度が脳性まひ者でもなくても使える。これは介護券を使う。介護人は自分で見つける。利用できるのは住民票がある場合で、申請時から適用される。

なるけれども、どんなやりようがあるか、ということを相談させてもらったら、こういったパターンのサービスがありますよと。[2]太一さんの場合は、このボランティアさんのところがいちばん合うんじゃないかとアドバイスをいただき、介助人集めをすればいいということがわかりました。

編集部　それはいつごろのことですか？

小竿　一九九三年の十一月ごろですよね。そのころにこの三橋さんとやり取りをはじめて、一方で鎌倉のお宅で介助のイメージをつくるために泊まらせていただいたんですけど、なんにもできなかったんですよ（笑）。

菜生　彼といっしょに？　ベッドの横で？

小竿　でも、何したらいいかわからなくて一晩終わってしまって、何しに来たのかと、素敵なお宅でご飯をいただいて、それで終わってしまって（笑）。で、具体的に新宿のアパートを見に来て、ＯＴさんＰＴさんが家庭訪問をして、部屋の改造を進めるのと同時進行で介助人集めが十二月からはじまったという。

◉ボランティア集め

編集部　ボランティアを募集した後は区に登録することになるのですか？

小竿　そうですね。自分でボランティアを見つけてもらわないと難しい、ということだったのですね。

編集部　それで早稲田のサークルを中心に回ったわけですね。

小竿　募集のチラシをつくって配ったところは十六カ所でした。

太一　チラシをつくったんだよね。

小竿　こんなものですね。最初わたしがたたき台をつくって、太一さんがこれはいらない、これはこんなふうにして、と言って、すごくシンプルなものになった（**図21**）。

菜生　最終案の文章はこんなに短くなったんですね（笑）。

小竿　たしかに今思うと、文章の長いチラシは読まないと思う（笑）。丹羽さんがなるべくシンプルにということだったので、なるほどそうだな、と。

編集部　どんどん短くなったんですね。

小笹　今考えたら、太一さんが手を入れた最終案が断然いい。

編集部　配ったのはどこの大学ですか。

菜生　ボランティアサークルがある大学ということですか？

小笹　そうだと思いますね。ボランティアグループを調べて行っていると思います。それと、福祉専門学校にも行っています。

編集部　配布箇所は十六カ所と言われましたね。

小笹　そうですね。大学のボランティアサークルと、大学の窓口にチラシを置く、というかたちでまわりました。何かの雑誌のコピーだと思うんですけど、サークルの一覧があって、そこに連絡先が書いてあるので、そこに電話をかけ

2　**サービスのパターン**　家事援助の三つのパターンを紹介され、ボランティアを区に登録するものを勧められる。

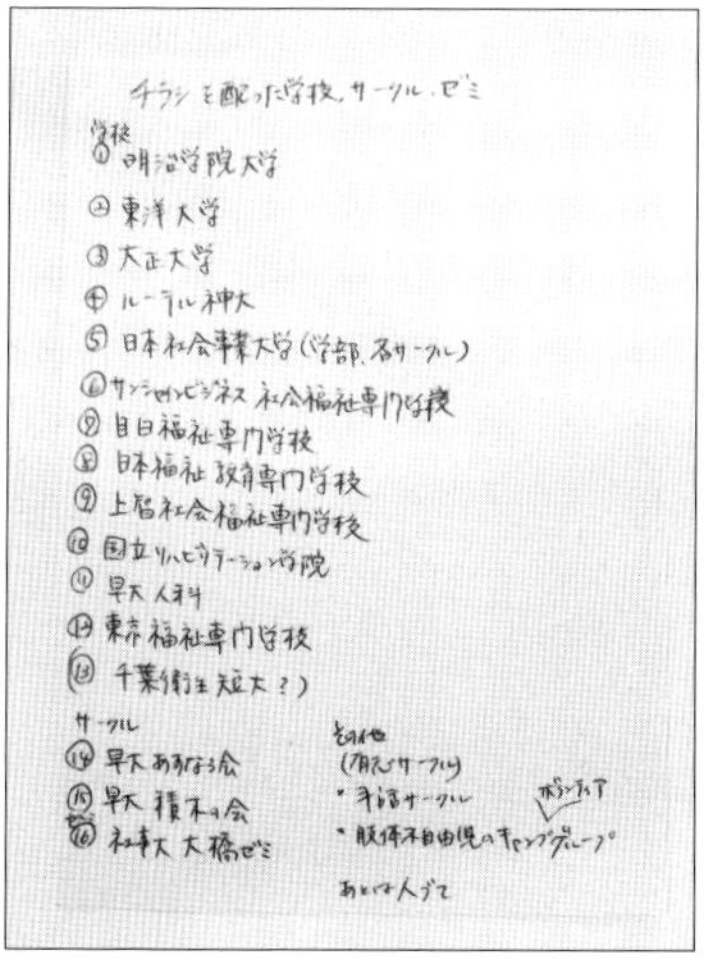
チラシを配った学校、サークル・ゼミ
学校
① 明治学院大学
② 東洋大学
③ 大正大学
④ ルーテル神大
⑤ 日本社会事業大学（学部、各サークル）
⑥ サンシャインビジネス 社会福祉専門学校
⑦ 目白福祉専門学校
⑧ 日本福祉教育専門学校
⑨ 上智社会福祉専門学校
⑩ 国立リハビリテーション学院
⑪ 早大 人科
⑫ 東京福祉専門学校
⑬ 千葉衛生短大？）
サークル
⑭ 早大 あすなろ会
⑮ 早大 積木の会
⑯ 社事大 大橋ゼミ
その他
（有志サークル）
・手話サークル
・肢体不自由児のキャンプグループ
ボランティア
あとは人づて

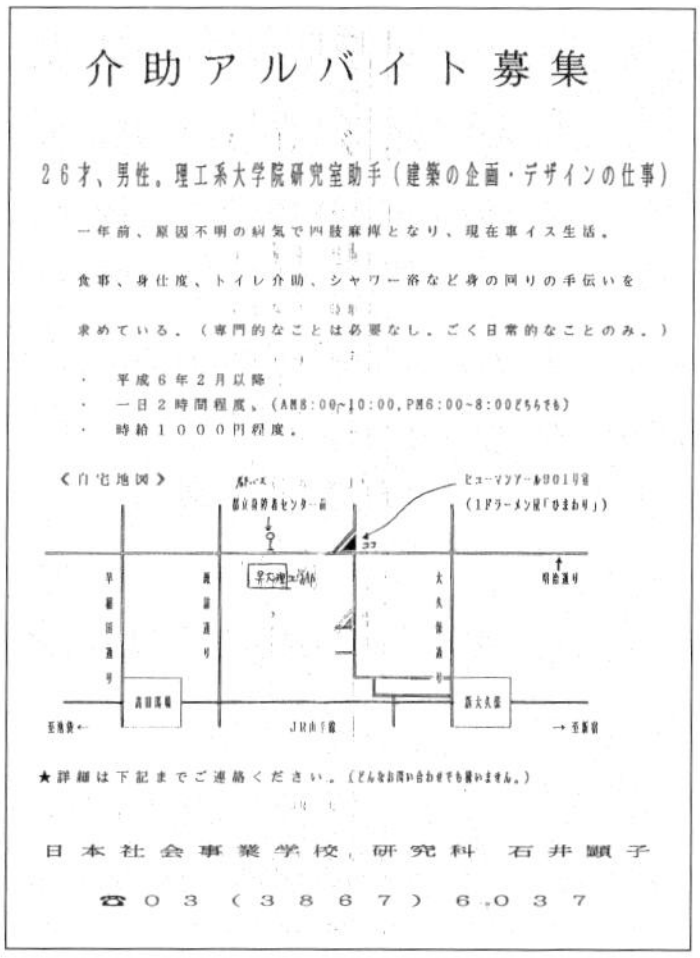
介助アルバイト募集

26才、男性。理工系大学院研究室助手（建築の企画・デザインの仕事）

一年前、原因不明の病気で四肢麻痺となり、現在車イス生活。

食事、身仕度、トイレ介助、シャワー浴など身の回りの手伝いを

求めている。（専門的なことは必要なし。ごく日常的なことのみ。）

・　平成6年2月以降

・　一日2時間程度。（AM8:00~10:00, PM6:00~8:00どちらでも）

・　時給1000円程度。

★詳細は下記までご連絡ください。（どんなお問い合わせでも構いません。）

日本社会事業学校，研究科　石井顕子

☎03（3867）6037

図21　チラシを配った学校・サークル・ゼミと募集チラシの最終案

て、目的を伝えました。時間をくださったところでは直接出かけて行って説明をさせていただきました（**図21**）。

編集部　はじめたのはいつですか？　十一月？

小竿　年が明けてからですね（一九九四年）。

編集部　けっこう時間が迫っていたということですね、いろんな意味で。

小竿　一月くらいからようやく、その方たちが集まる日にちが決まって、二月にやっと介助者の名前をピックアップしているので。

編集部　どういうメンバーになったんですか？

小竿　ええと、個人情報全部持ってますね、わたし（笑）。オリエンテーション参加者はいろいろです。

編集部　大学をまたがっていますね。

小竿　そうですね。

太一　結果残ったのは、メインが早稲田の「あすなろ会」、「積木の会」という二つのサークルで、だけどそこには例えば学習院女子とか近所の専門学校からの参加者がいるんですよ。だから、あすなろ・積木経由でっていうのが一番多かったですね。それとは別に、専門学校から直接来ている人が何人かいた。

◉オリエンテーションの開始

編集部　基本的に、集まったボランティアは素人ということですよね？

小竿　そうです。

編集部　そうすると、初心者が介護をすることは、かなり大変なのではないですか。

小竿　覚えていただくためのオリエンテーション日を決めて、二、三回に分けてやりました。リストであがってきた人たちに、オリエンテーションをやるんですよ、というお知らせを出して、そこで参加しますという連絡をくださった方たちに日にちを割り振って、二回くらいに分けて来てもらった。そこに井上さんと、ＯＴさんやＰＴさんにも来てもらって、介助指導をしてもらいました。それこそ、ベッドから車いすへの乗り移りとか、排泄介助とか、そういった

《介助アルバイト募集の件について》　　　　93．12．25

1．現在の進行状況

（1）　ビラ、ポスター配り先

・ルーテル神学大学
・大正大学
・日本社会事業大学
・上智社会福祉専門学校（昼間）
・　　　〃　　　　（夜間）・・・依頼中
・国立リハビリテーション学院（数枚）
・早稲田大学ボランティアサークル「あすなろ会」
・手話サークル・・・・・・（様々な福祉系学校の生徒が所属）
・ボランティアサークル・・（　　　〃　　　）
・東京福祉専門学校（数枚）
・早稲田大学アジア国際交流の会（ボランティア的精神をもつよう）

（2）　募集についての活動状況

上記の学校については、社会事業学校研究科のクラスメート等からの紹介によって、それぞれチラシ５０部、ポスター３部、詳しい情報版３部ずつを送付し、学生に呼び掛けてもらっているところです。

（3）　現在の学生からの反応

現在こちらから、または先方からのコンタクトにより、興味を示してくれた学生は、全部で８～９人。しかし、実際にやれるかどうかはオリエンテーション次第という人がやはり多く、参加するかも思案中という人が多い。（参加するという人は４～５人）

＊リストは別紙参照

2．今後の計画

（1）　ビラ、ポスター配り

・現在、学校、サークル活動は休み。始まりは大体来年の第２週。それぞれ口コミによる個人的な呼び掛けをする。（電話か直接会うことで）
・まだ数枚しか渡っていないところへ部数を揃えて送付し、機会あるごとに呼び掛けてもらうようお願いする。
・早稲田大学、その他の丹羽さん宅近辺の学校のボランティアサークルをいくつかピックアップし、コンタクトをとる。ビラ、情報版送付。

（2）オリエンテーションについての具体的決定　（１２月いっぱい）

・日　　時　　（一月第二週が理想的）
・場　　所　　（スタッフ含め、最多で１５～１６人が集えるように）
・参加スタッフ　（丹羽さん、丹羽さんの家族、ＳＷ．ＰＴ．ＯＴ．看護士、介助者募集スタッフが全て揃えるようなら理想的）
・プログラム内容（説明内容、実施内容、担当スタッフを項目ごとに設定）

（3）オリエンテーションについてのインフォメーション送付（１２月末～１月初頭）

・介助者候補の住所を問い合わせ、（２）の内容を挨拶がてら送付する。

＊（２）の決定が遅れた際にはオリエンテーションの予定があるとのお知らせのみでも送付する。

（4）オリエンテーション実施（１月第２週）

・介助者と、丹羽さん及び各スタッフとの交流。
・その後の予定についての説明。
・介助者のその後のスケジュール把握。
・その後の募集への協力者（リーダー）確保。
・オリエンテーション参加者にコンタクトをとりながら反応をみる。

（5）介助アルバイト確定者について（最初のグループ：１月末～２月）

・介助アルバイトが確定した学生から、順に銀行口座番号を知らせてもらい、新宿区福祉へ「丹羽さん専属ボランティア」として登録していく。
・住所録、連絡網作成。
・チーム、シフト作成。
・急に介助者が来られなくなったときの対応法。

（6）募集活動について（１月～）・・・（４）、（５）と並行して行なう。

・１２月に配ったビラ等についての反応を聞く。
・各校のリーダーに電話、あるいは会ってコンタクトをとる。
（それぞれのリーダーに動いてもらう）
・各校の情報を仕入れ、有効なゼミやグループを丹羽さん共々訪問し、アプローチしてみる。

＊以下、上記（２）～（５）を状況に応じて繰り返す。

（7）学生による介助開始

・丹羽さんご家族、あるいは介助指導の出来る者が一緒に行なう。
（２月～３月：研修期間）
・指導者なしの介助開始。（４月～）

（8）必要なマニュアル

・介助マニュアル　（内容、手順、方法等）
・緊急時の対応について（起こり得ること、判断、対応法、通報先等）

＊以上２点を、できれば病院スタッフの方で１月下旬までに用意して頂ければ助かります。

日本社会事業学校　研究科　石井諏子

§オリエンテーションプログラム内容案

<実施内容>

① 介助についての説明（具体的な時間帯、時系列を追っての具体的な介助内容）
② 説明をふまえての介助実演、介助指導。
③ 介助アルバイトとして契約する際の手続き、給料の支払い方法、交通費支払いについての説明。（介護券について）
④ 介助アルバイトのチーム、シフトを組む計画の提案。
⑤ 学生アルバイトの手が足りなかったときの、利用し得る資源（ホームヘルパー、ライフケア・センター等の活用・・まだ未登録）について。
⑥ 緊急時の通報先が手配されることの説明。（緊急時に起こり得ることの説明）
⑦ このアルバイトをやることによって得られるメリットについて。
（福祉現場の実習になる。他校生との交流。等など・・）
⑧ 今後の計画についての介助アルバイト者、丹羽さん、病院スタッフとの意見交換、提案。（それぞれの、大まかなスケジュール把握）
⑨ リーダーになれそうな人を確保。

＊①、②については土屋先生、池田先生、藤本さんたちにご指導頂きたく思います。
③～⑤、⑦、⑨については井上さんにご指導頂きたく思います。
⑧は全員で行ないたいと思います。

★　以上の中でお気付きの点がございましたら、どうかご指導ください。

図22　小竿さんのまとめた「介助アルバイト募集の件について」と「オリエンテーションプログラム内容」

ものも全部やりましたよね。

太一　病院でも一回やって。

小竿　そうですね。病院にも来てもらいましたね。

太一　それは何人かだったけど。

編集部　ボランティア＝学生みたいな体制になっていますよね。

小竿　一人だけが社会人だったかな。

編集部　でも、学生＝ボランティアの場合だと、学生っていうのは卒業するじゃないですか。そうするとまた違うメンバーが入ってきて支えていく、ということになるんでしょうか。

太一　まったくそうですね。毎年入れ替わるんです。

編集部　それでもうまくいっていたんですか？

菜生　みなさん真面目な方なので、卒業するときに絶対後輩を見つけてくれるんです。

編集部　これはアルバイトなんですか？

太一　結局、ボランティアといってるけれども、新宿区からお金が出るという。

小竿　だいたい時給千円くらいでしたっけ。当時。

太一　もっとあったかなあ。

編集部　今の感覚だとそんなに高くないですね。そんなことないのかな。

太一　相場としてはちょっといいバイトだったと思いますよ。

小竿　そうですよね、当時千円というと。泊まりもしていたわけですもんね。夜中も泊まって、トイレのときには排泄介助もして、朝の送り出しまでという感じでした。

編集部　大学に行っているあいだは介護はつかないけども、大学に行くときと帰ってきてからは、基本的に介護さんがいて、ということになりますね。

小竿　そうですね。

編集部　二十四時間ではないけれども、ひとりは必ずいるかたちですよね。

小竿　わたし、最初のシフトをつくったんですよ（図23）。

菜生　いまだにそれを元にしていますよ。

		㊍	㊎	㊏	㊐	㊊	㊋	㊌	㊍	㊎	㊏	㊐	㊊	㊋	㊌	㊍	㊎	㊏	㊐	㊊
		10	11	12	13	14	15	16	17	18	19	20	21	22	23	24	25	26	27	28
Aさん	AM	○			○		○	○	○	○		○		○	○		○			
	PM	○			○		○	○	○	○		○		○	○		○			
Bさん	AM										○									
	PM		○			○	○			○			○	○			○	○		
Cさん	AM		○	○	○	○		○		○	○	○	○		○		○	○	○	○
	PM		○	○	○	○		○		○	○	○	○		○		○	○	○	○
Dさん	AM	○	○	○	○	○														
	PM	○	○	○	○	○														
Eさん	AM	○				○	○	○	○	○										
	PM	○				○	○	○	○	○										

図 23　介助者シフトの原情報（介助登録者の午前／午後都合把握表）

編集部　こういうローテーションをつくってということですか。

菜生　そうです、今でも。

編集部　時間にしてひとり何時間くらいでしたか？

太一　夕方が三時間で、食事をつくってくれる場合は六時間でした。

菜生　基本的に三時間をダブルとか…

編集部　三時間がひとつの単位みたいな感じですか？

太一　そうですね。

編集部　大学に出るのはいつも何時くらいですか。

太一　朝十時でしたね。帰ってくるのが十八時。十九時からボランティアが入っていたんです。

小竿　午前中は八～十時になっていますね。今は変わっているんですか？

太一　今は、一時間だけ早くなっているけれど。

小竿　七～九時ということですね。

太一　十九～二十二時というのがまずひとつの

単位で、そのあいだにご飯を食べてトイレに行ってお風呂をやっていたんですよ。で、二十二時に代わりの人が来て泊まっていく。泊まりの人は朝までいるんです。ですけども、寝てるから、八時までは就寝起床と片付けや準備があるけれども、寝ている間は身体的にはあまりすることがない。で、八〜十時に起床介助、ご飯をつくって食べて、学校に送って、っていうのが二時間。

編集部　必ずこのローテーションは埋まらないといけないですよね。

小竿　そうですよね、今はどういう感じなんですか？

太一　今は事業所がやるので、空くとなんとか埋めるようにしてくれるんです。

菜生　事業所を三つ使っているんですよ。一つじゃ足りないので。三カ所でなんとかしてもらっています。

編集部　三つの事業所にお願いして、このローテーションを埋めていくわけですか？

菜生　そうです。一つじゃどうしても無理なんですよね。

太一　例えばこの日来られない、という日があると、その曜日にほかの曜日に入っている人が代わりに来るとか。そういう感じで埋めていく。

菜生　ただこのときの、早稲田のボランティアサークルの方たちは本当に真面目で、絶対埋まっていた。

小竿　あのグループをそもそもつくって、そこに入っている方たちですものね。

菜生　すごく歴史があるし。

編集部　そんなに歴史があるんですか？

菜生　「あすなろ」はもう五十年とか。

編集部　活動としてはどういったことをやっているサークルだったんですか？

太一　そのころは「あすなろ」も「積木」も、知的障害の子どもの遊び相手をしたりとか、家族と一緒にみんなで遊ぶ、という活動です。

小竿　こういう感じの活動をしているボランティアはそのころあまりなくて。だからとにかくボランティアって名前の付いているところはそういう精神をお持ちなんじゃないかなと、連絡しました。

太一　だからまったく、こういった身体障害とは関係がない方たちでしたね。

菜生　初めての人たちがやってくれたわけなんですよね。

編集部　そうなんだ。

太一　今の事業所から来る人も、もちろんある程度経験がある人もいますけど、全然やったことがなく初めて、という人もいますから。

菜生　演劇やっててとか、音楽やっててとかね。

太一　一回二回実際に来て、実際やってみて覚えるといった感じですね。それは今も昔も変わらない。

編集部　介護を受ける側とヘルパーさんとの関係は大変だったのでは?

小竿　太一さんは学生たちにあまり気を遣わせない。それは計算されているのかわからないんですけど、学生さんたちが楽しく出入りしている姿を見ています。

菜生　それは本当にそうね。

小竿　だから、介助する人と介助を受ける人っていう関係性だけじゃなくて、友達の間でそれをやっている感覚はその当時からあって、きっとそこを楽しいと思って来ている人たちは多かった気がします。

菜生　それはあったのかもね。

小竿　わたしもその輪に加わり、ちょっと飲んだりしていましたし(笑)。

菜生　それはみんなそうだったみたいです。

太一　いっしょに遊びに行ったりとかね。

小竿　そういえば、介助の学生がそばでいろいろしゃべりながら坐っていて、時々、太一さんに障害があることを忘れていて、「飲ませて」と太一さんに声を掛けられるまでコップを引き寄せるのを忘れていた、ということもありました。

◉復職について

編集部　実際に小竿さんが携わったなかで、障害を受けて、元の職場に戻ることは、けっこうあるものなんですか？

小竿　あることはありますが、通常は、同じ職種をとか、配属も変えずとかというケースは少ないかもしれないですね。もう一回職業訓練を受け直してもらって、職種を変えてもらうとかデスクワークに変わってもらうとか、配置転換も含めて相談することは多いと思うんですけど。同じ職場で引き受けるために、環境のほうをその人に合わせて変えるというケースは、当時に比べると増えてはきているとは思いますけど、まだまだ少ないと思いますね。病院のソーシャルワーカーもそうですけど、今はジョブコーチがハローワークなどでも置かれていますが、そのころはそれがなくて。

編集部　ジョブコーチとはどういったものですか？

小竿　精神でも知的でも身体でも、いろいろな障害を持っている人が就労するにあたって、ジョブコーチが、職場に障害者を雇用するとこういう利益がありますよとか、ここの配属になるとしたらこの人の場合これを注意してあげればとか、このくらいの時間だったらいられますよとか、個別の注意点を伝えて、しばらくテスト期間までは一緒についているという、橋渡し役ですね。障害者が職場に定着するところまでを支えるのが、ジョブコーチの役割となります。どこのハローワークにもいるというわけではないですが、全体の何割かにはいます。ただ、頸損の方の場合にはあまりケースは知らないかなという感じがします。デスクワークだったらあるかもしれないですけれど。

太一　そうなると、職業を新たに探さなくちゃいけなくなるのかな。ハードルが高いですね。

小竿　高いですね。

太一　わたしの場合は、知っている人が知っているところに戻ってくる、というだけだったので。単に車いすになった、というだけだったので。

小竿　さらっと言いますけどね（笑）。これは「丹羽さん力《りょく》」のなせるわざだと思います。

太一　普通はね、向こうも新たに受け入れるとなると大変です。

小竿　そうですよね。職場の細部にいろいろと配慮しなければいけない、ということは事実なので。

編集部　途中で障害を負った場合の対応と先天的な障害をもった人の対応とでは、また違いますね。

小竿　そうですね、わたしが今いるところと同じ法人内にリハビリ病院もあるんですけど、わたし自身は残念ながら現在の配属では頸損の方のリハビリに携わることができないんですけど、復職というケースは確かにありますね。デスクワークの方は戻りやすいんですけど、外での営業の人は仕事を変えないと難しいですね。

太一　企業もそういった理解が増えてきている、ということですよね。病気でも、ケガでも。

編集部　大企業だと社会的責任というかたちで、ある一定程度の障害者の雇用が義務づけられていますよね。

太一　今年からとくに、障害者差別解消法と、障害者雇用促進法も変わったので、積極的にやりはじめないといけない状況にはなっていますよね。

編集部　大学なんて国立系だと、障害者の学生に関しては対応しなければいけないとかね。私学だと努力義務になるとか。

小竿　知らなかった。

菜生　大学内でも、障害者支援室というのがここ数年でできているみたいです。どう対応するかというのはこれからの課題ですね。

●住環境について

編集部　住環境というか、住まいとか住宅のつくり方ですけれども、こうすればもっと多くの人が生活できるのに、といった、住環境に対して日ごろ考えていることなどがあれば…

小竿　丹羽さんが取り組んでこられていること

なのかなと思うんですけど、ホームページを拝見してなるほどと思って。たぶん病気やケガなどで障害者にこれからなることもありえると思うんです。人って普通に歳をとっていけば、身体も動かなくなったり、何かしら不自由なことが出てきたりしますよね。そこで、いつどんなふうになってもフレキシブルに変えていけるつくり方を最初からすること…段差から何から、今パッケージ的につくられているものだけを見ると、どうしても途中で直さなければいけないんですよね。それも、段差を埋める、といった感じの直し方になったり、不具合をちょっと調整して少しその、不自由な人も合わせなければいけないものをまだ残しつつというようなところがまだまだあると思うんですけど、最初から、こうなったときにはここも取り払えるとか、手すりをつけられる部材になっているとか、そういったことがあるといいと思います。

編集部　そういった変化を受けとめていけるような仕組みを住まい側がもっていればいいのかな、ということですかね。

小竿　海外はわたし、そういった意味ではあまり見てきてはいないですけど、福祉大国なんていうところはきっと、日本よりも最初からいろいろな人に手を借りなくても、動けたりする環境があると聞くんですよね。公共施設じゃなくても、それと同じ考え方かなという。

◉前を向く

編集部　当時としても太一さんの受けたリハビリは恵まれていたということですかね。

太一　当時としては、完全に恵まれていました。

小竿　いろいろなことを、丹羽さんも障害をがんばって早く受けとめてやれたからというのもあると思うんですけど。当時お会いした、丹羽さんのお父さまやお母さまの印象が、ドンとしているというか。

菜生　前向きですよね、後ろを向かない感じで。

小竿　そうです。妹さんも、わたしが介助でご自宅にお邪魔をしたときも普通の生活をしていて、兄が障害を持ったからといって、何ら変わらず普段どおりの感じでさらさらとやられてらして、という環境もありました。それに、井上さんという存在がありました。今思うとすごく突飛なソーシャルワーカーだったと思うんですが。

太一　そうなんです。それもあるんですよ。

編集部　突飛っていうのはどういった?

太一　「こういうことを絶対やらなくてはいけない」ということを、極端にやっていた人です。

小笇　普通、こういうことを実習生にやらせないと思います。怖いから任せない。

太一　じつは病院の中でも、ここまでやる必要はないと言われていたケースワーカーでした。

小笇　わたしが大丈夫かな、こんなことをわたしがやってと思っても、いいのよやりなさい、わたしが責任を持つからって背中を押してくださって。

太一　だけど、これが絶対必要だというのがこの人の信念で。

小笇　道のないところに道をつくる感じの人ですよね。

編集部　募集の件とか、ここまでやるのもやり過ぎということなんですかね。

小笇　一般にはないことですが、任せてくれたというか。わたしもこのとき調子に乗って、もうどんどんやりたいことをやるという感じでした。こんなのどうでしょう、あんなのどうでしょう、というのを、こんなんじゃダメよとか、そんな時間取らせないで、とか怒られながらやってましたけど、自由にやらせてもらったというか。

太一　逆に実習生だから動きやすかったということも。立場上は、病院とは直接には関係がないわけだから。

小笇　そうです、しがらみがなくて。神奈川リハビリ病院は公立なので、本来はお役所的なところ。

編集部　神奈川県で唯一なの?

小笇　というより、国内でも有数なもので、国リハと神奈リハと、二大リハビリ・センターみたいな感じです。この二つは同じくらい長けているイメージです。普通、実習生にはこんなふうにはやらせないですよね。

太一　井上さんは変わっている人です。そういうことを一生懸命やっていて。

小竿　個人的には間違ってなかったと思うんですけど。

太一　井上さんのやり方は、ぜんぜん主流にはならなかったんだよね。

小竿　そうです。井上さんもすごくしんどかったと思います。相談室の中でも、誤解を恐れず言えば浮いていたというくらい、突飛なことをがんがんやってくる人で。わたしに白衣を渡してきて、現場でどんどん覚えていきなさい、というような感じでやらせてもらったんですよね。

太一　こういうことがいちばん必要だと思うんだけども、こういうことを本当にやっている人って、あんまり今も聞かない。

小竿　草分けが草分けのままのところがあると思いますよね。

太一　組織としてはなかなかそこまではできない。だからやっぱり、情熱をもった個人がいないと。

編集部　なかなかそこまで踏み込めないですよね。

小竿　いくらやる気のある人がいても、それを引き出す人がいて、やらせる土壌がないとだめだと思うんです。わたしのときはたまたまそういう機会にめぐまれたわけですが、今もそれができればいいけれど、仕事としてそれが成り立たないというところもある。

太一　こういうことは人に依存する割合が多く、マニュアル化できない。本当に個々のケースになってしまうんだよね。そうするとやはり、定着しにくい。

編集部　井上さんもやはり、ソーシャルワーカーなんですか？

小竿　そうです。わたしはずっと、井上さんを、「ザ・ソーシャルワーカー」だと思ってついてきたので。その後いろいろと働いてみると、井上さんってすごい人だったんだなと後から思いました。

太一　だけど結局主流にはならなかったので、その後どうなったのかがぜんぜんわからないのだけど。

編集部　異端で終わってしまったということですか。

小竿　そうですね、異端たっだかもしれません。定年までおられたのかな。

太一　その後を聞かなくなってしまいましたよね。

小竿　わたし、井上さんとお手紙のやりとりは長らくさせていただいていたんですけど、あるときから海外に行ってしまったと思います。お嬢さんも息子さんも、海外に行ってらしたので。

編集部　今から振り返ると、太一さんはラッキーだったってことですね（笑）。

菜生　ラッキーですね。

小竿　わたしもラッキーでした。

太一　すごい特殊な状況でしたね。運があったというか。

小竿　運も実力のうちじゃないですか？（笑）

（二〇一六・五・二四　丹羽自邸にて）

Chapter 02

今、住まいに必要なこと

Part
01

ひとつの家に住むことと地域に住むこと
──園田眞理子さんと語る

園田眞理子氏は、高齢者住宅を中心に、建築の計画から政策面を含めて幅広い領域で活躍する研究者である。近親者の介護体験、ホームホスピス活動を支援している立場を踏まえ、今住宅に求められていることについて語り合った。

◉エアポケットにある家

編集部　まずは、丹羽さんたちの自邸を観ていただいた感想から入りましょうか。

園田　この場所にまず、驚きました。本当に都会の中にこんな場所があったんだ、と。まるで都会のエアポケットのような感じです。場所と住むところの関係がいちばん重要だとわたしはかねてから思っていました。ここは、長い期間をかけて住みつがれてきた時間の厚みと、住まいとの関係がすごくマッチしていると思いましたね。道の角を曲がると屋根が見えてきて、あ、あれがきっと丹羽さんの家だ、とわかる。そういう意味での存在感がありますね。すごく上手に設計されているので、ぜんぜん狭い感じはしないのですが、たぶん、数字で聞くとびっくりするくらいの狭さ!?

菜生　そうですね、敷地は7m×11mで、建坪は12坪程度です。

園田　それより広いフラットのマンションに比べると、多様かつ複雑というか、そういう空間ですよね。一戸建ての強みで、地下空間があり、一階が玄関と駐車スペースになっていて、二階では、広いテラスと部屋が一体化し、三階はおそらく、菜生さんのプライベート空間なのかなと。

太一　三階は屋根裏ですけどね。

園田　数字でみるとすごく小さい空間なんです

園田眞理子さん

が、そこに玉手箱みたいに、いろいろなものがつまっている。感動的なのは、水回りの扱いで、それまでの生活のご自身の体験があり、建築のプロだからこそできたところがある。自分がこういうときにどう動くかとか、介助者にどういうふうに動いてほしいかとか、これをやっているときに、人が来たらどうか、あるいはご自身がシャワーを浴びているときに誰かがお手洗いを使いたくなったらどうするか、それぞれの場面がどういうふうになるかの実感があって、その状況を一回組み立て直して、空間で解いた結果が提出されている。でも実感があっても普通の人はそこまで構造化できないし、ましてや設計者に伝えることは難しい。本来、設計者はそこの部分を期待されていて、住み手が言葉にできないことを、毎日の生活の様子を聞いたり、丹羽さんのように身体に不自由な点があれば、そこまできっちり詰めて、構造化して、整理したものを空間に変えるための創造力とか発想力が必要です。丹羽さんは、住み手と介助者との動線を、一枚の扉で解決することを思いついた。一見、すごく普通に見えるけれど、この扉のはたらきは単純ではない。こんな仕事ができるのは建築家冥利につきるのではないかと（笑）。

また、この二階の空間が、室内だけではなくテラス空間を持っているというところが、まちに対してはたらきかけ、この空間の居心地のよさをつくっていると思いました。

菜生　ありがとうございます。

太一　動線にも工夫があります。介助者が一緒に帰ってきて、エレベーターで二階に上がり、介助者は二階の扉を通って外階段で外に出ることができる。そういった自分の行動パターンに合わせて動線をつくっているんですよね。

園田　なるほど。

◉人生の上り坂と下り坂

園田　今日のお題に入ると、自分のひとつの家に住むことと、地域で住むことの違いが、たぶん、とても重要です。わたしももっと若いころはひとりで住めるというか、個人のプライバシーを守ることこそが重要だと思っていました。だけど、この歳になってすごくよくわかるのは、人間ひとりでは生きていけないということ。たぶん、それは、人生がはじまるときも同じで、親との関係なしにひとりで大きくなれる人はいない。しかも、親のほうもちっちゃな赤ちゃんとかよちよち歩きの子を自分の家族だけで育てることは、無理。その後自我も出てきて、若いころだったら何だってひとりでできそうだし、人と関わることは面倒くさい（笑）。だけど、人生は上り坂の次にもうひとつ、下り坂があって、その下りは、そんなに悪い意味の下りではなくて、徐々に下りていかなくてはならないのだけど、そのとき最後にもうひとつ、自分ひとりでは死ねない。ひとりで死ねるという人は多いし、事実そうだけど、自分が死んだ後のことは誰がどうするんですかと。誰かとやっぱり支え合うしかない。では、そのとき家族だけで支え合えるかというと、最近の言い方でいうと「老老介護」。ふたり同時にハッピーに死ねるなんてことは滅多にない。残された人は、自分以外、家族以外の人と関わって生きるのが自然な姿だと思うんですよ。

ひとつの住宅とひとりではぜんぜん人生は完結しなくて、とくに人生のはじまりと、人生の終わりの部分は、誰かとつながっていなくてはいけない。そういうつながりを今住んでいる住宅が持っているかどうか。抽象的にいうとそういうことを、わたしたち建築をやる人は空間に置き換えて、環境をつくらなくてはいけない。ヘルパーさんの動線はそういうことじゃないかと思うんだけど。太一さんのプライバシー、菜生さんのプライバシー、ふたり一緒の夫妻としてのプライバシーもあるけれど、そのふたりが今度は地域と関わったとき、あるいは太一さん、菜生さん別々に関わっている人を迎え入れるとか、あるいは自身が外に出て行くときに、じつは環境の中にそういうつながる部分をもっていないといけないのだけど。

ところで太一さんはエレベーターでこう上がってくるけれど、じゃあ上で待っていますね、というヘルパーさんは外階段から来るわけですね。

太一　エレベーターでぼくとヘルパーさんが一緒に上がってきても、ヘルパーさんはベランダから外階段を通って下りられる。要するに、エレベーターに戻って下りなくてもいい。

菜生　この家は、おもに彼が設計した家ですけれども、車いすに特化しただけのものではなく、一般の人でも住める、特別な家になりすぎないところが大切な点です。どうやって生活介助といった社会的サービスを受けられるかがポイントです。第三者に入ってもらうしか、わたしたちの生活は成り立たないので、第三者をどうやって受け入れるかがすごく重要な点です。それはおそらく、彼だけじゃなくてこれからの社会では、高齢化がはじまったら、それが普通になってくるんだろうなと。なかなかそういうことって、一般の人って元気なときには気がつかない。

◉マニュアルからの卒業

園田　今、地域包括ケアが話題ですが、超高齢社会への社会的な危機感が広がっていて、それは政府というか国をあげてもそうだけど、いわゆる団塊の世代といわれる、昭和二二年、二三年、二四年生まれと、その前後も入れると、過去五年間くらいのあいだに一千万人近い人たちが六十五歳以上の高齢者になり、当然その人たちは十年後には後期高齢者になってくる。これは人類史上、経験したことがないことだし、そのための地域包括ケアなのだけど、どうやってそれを支えるのかというときに、意外なことに介護とか医療の専門家から、「基本は住まいだよね」という声が高まっている。ところが肝心な建築側がいちばんサボっている。えっ、わたしたちおよびですか？ みたいな（笑）。

段差のとり方であるとか、動線を確保しましょう、手すりはこうやってつけましょうとか、それで手すりはこういう形状でないといけないですとか、本当にもうたくさんのマニュアルがあって、みなさんそれぞれの考え方が紹介されているけれど、目的が書いていない。建築分野では、性能規定と仕様規定という二種類の考え方があります。性能規定では転ばないようにすること、食事が楽しく食べられることとか、目的は定められるけれどその実現方法までは規定しない。ところが、日本人はとても生真面目だから、楽しい食事をするためのテーブルの高さを決めるとか、仕様規定の方向にいきがち。方法はもちろん大切なんだけど、まず目的があって、それをどうやって実現するかという段で方法が問題となる。ところが、バリアフリーの考え方は言葉としては定着してきている反面、そういう道具立て、方法を使って何をしたいのか、何を実現するのかといった目的の説明が足りていない。そこを普通の人は建築家に要求しなければいけないと思うんです。一般の人が目標を明確にして、建築家はどうやったらそれを実現できるのかに頭を使ってほしい。そうしたら扉も、一枚扉がいいのか二枚扉がいいのか三枚扉がいいのか、開き戸がいいのか引き戸がいいのか、勝手はどちらがいいのか、右勝手か左勝手か、さまざまに悩みながら空間を決めていく。

編集部 今、マニュアルで高さだなんだと規定して、そしてそれが世の中に広まったというのが功罪相半ばするんでしょうが、そこからそろそろ、卒業したいということですよね。

園田 そうそう！　だから、お料理でいうと、材料はいっぱいそろってきたから、素敵でおいしいお料理をつくりましょう、というときにどういうお料理をつくるのかという目的なしに、ただ刻んでというわけにはいかないと（笑）。だから、今まで方法がわからなかったから、何かやろうと思うときにその方法が必要だったのだけど、目的と方法が逆転してしまって、方法ばかりが先走ってしまって何を実現したいのかという「目的」がどこかへいってしまっている。今の日本人の生活スタイルの閉塞感ってそれかなあとも感じている。

◉ライフタイム——人の時間軸から考える

太一　住宅メーカーが手掛ける割合がかなり高いせいで、標準化の方向に進んでいる。それが数値化に飛びつく原因なのだと思います。やっぱり、住む人と設計者のやりとりといった、つくるプロセスが一般的になってくれば、家のあり方はもっと多様になると思います。ぼくがこの家をつくって気がついたことは、ひとつは自分に合わせた空間につくることがかなり大事であること。ぼくは車いす使用者ということで特殊なケースに見えるけれども、本当は誰でもアベレージにおさまるわけではないはず。ぼくは中途で障害を負ったので、元気なときと車いす使用者になったときの違いがわかる。とくにいま高齢化に向かう中で、歳をとったときの変化まで考えていかないといけないことに気がついた。この二つのことを、ライフタイムという人の時間軸を通して言いたいと思っているんです。

園田　その二つを知っているというのはすごいことですよね。それは、他人ごとじゃない。歳をとるとどうなるかは、わたしも五十歳のときはわからなかったけれど、五十五歳を過ぎてわかりました。若いときに読んだ本には、六十歳を過ぎた人が、身体のすみずみが痛む、骨がきしむように痛む、と書いていました。それが今はぜんぜん他人ごとじゃない。義理の母を介護していて、去年亡くなりました。最後に残された家財を去年の三月くらいに夫と片付けたのですが、その一週間後くらいに腰が痛くなってしまって。すぐに痛みがこない。そしてそれからも、足掛け一年ずっと痛みがあります。どこか身体で気になるところがあると、やっぱりそのところにばかり気がいってしまう。仕事に熱中しているときは忘れていることもあるのだけど、でもちょっと気が緩むとやっぱり痛い。気圧が低かったりするとけっこう痛かったりして、するとそれだけで不機嫌になっていたりね（笑）。

今ちょっと卑近な例を話しましたが、人生山あれば谷もあるし、天気に晴れもあれば曇りの日もあるように、それを「ライフタイム」というふうに捉えなおしてみましょう、ということを丹羽さんたちは言いたいわけですね。

◉ライフタイム・ネイバーフッド

太一　そうです。そういうライフタイムとして見たときに、今までマニュアルとしてただ数字で決めていた細かいことが、もうちょっと違うかたちで一般化できないかと考えます。そのひとつのお手本がイギリスのライフタイム・ホームなんですけど、普段は普通の人が住む家として成り立っているが、何かあったときにはさまざまに対応できる家を標準にする、という考え方です。ぼくは自宅ではまったく不便はないんですけど、いざ人の家に遊びに行くときには、そうはいかない。実際に人の家を訪ねると、まず玄関を上がらなくてはいけない。玄関まで行けても、トイレが使えるかどうか。ぼくでも半分くらいは使えません。地域に車いすに対応した家がたくさんあれば、車いすになってもその地域の人たちと交流ができる。道路とか交通とか、まちのインフラストラクチャーもバリアフリー化し、住宅がそういうふうになると、地域が障害をもった人たちにとって住みやすくなる。そうなると、当然高齢者にとっても住みやすくなる。イギリスにはライフタイム・ネイバーフッドという考え方があって、地域と住宅がともにバリアフリーの考えを取り入れることで、障害者も健常者も高齢者も、ずっと地域で住めるよ、というのが方向としてあります。地域包括ケアの中でも、まさにライフタイム・ネイバーフッドをやりたくて、やはり住宅が重要であり、住宅をもう一度考え直して、地域の中にもそういう考え方を広げていこうという動きもあるのではないかと。その辺は園田さんがまさに専門ですね。

園田　ライフタイム・ネイバーフッドって、日本が今、できる絶好の時期にさしかかっている。その理由は、人口が減りはじめているからです。もうすぐ世帯数も減りはじめる。人が増えていくときは、どんどん都市も大きくなっていくし、家が足りないので、早くつくらなくちゃとなる。日本は百数十年間人口が増えっぱなしで、とくにこの、第二次世界大戦が終わってから七十年間くらいのあいだに、人口が一・五倍くらいにも増えてしまった。だけど、これからまた、すごい勢いで縮んでいくときに、丹羽さんが言ったライフタイム・ネイバーフッドみたいなかたちが実現できるかもしれない。震災が熊本でも起きていますが、活断層なんか避けて、みんなが本当に安全で居心地のいいところに住もうよ、ということを、本当に、今考えなくていつ考えるの、ということがあります。二つ目は、「ライフタイム・ホーム」にネイバーフッドが入ることが大切。一軒だけでは、本来のライフタイム・ホームにならない。人の輪と生活の輪が広がり、また同時に、それを物理的にも支える環境があって、はじめて人の生活は成り立つ。

太一　一般的に考えれば、高齢になって足腰が不自由になっても、行きやすい家が近所にあることは、地域にとって重要なのではないか。そうすると、最初からそういうことを考えてつくった家というのが増えていくということは、人にとって、地域にとってプラスになるはずです。

◉空間計画としての地域包括ケアシステム

園田　建築という環境をつくる人は、ドアノブひとつのデザインから、ヘリコプターに乗って上から見て、この屋根のデザインはどう、まちのデザインはどう、といった大小のスケールの間を行ったり来たりすべきです。それともうひとつ、地域包括ケアシステムは空間計画だと思うんだけど、残念ながら、福祉とか介護とか医療をやっているお医者さんたちには、空間ってよくわからないんです。

太一　そこを本当は建築家が担っていかなきゃいけないんですよね。

園田　地域包括ケアシステムって、極めて空間的なことでしょう。同じ空間の中に、医療のレイヤーもあれば、介護のレイヤーもある。それからサービスもありますが、わたしはサービスの前にサポートであったり、最近は生活支援なんて言っていますが、ちょっとしたお節介のレイヤーがあったり、防災のレイヤーもいる。同じ空間のことなのに、レイヤーではなく、全部別々のこととして扱っている。

太一　そうしたさまざまなレイヤーを空間的にまとめて、全体性を担保することがデザインなのですね。

◉育てていく家

園田　いまわたしには、危機感があります。日本人って、とくに二〇世紀の後半、丹羽さんたち夫妻よりはもうちょっと上ぐらいの世代や、親御さん世代は、すべての財産を居住用不動産につぎこんできたでしょう。本当は、初期投資が終わって、ここから果実が味わえるはずなのに、すぐ壊してしまったり、おざなりなことをやって、言葉が悪いですが、日本の家がくずになっていくというかゴミになっていくことの、とば口にあるような気がしています。本来、家って、ていねいにつくって、ずっと愛してあげて、かわいがって育ててあげないといけない。さっきお聞きしましたが、住みながら少しずつつくっていくという考え方が、これからの一般的な家のつくり方にも参考になると思います。

編集部　まあ、お金がないという問題もあるかもしれないけれど（笑）。

園田　それもポジティブに考えれば、最初にドーンとやる必要はないじゃない。

太一　そうです。後でつくればいいと思えば安くなる、ということもある。

園田　お金の話をすると、顔をしかめる人が多いのも事実ですが、その反面、お金の説明でいろんな人がかなり理解できる利点もある。いろいろ経験を重ねて、お金の話をするとかなり通ずる部分がある。今言われた、お金がなかったら後で少しずつっていうのは逆に普通の人が聞くとすごく安心すると思う。ああ、実はそうなのか、という。設計者という立場では、クライアントに最初のうちに全部お考えになっておいたほうがとツイ…(笑)。

太一　そうなんですよね。だから、住む人が自分でじっくり考えて、こうしたいああしたいとか、それもだんだん変わっていったりすることも考えて。

園田　なんか、家を育てているような感じじゃないですか。この子もちょっと大きくなったから、ここに階段をつくってあげようとか（笑）。

太一　それが可能であるなら、そのほうがいいと思う。

菜生　そしたら、元気なときの状況と、ケガをしたり、病気をした、または年老いてしまった、という状況に応じて、ちょっと家のここを変えてあげよう、と。そしたら家もまた元気になる。

太一　そのための土台をちゃんと考えないといけないと思うんですよね。

園田　ライフタイム・ホームってそういうことですよね。

太一　そうです。そうなるといいんですけど。

園田　もう、先駆者じゃないですか。実践者だから、この本はそういう本ですね（笑）。

太一　そこまで言っていいのかわからないですが（笑）。

編集部　住みながら育てるということですが、変えられる度合は、どこまで可能なんでしょうか。

太一　構造は鉄骨で出来ているので、中はもう自由。

園田　フレキシブルじゃないですか。やろうと思えば。

◉最初に変わることを織り込む

太一　そうですね。仮に木造で建てたとしても、ある程度の準備がしてあればいいと思うんですよね。たとえばわたしたちの設計したはるひ野の家の場合です。

菜生　最近竣工した家です。エレベーターは必要なかったので付けませんでしたが、エレベーターを付けられる場所を考えておきました。ヘルパーの動線として、玄関から階段で上がって、居間などを通ることなどなく、直接に介護する部屋に行けることを確認しています。ところが、竣工して一年くらいしたら、奥様が倒れられた。定年退職目前に建てたんですが、毎月山登りに行くくらい元気な方が体調をくずされた。そこで後でエレベーターを付けることになりました。幸い奥様は車いすを必要とするほどの身体状況ではないのですが、エレベーターを利用したほうが安心だという判断からです。ライフタイム・ホームの考えで重要なことは、必要になったときに付けられるようにしておけばいい、ということですね。

園田　リフォーム、リノベーションといっても、いざ取りかかろうとして、最初に、ライフタイム・ホームの発想でつくっていない場合、なかなか大変です。しかも、変えるには当然お金がかかる。しかし発想の転換で、変えることは未来へ向かっての投資だと考えたい。リフォームとかリノベーションをするということは、へこんだけど元に戻す以上の、また別の新しい生活がはじまるために、ちょっとがんばろう、と考えを切り換えることが大切です。

太一　そうですね。

園田　そこには建築のプロが働きかけていく余地がすごくある。信頼されていなきゃダメだけど。信じてもらえたら、できるはず。

菜生　エレベーターを付けるというのは、梁と柱の関係で、普通の家ではできないことがあります。付けたいけれども付けられなくて断念したという例はやはりいっぱいある。だから、最初からどこに付けるかを考えておけばいいと思います。

太一　設計をする側にそういう認識がないとできないので、まずは設計者がそういうことを知っておく必要がある。

園田　丹羽さんの先ほど話された例では本当にすぐ必要になったケースですが、わたしが関わった例でも、エレベーターを絶対このご家族だったら、近い将来、何かのときにあったほうがいいなということがありました。そうすると、予算が嵩み、ホームエレベーターは何百万といった単位で費用がかかるので、うちはまだ元気で必要ないと言われたときに、一歩下がるのも必要で、「万一必要になったときのエレベーター用のスペースを納戸にしておいたらどうですか？」と提案しておく。そうすれば、建て主の意見を尊重したことになるし、それをデザインで納めておけばいい。

太一　トイレなんかも、高齢になったり介助が入ると、狭くて使えなくなりますが、はるひ野の家もそうですけど、ちょっと広めにつくっておく。介助や車いすにあてるスペースは、全部収納にしておく。そうすると意外に収納があることで使い勝手がよくなり、ぜんぜんマイナスじゃない。最初にそういうふうに考えておけば、リノベーションも容易で費用もかからない。イギリスのライフタイム・ホームの場合もそうなんですけど、最初にちょっと広めにつくるとコストは上がっても、決して高いお金ではない。十万円単位で刻めるコストのかけ方で、将来のリフォーム代がかなり削減できるというメリットのほうが大きい。

◉イギリスのライフタイム・ホーム

園田　イギリスのライフタイム・ホームというのは、そもそもどういうきっかけではじまったのですか？

太一　最近調べていてなるほどと思ったのは、イギリスでは施設に入っていた障害者たちが、自分の家で住みたい、地域に住みたいと、福祉政策を、施設から在宅への転換を求める運動があった。一方、施設や社会住宅の整備にお金がかかり過ぎていることも問題視された。その中で九〇年代、日本で言えば地域包括ケアにあたるコミュニティ・ケアで、自宅を中心に福祉サービスを受ける方向に変わり、それに対応するあり方として「ライフタイム・ホーム」が生まれた。

ライフタイム・ホームをつくった団体は、そういう時代背景を受けて、おそらく、社会サービスを自宅で受けることをどうするか、まじめに考えよう、地域で考えよう、としたものらしいんですよ。

園田　ガイドラインみたいなものがあるんですか？

太一　一応十六項目の設計指針がありますが、何回か改訂されています。実際に、ロンドンの計画では、ロンドン市内の住宅に関して市長が提言するんですけど、それに対してはライフタイム・ホームにしなさい、という。全部の新築住宅はライフタイム・ホームにすることが謳われました。

編集部　民間を含めてということですか？

太一　実際にはロンドン開発局（後、大ロンドン庁へ移管）管轄の新築住宅、ロンドン住宅地域局の基金助成を受ける住宅計画においては全部そうしなさいと。そのうち一割を最初から車いすなどでも使えるようにしておくように、となっているんですけど、そのへんは紆余曲折あって、どこまでやるのといったことはいったりきたりしているようですけどね。でもそういったライフタイム・ホームという流れがあったので、ビルディング・レギュレーションも、だんだんそういうふうに対象が住宅に広げられていく。最初は日本と同じように、公共の建物はバリアフリーにと言っていたのを、住宅もやったほうがいいと言われ続けて、本当にここ一、二年で住宅の中のことにも広げて、まさにライフタイム・ホームに近づけるような基準にどんどん変わってきているみたいです。

園田　完全にではないんですか？

太一　まだ完全にではないですね。完全にライフタイム・ホームと言っているわけではないけども、だんだん、流れとしてそうなっている。

◉大きな方向性を見失う

園田　今のお話をお聞きしていて、イギリスと日本で逆転現象が起きていると思って。じつは日本が、一九九五年に、当時は長寿社会対応住宅設計指針といって、これから日本人はとんでもなく高齢化するので、今からつくる家をバリアフリーにしようという考え方が、社会的に共有化されて、段差のない浴室開発だとか、ウォシュレットみたいな洗浄装置付きのトイレが出てきた。別の言い方をするとユニバーサルデザイン的なものが出てきた。ところが、二〇〇一年か二〇〇二年くらいが転換点で、そういったライフタイム・ホーム的な、要するに日本でいう長寿社会対応的な住宅への関心が薄れていってしまった。逆転現象と言ったのは、イギリスは、ベルリンの壁崩壊もあって、九〇年代はほとんど高齢化率が上がらなかった。その間に日本は、割合でいうと高齢化率はほぼ倍になってしまった。で、完全に日本のほうが、まさに、地域で地域の高齢者をどうやってみていくか、ということをやらなきゃいけなかったんだけど、それが肝心のときにライフタイム・ホーム的な考え方がフェードアウトしてしまった。

今のお話を聞くと、イギリスというかロンドンも、そんなに日本ほど高齢化率が上がっていかないけれど、少し上がりかけているところで、コミュニティ・ケアに転換することを考えている。日本も九〇年代にはいいことを考えていたんだけど、変わり方が激しすぎて持続性がない。

今の若い人たちがその、狭小敷地に、一階は駐車場と玄関、二、三階が居室でエレベーターはなしという家を建ててしまうと、それは確実に不良物件に投資していることになる。だって、十年住んで、身体が不自由になったり、家族の状況が大きく変化したら、住めなくなる。日本全体のなんと四八%は六十五歳以上の人がいる世帯。そしたら次に買う人だって、当然高齢者が含まれることが多い。

太一　そうなんですよね。移る人も高齢者。

園田　きっとその家は不良物件化してしまう。だから、丹羽さんはもっと声を大にしてそのことを言ってほしい。建築界って、何だかすごく近視眼的になっていて、大きな方向性を見失ってしまっている。

太一　そうですよね、それはもう本当に、いろんなレベルでそうですよね。

◉大切なネイバーフッド

園田　大きな震災が起きて、今度の熊本地震もそうですが、ここに来る前もわたしと同世代のおじさんおばさんと話していると、次はわたしたちの住んでいるところかもねー、と。

太一　そうですよね。東京は危ないといわれているし。

園田　で、疑心暗鬼になっているんだけど、家の基盤としての耐震性とかね。それもまたネイバーフッドで、自分の家だけが頑丈な要塞みたいになっていてもしょうがなくて、地域の中でどうやって存在できるかが大切。だから、ライフタイム・ホームやライフタイム・ネイバーフッドという考え方は、面白いですよね。いろいろ拡張していける。

編集部　ひとつの家だけじゃないっていうことですよね。どこまで周りに広がるかという。

園田　そう。卑近な例でいうと、わたしの古い分譲マンションでも、朝、ご親族から連絡があって、鍵がかかっていて開かなくて、中に入ってみたらお亡くなりになっていた。こういうことが、今、日常茶飯事で起きている。わたしたちの生活は、ネイバーフッドがないと成り立たない。隣り合って住んでいるとか、同じ地域に住んでいることは、ある種運命共同体だということです。隣りの人が本当に具合が悪くなるところまで放っておいて、いいことはまったくない。住戸が外とつながるとか、ちょっと気配がわかるとか、そういうことは重要だと思います。

太一　とくに高齢になってから重要度は増しますよね。

園田　窓の開け方ひとつで、ピンポンをしなくても、カーテンが開いているか否かで、わかることがけっこうある。

編集部　気配を感じられるかですね。気配を共有するというか。

園田　そしたら、設計する人もデザインする人も、楽しいですよね。そういう教育をしたいし、学生たちにそういうことをすごく伝えたいんだけど。

編集部　実態を調査研究する機会があれば、そういうことに気づきそうに思いますが。

◉調査研究をはばむプライバシー

園田　建築的な調査や研究って、じつはちょっと専門的な話になってしまうんだけど、住宅とか、とくに高齢者の施設って、プライバシーの問題があって、昔みたいに調査ができないんですよ。

菜生　確かに。

編集部　厳しいですか。

園田　サービス付き高齢者住宅なんて、この五年間に十九万戸もできたんだけど、わたし自身も忸怩たる思いがあるけれど、建築的にみて、どこにどんなものがあるのかさえ、整理された情報がないんですよ。

菜生　そうなんですか。

園田　「日経アーキテクチュア」とか、そういうところが特集したものの図面や写真はあるけれど、建築メディアもすごく減っているし、ましてや個人住宅や、高齢者の施設と言ったら、個人情報だとかが壁となり、住まい方調査を行うことは難しい。だから、ぜんぜん情報は流通していないし、図面も出ていないと思います。

編集部　一部アーキテクトがやったところは出ていますけどね。

園田　メディアとしてそれしかなくて、だから、わたしのところの学生なんかもそういう研究をしたいというと、設計した事務所に図面をいただけないかをお願いすることになるのだけど、事務所も判断ができない。法人の許可がないとだめだとか、クライアントの許可も必要だとか。

編集部　研究です、というだけではダメなんですね。

太一　だんだんやりにくくなっていますね。

園田　だから、オーナーがOKと言えばいいけど、でもオーナーだって補助金をもらってやっているとかそういう理由で、何か言われたくない。これほど情報化社会って言われているのに、こういう情報はとても不足している。

太一　みんな目的に関係なく、情報を出すことに妙に一律に厳しくなっていますよね。

◉最後にもどる家

太一　園田先生は昔から、終の棲家、つまり看取りの場所をつくらなくてはいけないよ、ということを言われているんですが、それについてうかがいたい。

園田　単純化すると、人のライフタイムは、おぎゃあと産まれてから亡くなるまででしょう。昔の家は、全部それを包摂していたわけです。この七十年間というか五十年間のあいだに、こうした家の中に詰まっていたことを全部外に放り出していった。もうひとつわたしが言っているのは、みなさんすごい高いローンを組んで得た家を、いちばん何に使っていますかと聞くと、寝る時間だけですね、と。だって共働きの家族だったら、〇歳の赤ちゃんから家族全員日中は外に出ている。ご飯を食べる時間よりも寝ている時間のほうが長いくらい、結果としてベッドのために家をつくっているということです（笑）。ところが一方で、家ってすごく強靭です。風呂、台所もあれば、食事をできる場所もあって、とても多面的な空間をもっている。病院のベットにはそれらがまったくない。病気を治してもらえるんだったら、限られた期間はそこにいられるけど、死ぬときには、やっぱりライフタイムで、前の生活との連続性の中にありたいと思うんですよ。太一さんの質問に対して答えると、人はライフタイム・ホームだったらそこで死ぬことができると思うんですよ。最近わたしはホームホスピスという活動に関わっています。最初は宮崎の「かあさんの家」というところから草の根的にはじまったのだけど、例えば高齢者で認知症でがんの末期患者だと行くところがないんですよ。がんだから、病院で治療をしてくださいと言うと、いや、この方は認知症でいらっしゃるから病院では…、となる。じゃあ施設でお願いできないですか、と言うと医療行為はうちではできませんと言われる。で、これが夫婦の場合だと、奥さんがその状態でご主人が元気だとして、夫婦そろって入れるところはない。

太一　まずないですよね。

園田　もともと一緒に住んでいた人が、最後になって分かれてしまう。二〇世紀の論理というか、みんなが納得するのは、全部分割していって機能分化をしてとなりますが、わたしが最近思っている終の棲家というのは、分けたところをもう一回こう、元に戻すというか合わせるところだとすると、その合わせる場所はどこだろうって考えたら結局「家」だ、ということです。ホームホスピスというのはごく普通の家として使ってきたところを、最期の看取りの場所にもするということだけど、それは家に単に機能があればいいということじゃなくて、すごく何世代も住み継いで鍛えられた家ほどいいと考えています。長い年月をかけてそこに存在している家、例えば百年建っている家は、百年分そこの場所が安全で、百年分その家を愛して手入れした人がいて、百年分の人の生活を支えてきた歴史がある。そういう目に見えないクレジットというか信用がある。だからそういうふうにすれば案外できることってたくさんある、というのが今たどり着いたところです。ところが、建築基準法が壁になる。建築基準法のいったいどこが壁なのか。確認申請のところからもうたいへんで、別表第一の用途分類がまずダメです。

菜生　それは例えば?

園田　例えば、一軒家をおばあさんたちが、三人とか四人集まって、一緒に住もうとなると、東京都はこの四月から、厚労省は去年の七月から、全部有料老人ホームの扱いとして届出しなさいと言ったわけです。そうすると、有料老人ホームという看板が老人福祉法によりつくと、建築基準法では、寄宿舎ではなくて児童福祉施設扱いになる。今まで認知症のグループホームは、寄宿舎として扱ってきたんだけど、児童福祉施設には今度は消防法で要介護3以上の人が入居者の過半を占めると全部スプリンクラー設置が義務づけられる。

太一　となると、現状は既存不適格になる。

園田　最近そういう相談を受けることが多い。第一種低層住居専用地域に立つ看護または介護の小規模多機能施設は、国交省の通達で老人ホームという用途分類でみると言っているから立地はOKなんだけど、そこを訪問看護ステーションにしようとしたら、事業所だからダメとなっていた。やっと去年の七月に今度は内閣府からの規制緩和で、事業所は老人福祉センターとしてみなすという通達が出た。600㎡以内だったら一種住専に立地OKになった。ところが、一種住専でこれをやりたいという看護師さんから相談があって、大丈夫だと思っていたら、そこには地区計画が掛かっていた（笑）。地区計画では、住宅用途のみ可となっていて、ちっちゃな店舗だと50㎡に制限される。また、サ高住も有料老人ホーム扱いになったんですよ。今までは集合住宅扱いだったから、開放片廊下にすれば延べ面積から除外できた。ところが、用途規定が有料老人ホームに変わったので、改修の際に確認申請をし直すと、既存不適格物件になってしまう。相続税対策とか資産運用で建てた人が、二年しか経ってないのに、既存不適格物件ですって言われるわけです（笑）。

太一　もう資産価値はないと。

●住環境のバリアフリーを拡張する

園田　最近、自閉症とか発達障害の人のバリアフリーに興味をもっています。自閉症スペクトラム障害のバリアフリーについて研究した学生がいて、わたしも関連の本を何冊か読んで、多くの気づきがありました。学生に、当事者の手記を、何十冊も読み込んでもらい、彼にこうした障害と建築環境の間のコンフリクトというかバリアを、全部書き出してもらいました。気がつかなかったことばかりです。例えば、わたしのこの声はこのくらいで聞こえるだろうと思っているけど、じつはある人にはすごく甲高く聞こえていたり、ある人にはすごく小さく聞こえていたりする。発達障害の人のコミュニケーション障害にばかり焦点があたっていますが、その根底に心身の感覚が鋭敏だったり鈍感だったりして、光・音・熱・空気のチューニングがうまくいかないことがあります。これまでそれに気がつかないできた。ところで、知的障害者の施設でいちばん壊されているのは何だと思いますか?

菜生　電気とか?

園田　いや、じつは換気扇。ずーっとブーンとうなっているからです。二十四時間換気が言われる世の中ですが、彼女彼らは空気にもすごい敏感だけど、あのブーンという音にも耐えることができない。おそらく認知症の場合でもそうしたことが後天的に起きている可能性がある。見える部分の見え方、聞こえる部分の聞こえ方が健常な時とはまったく違ってくるので、パニックになるんですよ。

最近は面白いビデオがあって、自閉症スペクトラム障害の人には世界がこう見えている、というものがあります。

他者は言語で説明されないと何がおきているかを理解できないんだけど、当事者たちの手記を読んでみたら、まさにそれが言語化されている。面白かったのは、「雨ニモ負ケズ風ニモ負ケズ」という宮沢賢治の詩について。自閉症の当事者同士が語り合っていましたが、本当に雨って身体に当たると痛いよね、風が強いと身体が痛いよね、と。だけど外に出て頑張らないといけない、と、このことはそういう意味の詩だと思っていたらしい。彼らは雨や風を、比喩ではなく実際に痛いと感じてしまう。わたしたちがすごくわかっているように思っていても、言語とかそういうものでしか理解できていないから、当事者たちの感覚をじつはとらえることがとても難しい。

編集部　当事者たちの言葉を通して、改めて気づかされますね。

園田　冷静に考えたら、機械音がこの文明に誕生したのってたかだか百年か二百年で、それが家庭に入り込んできたのなんてもっと最近のこと。

編集部　戦後の話ですよね。

園田　七十年以前は、車もほとんど走っていなかったわけです。だから、例えば早稲田のここで聞こえる音についても、想像してみると。

家の中で、冷蔵庫のコンプレッサーのブーンという音はない。ところが、冷蔵庫も最近、言葉を話すものがある。これには、発達障害の子どもがパニックになってしまう。まるで突然、無機物が喋りだすかのようで。住環境のバリアフリーには今まで考えられていること以上に大きな領域がある。丹羽さんたちの世代ならぎりぎりわかると思うんだけど、ラジオでいちばんいい感度にチューニングすると、きれいにＦＭラジオが流れてくるという、アナログの感覚がありますね。人間にはいっぱい感覚レンジがあるから、それのジャストのところに合わせられれば、認知症の人や発達障害の人のパニックが解消されるかもしれない。今は、その人の個人的な障害の問題のように言われているけど、環境の側に問題があるのかもしれない。

太一　それは、まさに障害の社会モデルですね。ぼくなんかは車いすというところしかわからないですけど、そういう発達障害とか精神障害も含めて、何かこういった新しいことがわかってくると、そこから新しいデザインが出てくるはずなんですよね。それが本当は面白いと思っています。

園田　とても面白いと思いますよ。だって、空間のつくり方が変わるということだから。

考えてみたらわたしたちの置かれている環境は、すごく人工的な空間ですよね。ところが、先ほどお話したホームホスピスの「かあさんの家」は、とても古い民家だけれど、そこには大きな木があって、日が射し風が吹くというように、環境としてはノイジーな部分がまったくなく、すごく心地よい。通常の施設のように、一日に何回おむつ替え、何回清拭するかということよりも、そこには静けさと自分にとってちょうどいい日だまりがある。

熊本にも民家をホスピスにしたところが二軒あったんだけど、今回の地震で一軒はちょっと建具が外れたくらいで、もう一軒はほとんど被害は受けなかった。それを応援している福祉の先生が、園田先生の言うように古い家のほうがいいんですね、と言ってきたので、いえ、そうじゃなくて、古い家の建っていた場所が安全なところだったからと言い直したんですよ。そうしないと、民家は単に古ければ古いほどいいということになってしまう（笑）。耐震よりもそっちのほうが大切だ、みたいなことになるとそも困る。ちょっと待ってくださいと（笑）。

菜生　でも、実際そういうことも多いんじゃないですか？　今は開発などで、昔住まなかったところにいっぱい家を建ててしまって…。

編集部　新規に造成された土地にある広島の家は、土砂災害にあったものもある。時間というのはやはり、そういった意味でもクレジットなんですね。

園田　丹羽さんたちが車いすから家を考えるというのは、偏見とか予見を離れて、人に対しての住まいづくりに何が必要なのかを根本からと問うていることかも知れませんね。

太一　そうだといいですね。

菜生　今まで、バリアフリーのことが障害者向けや高齢者向けにちょっと偏りすぎていて、一般の人となかなかつながらなかった。

太一　バリアフリーの問題を広げていくと、本当は自分たち一人ひとりの問題だよと。それは高齢になったから、ということだけではなく今の生活をどう楽しむか、ということにも本当はつながっていくものだと思う。

（二〇一六・五・一〇　丹羽自邸にて）

■ケア対応……空間構成の6タイプ（園田研究室＋野村不動産）

新築予定の分譲マンションの購入を決めた後、その間取りでは障害をもつ子どもと住めないと、園田さんは駆け込み相談を受けたことがあった。寝室とトイレ・浴室・洗面の水回りとのつながりを中心に間取りを大幅に変更した。扉は極力引き戸とし、車いす使用の子どもといっしょに寝られる広い寝室とした。

こうしたことを経て、園田研究室と分譲元の野村不動産とではじめた共同研究の成果をまとめたのが「バリアフリー&クォリティ オブ ライフ ガイドブック」である。

過去に野村不動産の手がけたケア対応の10の事例を抽出し、園田研究室で分析・研究し、空間構成の6タイプ・22種類の設計ポイントにまとめた。

研究室の学生が分担してさまざまな住まい手の立場に立って、間取りの問題点を書き出し、実際に野村不動産が変更した案と比べてみると、多くの点が重なったという。そこからさらに共通する要素を洗い出していくと6つの空間構成にまとまったのだという。こうしたことをもとにリビング、寝室、動線などの共通ルールをまとめている。ひとつのライフタイム・デザインの試みである。

1 グランド・リビング

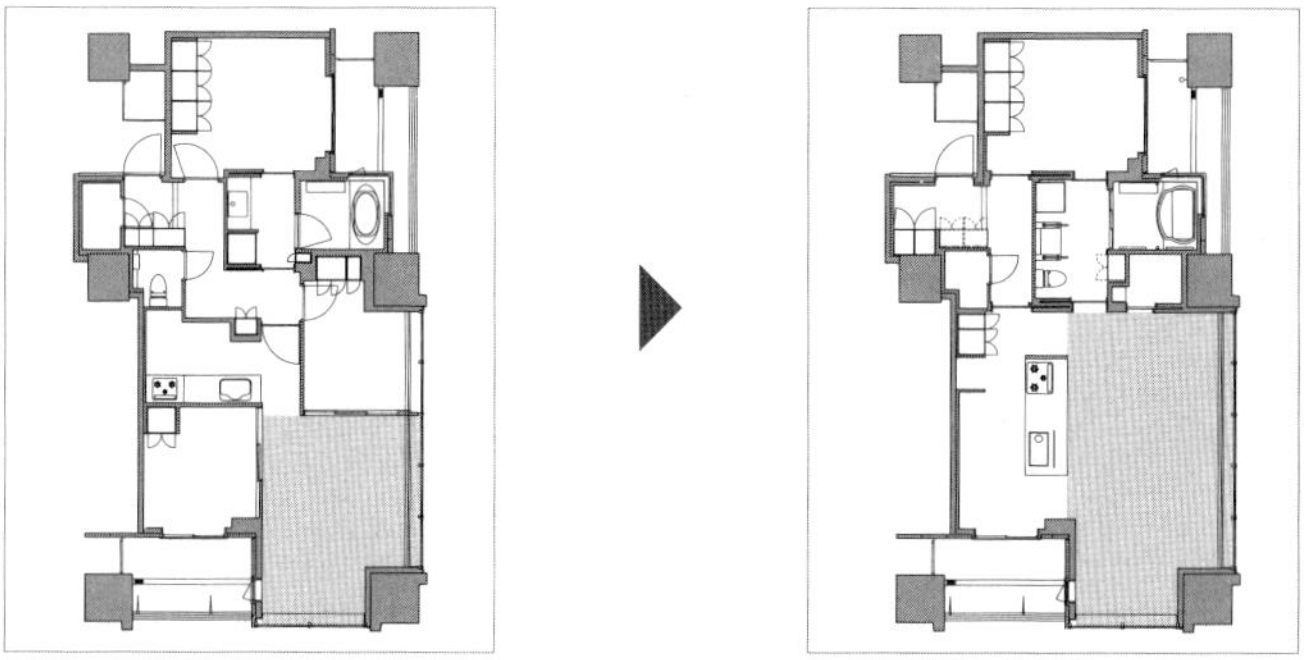

before　　after

在宅時間の長いケア対象の日中の居場所として最適な環境をつくる。

2 ワイド・ベッドルーム

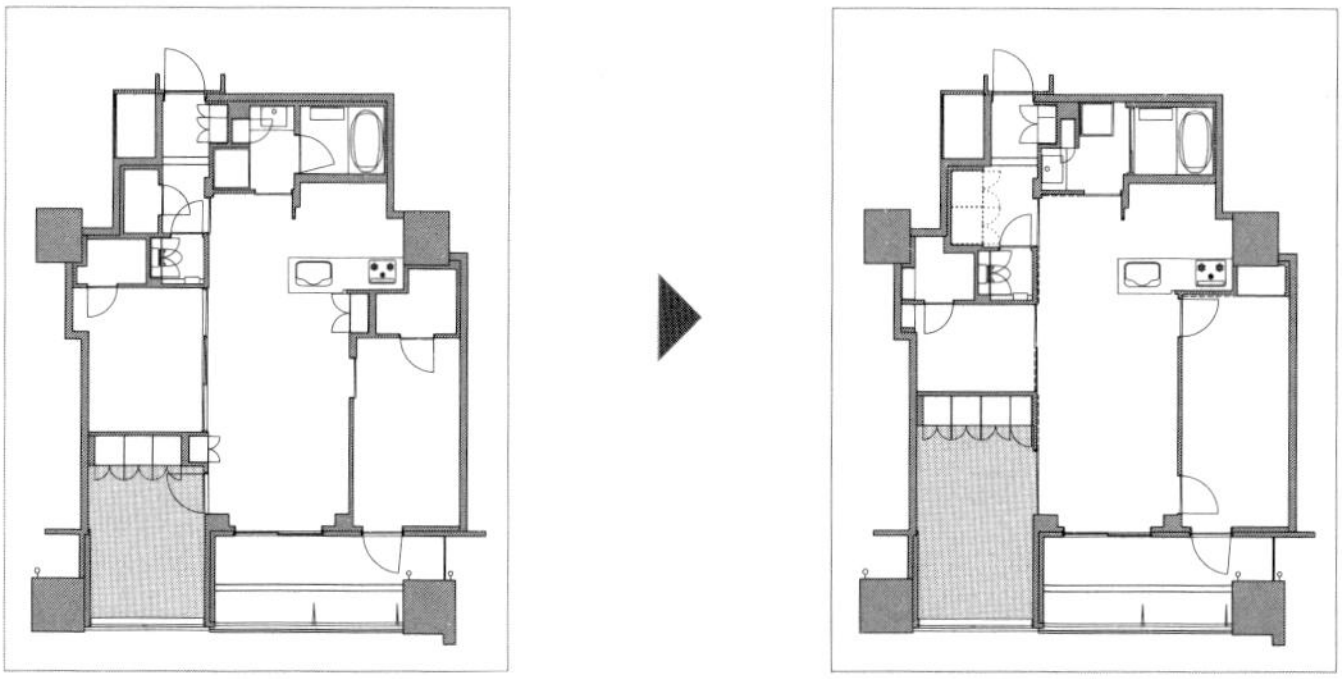

before　　after

ケア対象者と共に家族が就寝できる広い空間のベッドルーム。

3 デュアル・ベッドルーム

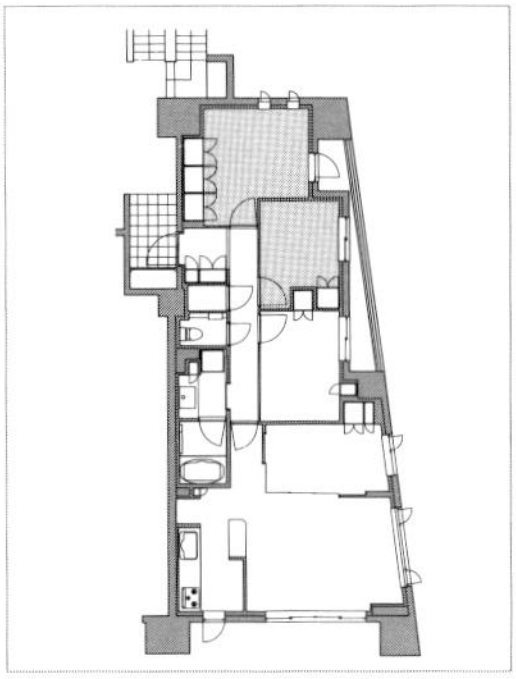

before

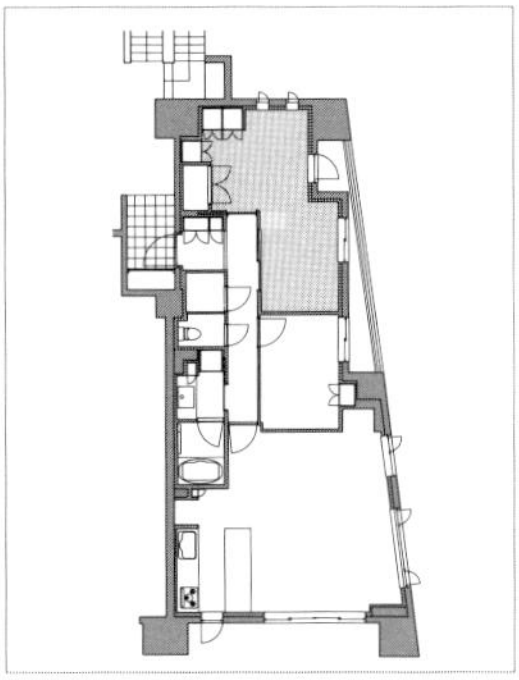

after

別々に就寝しながら気配を感じ取れる距離感。

4 ワイド洗面化粧室

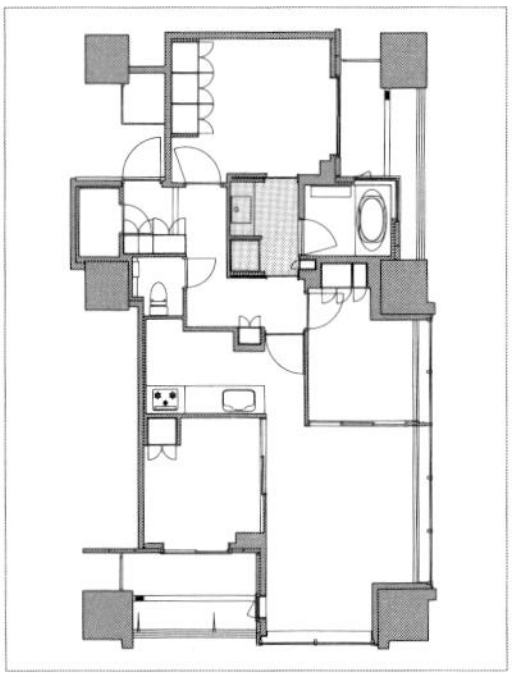

before

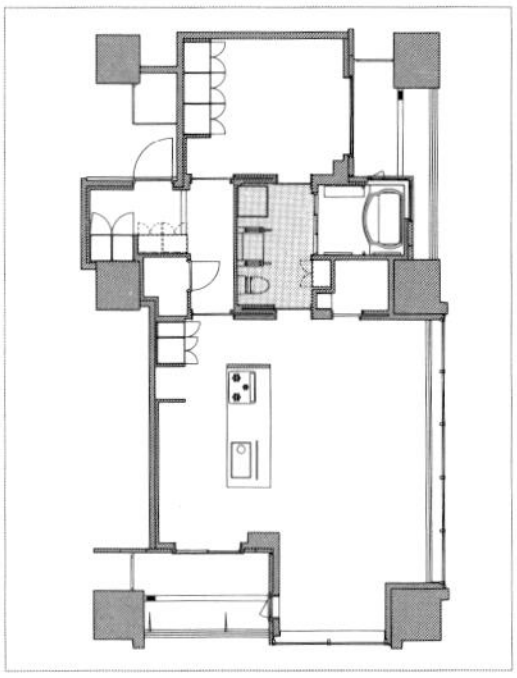

after

ケア対象者が移動補助具を使用でき、介護・介助者も補助ができる空間。

5 シンプルな動線

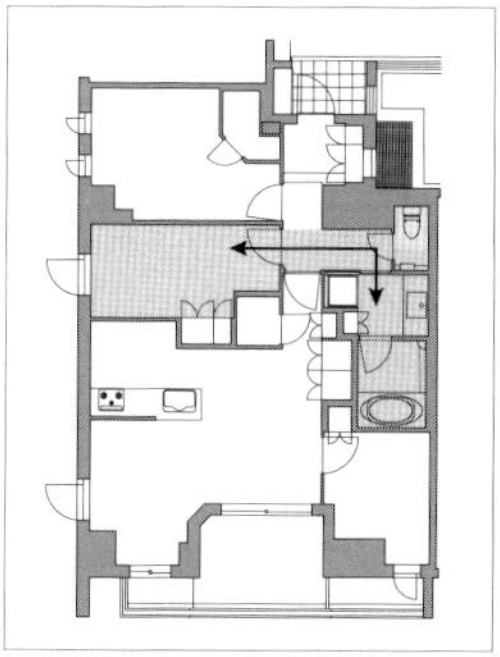
before

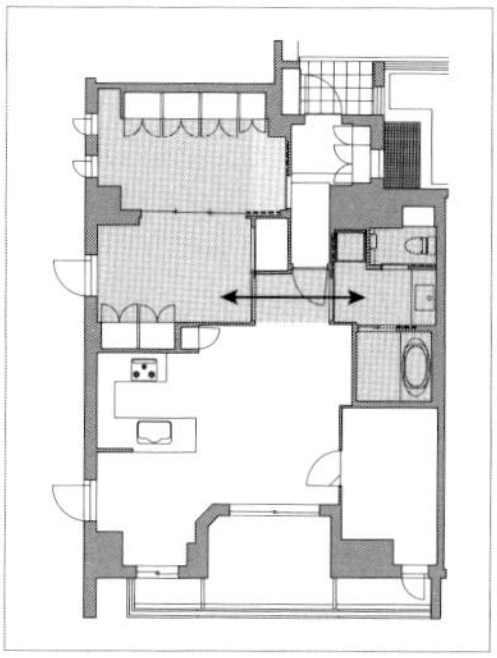
after

水回りと寝室を中心に、ケア対象者の日常動作に対応した動線。

6 シンプルな空間形状

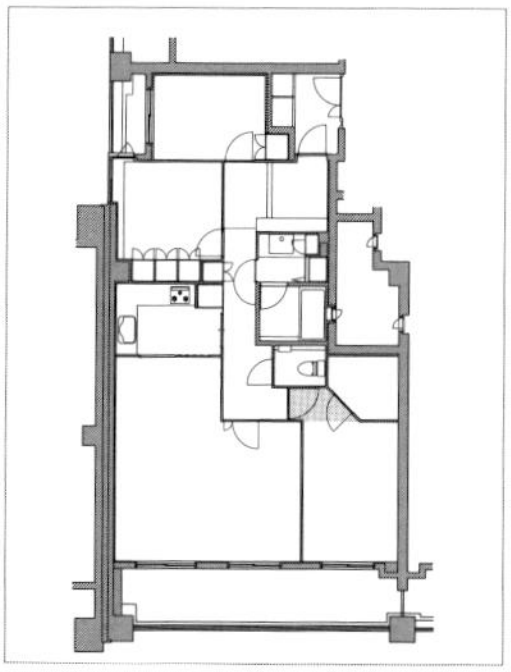
before

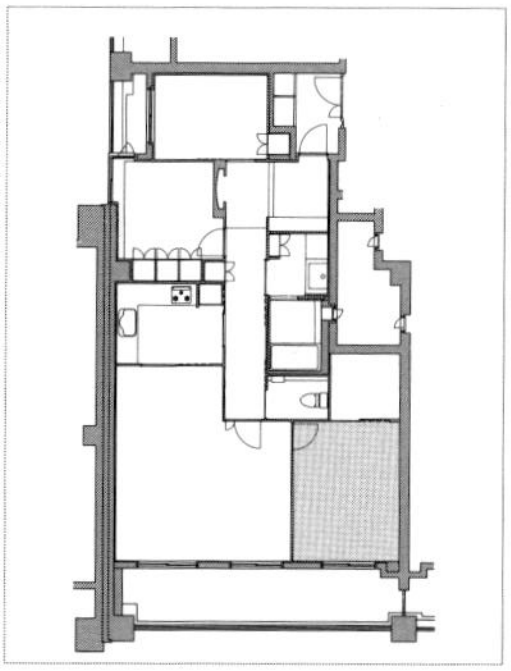
after

空間形状を整え、移動しやすいシンプルなかたちに。

対話を終えて……社会資本としての住宅を考える

経済学者の宇沢弘文は社会的共通資本として「自然環境、社会的インフラストラクチャー、制度資本」の三つの範疇を上げ、それぞれ「大気、森林、河川、水、土壌など」、「道路、交通機関、上下水道、電力・ガスなど」、「教育、医療、司法、金融制度など」をその構成要素とする。

今、国の政策として行われている地域包括ケアシステムは、この制度資本に福祉をとりいれるものだと考える。さらに地域包括ケアシステムにおいては、住宅がその制度基盤の中心におかれる。そこでは福祉施設や公的に供給される社会住宅はもちろん、在宅という場合にはそれぞれのマンションや戸建て住宅もその基盤をなすものとなりえる。だから制度資本を支えるものとして、住宅も一種の社会的インフラストラクチャーとして考えなければならないのではないか。それが園田さんに伺いたかったことのひとつの核だ。

園田さんは高齢者住宅を専門として、そこからさらに高齢化にむけ地域を再編することを、政策の中枢に提言する立場で長く考えてこられた。今、地域再生には、第一に都市インフラ、建物、住まい等の物理的な空間の再編、第二に生活を支えるソフトの再編、つまり社会サービスの見直しが必要であるとするが、実際に地域包括ケアシステムではまさにその二点が主題になっている。

空間については、近代の都市は中心部から郊外へ市街地が無計画に拡大かつ拡散し、その過程でいわゆるスプロール、虫食い状に行われた住宅開発が、その後、その計画単位ごとに塊状になって高齢化が起こる舞台となったため、買い物や通院の利便性が悪く介護施設もなく、虚弱化した高齢者が住み慣れた地域から離脱せざるをえない状況が発生している。そこで、必要な都市空間の抜本的な再編の一例として、コンパクト・シティに注目し、都市縁辺部や地価の安いところに追いやられている高齢者施設や高齢者住宅を、とくに高齢者が集中して居住しているところの空き家・空き建物を活用してまちなかに持ってくることで、地域の物理的な空間を再編成することを提案している。

社会サービスの再編として考えたときに、地域包括ケアシステムは、今のサービス付き高齢者住宅との関連が考慮されておらず、都市の問題と制度の問題で縦割りの弊害が起きているとし、おおむね30分以内に必要なサービスが提供される日常生活圏域（具体的には中学校区）を単位として想定されているこのシステムでは、前述のコンパクトなまちの中でサービスを受けられるよう、そのシステムと連携した住宅も整備されることが必要という。

大切なのは人が生活する基盤たる「地域」を再編することであり、そのための住宅政策を園田さんは考えつづけている。

そこではどのような住宅が理想なのか。その必要条件を考えるのがこの本の目的でもあった。地域の再編に、その地域における福祉サービスと住宅サービスのインフラストラクチャーとしての役割を確実にしていくことが求められ、その際住宅に、高齢者のアクセシビリティだけでなく、高齢者の地域での生活の継続や生活環境の質の確保まで考えなければならないとき、住宅を地域における社会資本ととらえ、新築はもちろん既存の住宅も活用して、量と質を備えかつ効率的で無駄のない住宅供給ができるような制度づくりが必要だ。できるだけ汎用性の高い住宅を増やして、住む人が高齢になったり新たな住人に変わっていったりしても継続して使うことができる、高齢化に対する地域の住環境づくりを考え、地域包括ケアシステムという福祉環境の整備が進むなか、その土台を支えるものとしての住まいの適切な整備も充実させることを考えなくてはならない。（TN）

Part 02

住まいとからだのかかわり方

――熊谷晋一郎さんと語る

熊谷晋一郎氏は、小児科医であるとともに当事者研究のトップランナー。先天性脳性まひを持って生まれ、幼いころから経験したリハビリについてまとめた本で注目される。障害当事者であると同時に、客観的な視点から語ることができる研究者である。

◉母からの自立・一人暮らし

編集部　住環境の話題からはじめたいと思います。大学入学と同時に、親元をはなれて一人生活に入った。自ら住環境を整えていき、その中で自分の身体を再発見した、ということですね。そのへんをお話いただければと思います。

熊谷　わたしにとって、一人暮らしをはじめたことがひとつの転換点になっている。一人暮らしの以前と以後でいろんなことが違ったんですけども、一人暮らし以前というのは、直接世界とわたしが接触できないという感じというんですかね、わたしの回りにあるのは母、母のさらに向こう側に世界がある。いつも母に包み込まれている感じで、わたし自身はまだ生まれていないような感じですね。完全に胎児というか。それはメタファーですけど。でも、感覚としては、わたしが直接世界と接するのではなくいつもそこには母がいて、母が世界とわたしをつなぐメディアになっているというか、取り持ってくれているんですよね。当然その世界はアウェイですから、道具にしても、建物にしても、社会制度にしても、わたしの身体に馴染まない。だから、間に何かメディアがなければ、直接暮らしていけない。そのメディアとなっていたのがうちの母でした。だから、階段はおぶって担ぐし、お風呂のときにも入れてくれるし、洋服を着るときにも母は全部やってくれる。母がすべてのものとの間に、環境との間に介在しているんですよね。
もうひとつは、単なるメディアでなく、わたしを監視するメディアなんですね（笑）。どこかで母の中には母としてのポジションがあって、単なる介助者ではないわけです。だから、将来、母がなくなってもわたしが暮らしていけるために、健常者にしてやらなければならない。そのために、リハビリをするわけですね。リハビリをする時間は一日五時間くらいだったから十分長いんだけども、それ以外の時間もつねに監視されている感じというんでしょうか。だから、母はわたしにとってメディアであり、監視するモニターであり、というか、そういう独特な感覚のなかで、後から振り返って思うと、とても見晴らしが悪かったなと。母が壁となり、世界がよく見えない。もうひとつは、等身大の自分についてですが、わたしには何ができて何ができないのか、何を感じる存在なのかすらわからない。何しろ等身大の自分を否認されるので、こう動きなさい、こう感じなさい、そういうふうに命令され、監視され続けていると、環境との相互作用のなかで自分を知ることはできない。当時を振り返ると、自分に対しても環境に対しても、極めて見晴らしの悪い状態だったと思います。で、なんとなく当時のわたしは、一九七〇年代生まれなので……。

編集部　具体的にはいつごろのことですか。

熊谷　わたしが生まれたのが一九七七年で、大学に入ったのが一九九五年です。わたしが生まれたときは、脳性まひの子が生まれると、とにかくリハビリをしてやれば、治ると言われていました。当時は権威主義が蔓延していたの

熊谷晋一郎さん

で、偉い先生が言えば正しいとされた。医療はあってもサイエンス（医学）がまったくなかった。脳性まひは治ると言われていたんですね。みんなそれを信じていて。三歳までに治ると言われていました。四歳になったときに、話が違う、と思った。これは何か、大人たちが嘘をついていると。案の定、八〇年代に論文が続出して、エビデンスがとられるようになって、権威主義が失墜して、脳性まひ者に対するリハビリは何一つ効果がないということがわかった。でもそれでもしばらく大人は隠していたんですね（笑）。それでずっとリハビリをやっていたんですけども、なんとなく大人の雰囲気が変わるのがわかるんですよね。前ほど一生懸命やらなくなったなとか（笑）。あと、前までは確信に満ちた口調で「がんばりなさい」と言っていた偉いお医者さんが「無理しなくていいよ」と言ったり（笑）。そういうのって子どもでもわかる。何かパラダイムが変わったとわかって、それで怖くなった。つまり、シナリオが何かおかしいというふうに。そうすると、これでわたしがもし健常者にならないとしたら、母が死んだらわたしも死ぬ、親が死んだらわたしもその翌日死ぬ、ということに小学校低学年のときに気がついてしまった。夜中、死ぬのが怖くて泣くんですよね。それを否認して日中はなんとか生き続けるみたいな。いちばん辛かったのはその時期です。それでようやくその時代に社会モデルの考え方がはじまった。環境のほうが自分に近づいてくればいいんだ、というような。自分が行かなくたって、環境がこちらに近づいてくれば解決するという発想です。だからほんとうに、山が動いたじゃないけれど、自分が近寄るもんだと思っていたものを、向こうから来ればいいんだと。これはまさに、天動説から地動説への転換ですよね。

編集部　明確にそういう動きが出てきたというのは何歳のときですか？

熊谷　社会モデルという言葉を知っていたわけではないんですよね。だけれど、たとえば一九八〇年代に、国連の障害者の十年とか、一気に花開いた時期がありましたよね。あのときに、エビデンスによって権威主義が失墜して、そんなに治らないということがわかったと同時に、社会のほうが動けばいいというロジックが出てきた。だからエビデンス主義と当事者主義がセットで八〇年代に合流して花開いていった、とわたしは認識しているんですけど、それでどんどん世の中が変わっていって、わたしは山口県出身なんですけども、それが上陸したのはちょっと遅くて、八五年くらいですかね。ちょうど「青い芝」（脳性まひを持つ当事者の団体）の人たちが街にでるようになって、デモをやったりですとか。わたしの父親が市役所の職員で障害者福祉課だったので、クレーム対応していました（笑）。毎日のように青い芝の人たちが市役所の窓口に押し掛けるわけですよね。父は担当としてクレーム対応しているかたわら、たとえば土日になると、わたしを青い芝のおじさんおばさんたちと引き合わせたり。

菜生　へぇー！

熊谷　ダブルフェイスですよね（笑）。うちの父は学生運動をやっているタイプだったので。わたしはそのおじさんおばさんたちの存在がエビデンスだったんですよね。こんなにわたしよりも重たい障害をもっていても何とか暮らしている人たちがいる、という。どうやってトイレに行っているか、どうやってお風呂に入っているかは、日曜に会うだけだと詳細はよくわからないんだけども、でも生きているらしい、と。施設でも家庭でもなく、地域の中で生きているらしいというエビデンスがまず、存在としてあって、それで十分だったというか。

編集部　それは小学校高学年とか、そのくらいですか？

熊谷　そのくらいですね。中学生に入るか入らないかぐらいのときに、ちょうどわたしが電動車いすに乗りはじめたくらいの時期ですけど、リハビリにある程度決着というか終止符を打って。ストレッチとかはしてたんですけど。治すリハビリというのはもう小学校でやめて、電動車いすに乗ろうと。そして、おじさんおばさんたちと会って、社会モデルという言葉は知らなかったけど、じょじょに、環境の側がこっちに来ればいいんだということが机上の理論じゃなくて本当に目の前にいる存在としてわかっていた。それがわたしの背中を押して、詳細は不明だけどできるはずだ、という確信とともに一人暮らしをしたんですよね。

太一　詳細はわからないまま一人暮らしをした、と。

熊谷　とにかく一人暮らしをすると（笑）。母から逃げなきゃいけないと。

編集部　普通に考えるとけっこう飛躍があるように感じますが、今みたいな話を聞くとやっぱり、回りにそういった方がいらしたということが大きかった。

熊谷　近くにロールモデルがありましたから。社会モデルという机上の理論を聞いたって、当時の自分には届かなかったと思うんですよね。

それは理想論であって、みたいな。だけど本当にいるとなると話は別で。やっぱり当事者研究もそうですけど、ロールモデルの存在というのはとても大事だと思ったんですけど。それで、絶対できるという確信とともに、でも詳細はわからないという組合せで、一人暮らしを母親に主張しました。

太一　それで、『リハビリの夜』（医学書院）のお話になったんですね。

菜生　「あえて聞かなかった」って書いてありましたよね、『リハビリの夜』には。あえてそういう方々がどういう生活をされているかというのも学ばなかった、という。

熊谷　一人暮らしをした後はとくに聞かなかったですね。する前までは聞くチャンスがなかったっていうのが正解かもしれないですけど、一人暮らしをはじめた後に、それこそポリス的な飲み会で糾弾されるわけじゃないですか、何かといえば糾弾になる（笑）。

編集部　当時の運動のスタイルなんですね

（笑）。

熊谷　なので、そこで総括を迫られたりするわけですよね。「自立をどう考えているのか」とか。それによってすごい鍛えられたと思うんですけど、一度も考えたことのないことを言語化するということを迫られる。

編集部　けんかをふっかけられるみたいな感じですよね（笑）。

熊谷　ふっかけられ続けましたね。そのおかげで、今講演会ができているんですけど（笑）。それはいろいろ自分の頭を整理するのに役立ったんだけども、自分が思ったのは、これは自立ではない、と。強いられるようなものは、仮にそれがリハビリの医療者から強いられたものであれ、先輩障害者から強いられたものであれ、何か型にはめていくのは、それが自立と呼ばれるものだったとしても、型にあてはめるようなものは自立でもなんでもないと思って。

太一　自分で考えなければいけない。

熊谷　自分の身体と経験で、ボトムアップに考えたものが自立のはずだというふうに思ったんですよね。もちろん、無から有を生み出すのが自立だと思っていないので、やっぱり枠組みがあって、枠組みをガチッと入れられて、でもな、と思うところが大事だったと思うんですけど、そこで距離をおきながらボトムアップをもう一回やらなければいけない、という考え方ですよね。

太一　構造化するわけですよね。

熊谷　そうですね。一回は社会モデルにしろ自立にしろ型を入れて、でも、「何だか強いられてるな〜」みたいな（笑）。

太一　そこから自分に関係あるところ、関係ないところを吟味していくわけですよね。

編集部　とくに、小さいときからリハビリをやらされてきたから、強いられることからつねにどう逃げるかを考え続けてきたともいえますね。

熊谷　そうですね（笑）。母がわたしを組み伏せるわけですよね。毎日五時間、六時間、大人が全力で子どもを組み伏せるときに、どう相手の士気をくじくかと、そればかりを考えてきました（笑）。たとえば小さいころはまだわからないので、相手の顎をめがけて頭突きで阻止するとか（笑）、そのチャンスばかりをねらっている状態からはじまって、だんだん大きくなるにつれて口で、相手が傷つく方法は何か、とか。

編集部　知性が育つわけですね（笑）。

熊谷　そうです（笑）。マキャベリ的な知性が育って。それで、今から思うと本当にその、思ってもいないことを言いましたね。申し訳ないというか。相手の士気をくじくためならなんでも言おうと、ひどいことを言いました。やっぱりロールモデルのおかげで、確信と試行錯誤が与えられたんですよね。

◉困っているとまわりが寄ってくる

太一　『リハビリの夜』では最初はトイレの話になっていますよね。それは象徴的なことだと思うんですけど。

熊谷　象徴的ですね、わたしにとってはすごく。

太一　最初の下宿先というのは普通のところ？

熊谷　そうですね。ここから歩いて十分くらいのところにある駒場の、駒場高校の向かいあたりなんですけど（136頁参照）。

太一　和室ですか。

熊谷　フローリングですね。

菜生　おどろいたのは、多少なりともトイレに関して、配慮するものだと思ったんですけども、本を拝読するとまったくそれもなく、「さてどうしよう、向かい合ってみた」という感じではじまっている。

熊谷　そう、そうなんですよ。本当に何ができて何ができないのかすら、よくわからないというか、そういう状態ではじめてますので。あそこには書いてないですけど、いろいろなことを試しているんですよね。おむつとかポータブルトイレとか。

菜生　それはご実家で？

熊谷　いえ、一人暮らしをはじめてからですね。

編集部　それまでは受験で忙しかったから？

熊谷　それもあるし、考えてもしょうがない、ということがあった。なんというか、不安が膨れ上がるんですよね。なので、悪い癖でもあるんですけど、詳細をシミュレーションせずに飛び込むというか。

太一　やってしまえと。

熊谷　それが可能だったのはロールモデルがあるからだと思うんですが、たぶんそれが最短コースだろうという確信というか、実際やってみるとその通りで、あれで膨れ上がるような準備をしてやってたら、たぶんコスト的にものすごく高くついたと思うんですよね。

太一　しかもどんどん、マイナスマイナスになっていきますよね。

編集部　考えすぎて実行できなくなってしまうかもしれない。

熊谷　そうなんですよね。トイレをもらしながら試行錯誤をするみたいなほうがはやくって、必要な資源も見つかるし、あと何か、困っている人がいるほうがまわりが寄ってくるというか。なんていうか「またもらしたって」という感じの噂がわっと流れていたほうが、介助者がたくさん集まってきますし、区の職員もこりゃ大変だ、考えましょう、ということになるので集まってきますし、小言を言われながらもみんなワイワイ集まってくると。そうすると近所の人たちも集まってきて、わっしょいわっしょい祭りが起きるみたいな。

編集部　なんといっても、東大の医学部コースですからね。

熊谷　いやそれはむしろ逆に働いて、わたしが先輩方から総括を迫られたのもそこで、おまえはエリートだ、インテリ障害者だと。どういうつもりなんだと（笑）。言いがかりみたいなところから話がはじまるんです。東大なのにそんなことも考えてないのかというところからスタートして、そこで、これはこの業界ではひた隠しにしたほうがいいや、みたいな（笑）。それは開始数日で学んだことですけどね。そういうことではなくて、とにかく困ったことを出したほうがはやいと。

編集部　まわりが来てくれる。

熊谷　来てくれます。ものすごい勢いで、すごいスピードで物事を解決していきますね。

編集部　母親という世界を遮る壁があって、母親を通してすべてを見ていて鬱陶しいみたいな感じがあったけれども、母親がいなくなると、そのかわりを埋めてくれるのは不特定多数の人たちということですね。

熊谷　その通りですね。

編集部　母から介助者へと切り替えたわけですよね。

熊谷　そうなんです。母はついてきたいって言ってたんですよね、当然ですけど。ついてきたら、大変なことになったと思うんですよね。やっぱり、「母がいるわたし」はまわりにとっても手が出しづらいですよね。母がやるだろうと思われるので、弱さが足りないんです。

太一　弱さが足りない（笑）。

熊谷　だから、もっとむき出しで、もっと儚そうで、もっと困ってそうで（笑）。ちゃんと顔を出さないと死んじゃうかも、みたいな感じを醸してないと、まわりが寄ってこないわけですよね。やはり母というメディアを離れて、むき出しの自分がポンと駒場に行ったっていうのは、今考えるとすごいよくって。やっぱり社会は優しいんだなと思いましたね。

編集部　母がいなくても、社会の中で生きられる、と。

熊谷　そうですね、社会ってものすごい怖い場所だと思っていたんですよね。健常者にならないと生きていかれないぐらい、ハードな場所というか。そういうイメージでずっとリハビリをしていたので、いつかくるべき社会へ出る日に向けて、今はトレーニングをしているという先送りの発想で、社会がものすごい大変な場所として、向こう岸にゴールとして設定されるんだけども、なんのことはない、ものすごい優しい場所で、母よりはるかに優しいみたいな（笑）。ひと言で言うと（笑）。

編集部　解放されたという気持ちはあったのかもしれないですね（笑）。
熊谷　まず最初はそうですけどね（笑）。
編集部　でも、母は優しいと思いますけどね（笑）。
熊谷　もちろんそうですね、ある意味、別の軸で優しいんですね。その話もしないとフェアじゃないですね。
菜生　上野千鶴子先生[1]にも怒られたんですよね（笑）。
熊谷　そうです（笑）。そのことをわたしが痛感したのは、依存症の当事者研究をやってからですね。つまり、うちの母は絶大な愛があったんだと知ったのは、むしろ愛がない家庭の中で育った方との当事者研究を通してです。上野さんに言われてもいまいちピンとこなかったんですが（笑）、依存症の自助グループの方に言われたときには、怒られはしないんだけど、気付くというか。あーなるほど、みたいな。そこをわたしはもらっていたんだということを感じたんですよね。
太一　それで健全に育った部分も必ずある。
熊谷　そうですね。やっぱりうちの母は頑固に曲げない、いつも変わらない不動点みたいなもので、それがわたしにとって都合がいい場合悪い場合両方あったとしても、不動点としての要があって、その点自体がものすごく動いてしまう生活の中で育ってきた子どもたちの話を聞くと、ああ、それは大変だっただろうなという。案外、子どものニーズを拾い過ぎている親のもとで育っても大変なんだなと自分は初めて知って。まあどっちもどっちというところもあるんだけども、不動点だったうちの親というものが自分に与えてくれたのは、楽観的な信頼というか。たとえば、弱さをむき出しにして駒場の地に降り立つ、というのは誰でもできることでは

1　**上野千鶴子**（うえの・ちづこ）　社会学者、東京大学名誉教授。一九四八年生まれ。二〇一一年まで東京大学大学院人文社会系教授

ないらしい、と。あれは、愛を注いでもらった人にしかできない所業なんだと。

編集部　人をどこかで信じられるから、ということですよね。

熊谷　ものすごい信頼しているんですよね、わたしは。だから、自立は依存先の分散だというようなことを自分が言うときに、必ず依存症の方から、そんなに簡単じゃないっていうコメントがある。それはその通りで、依存症の中に、人を信じられないところからスタートしていて、見ず知らずの人に楽観的に身を任せるということが、いかに愛されてきたか、いかに応援団がすでにたくさんいたかということを無自覚に伝えてしまってるんだよと。

編集部　鋭いですね。

熊谷　鋭いんですよ。そして、絶対正しいんですよ。なので、上野さんに言われてもピンとこなかったけど（笑）、依存症の方に言われて、改めてその、依存先を広げるということのさらなる前提条件みたいなことを考えますよね。

◉わたしの改造遍歴

熊谷　今はパートナーの綾屋さんの実家が部屋を貸してくれています。ご厚意をいただいていて、賃貸なんだけどダイナミックに改装してもいいと。賃貸だとどうしても原状復旧しないといけないので、かなり自由に改築していい賃貸はわたしにとって魅力的なオプションです。ダイナミックに変えたのはやっぱり水回りですね。あとは畳の部屋をフローリングにしています。浴室とトイレは一体化し、バスタブを取り去り、トイレとシャワーのスペースとして、車いすのままそこに入れて、失禁してもそこですぐに洗うことができます（142頁参照）。

編集部　障害者ほど、自分で住環境を整えていくんではないかという関心があります。

熊谷　障害者のほうが住環境に対してより自覚的ではありますよね。「ニッチ」という言葉を『リハビリの夜』でも使ったんですけど、住処っていうんですかね。動物がエコロジカルに、ビーバーのダムみたいな、自分の身体の特徴を反映したかたちで環境に手を加えていって、環境によっても自分の身体がまた変化を被るという。相互的に共進化していく住処のことを「ニッチ」といっています。それはすごく自分の一人暮らしのイメージと合う。わたしは、今まで六回くらい引っ越しをしてるんですけど、そのつどちょっとずつ住環境を変えていきます。たとえば埼玉の毛呂山というところに住んでいたときには、毛呂山の資源というか条件とわたしの身体の条件でこういう改造ができるとか。そこでまた松戸に移ったときには違うスタイルが生まれ、といった、それぞれその土地に愛着をもちながら住処を開拓していったような感じです。そういう、とても動物的なイメージです。

編集部　それは、工務店の方に助けてもらうのですか？

熊谷　いろいろでしたね。それも資源の一部だと思うんですけど、工務店の方にやってもらう場合もあれば、バリアフリーの業者の方もいます。

太一　一カ所でも、身体の状況が変わっていけば家の状況を変えることは、必要になりますかね。

熊谷　はい、手は加えていきます。たとえばわかりやすいところでいうと、最初、十八、九歳で駒場に住んでいたときはわたし、お風呂に自分で入っていたんですよ。なんとか自分ひとりでできていて、ヘルパーさんも週に一回だけ来ている状況で、残りは合鍵を八本つくって、同級生の信頼できる人にまいておいたんですが、戻ってきたときに十一本になっていたんです（笑）。つねに終電のがした人が家にいる（笑）。あとは、授業の空き時間にそこでご飯を食べたりしていると。

太一　寄ってもらう。

熊谷　寄ってもらうと。で、米びつの米が減っている（笑）。そういう生活で、一人暮らしなんだけど、つねに人が家の中にいる状況で、お風呂はなんとか自分ひとりでやっていて、でも疲れたときには友だちがシャワーを手伝ってく

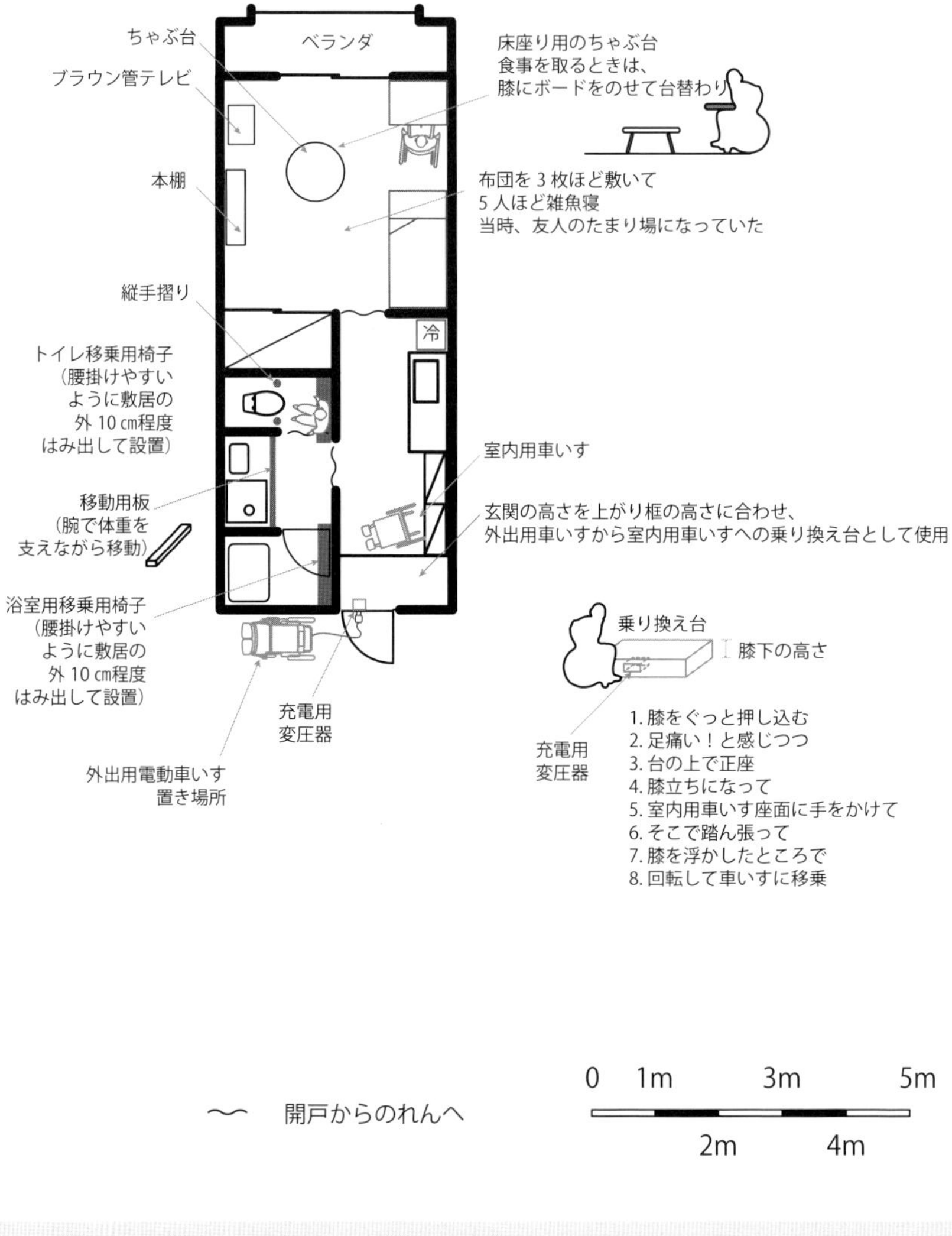
ちゃぶ台
ベランダ
床座り用のちゃぶ台
食事を取るときは、
膝にボードをのせて台替わり
ブラウン管テレビ
本棚
布団を3枚ほど敷いて
5人ほど雑魚寝
当時、友人のたまり場になっていた
縦手摺り
冷
トイレ移乗用椅子
（腰掛けやすい
ように敷居の
外10㎝程度
はみ出して設置）
室内用車いす
移動用板
（腕で体重を
支えながら移動）
玄関の高さを上がり框の高さに合わせ、
外出用車いすから室内用車いすへの乗り換え台として使用
浴室用移乗用椅子
（腰掛けやすい
ように敷居の
外10㎝程度
はみ出して設置）
乗り換え台
膝下の高さ
充電用
変圧器
1. 膝をぐっと押し込む
2. 足痛い！と感じつつ
3. 台の上で正座
4. 膝立ちになって
5. 室内用車いす座面に手をかけて
6. そこで踏ん張って
7. 膝を浮かしたところで
8. 回転して車いすに移乗
充電用
変圧器
外出用電動車いす
置き場所
開戸からのれんへ
0
1m
3m
5m
2m
4m

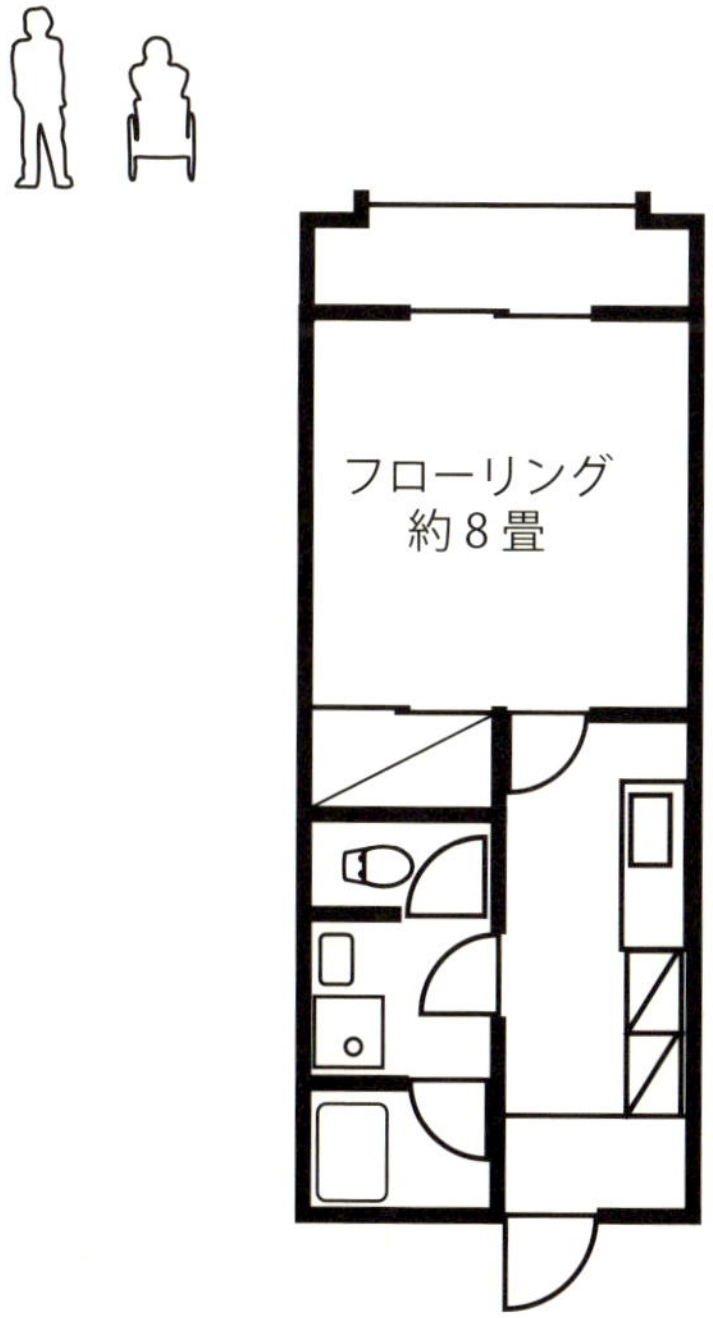

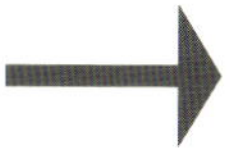

Vila K：初めての一人暮らしをした場所（駒場キャンパス近く）
1995年～1997年まで居住（大学1年～2年）
・父が受験前から探しはじめる（2泊3日を2回ほど）
・自立生活をしている脳性まひの人の事務所に行ったりして聞いていたが、
　物件が見つかれば、ノウハウは教えられるとのこと
　→障がいがある人が一人暮らしをする際に物件を見つけるという困難さは今も変わらない（熊谷）
・当時は、バリアフリー物件を探すのではなく、貸してくれる場所を探すのが精一杯だった
・2カ月ぐらいかかって、補助設備を設置
・最初は仮止めをして自分の使いやすいサイズに合わせた
・業者もバリアフリー関連の工事をしたことがなかったので、お互い試行錯誤して行った
・不動産屋がオーナーを説得、一緒に現状復帰出来る案を考えた

テナントの入るマンションのメリット
・改修前提
・物品の出し入れがあるのでエレベーターあり
・物品の出し入れがあるのでエントランスに段差なし
⇒　車いすで暮らしやすい

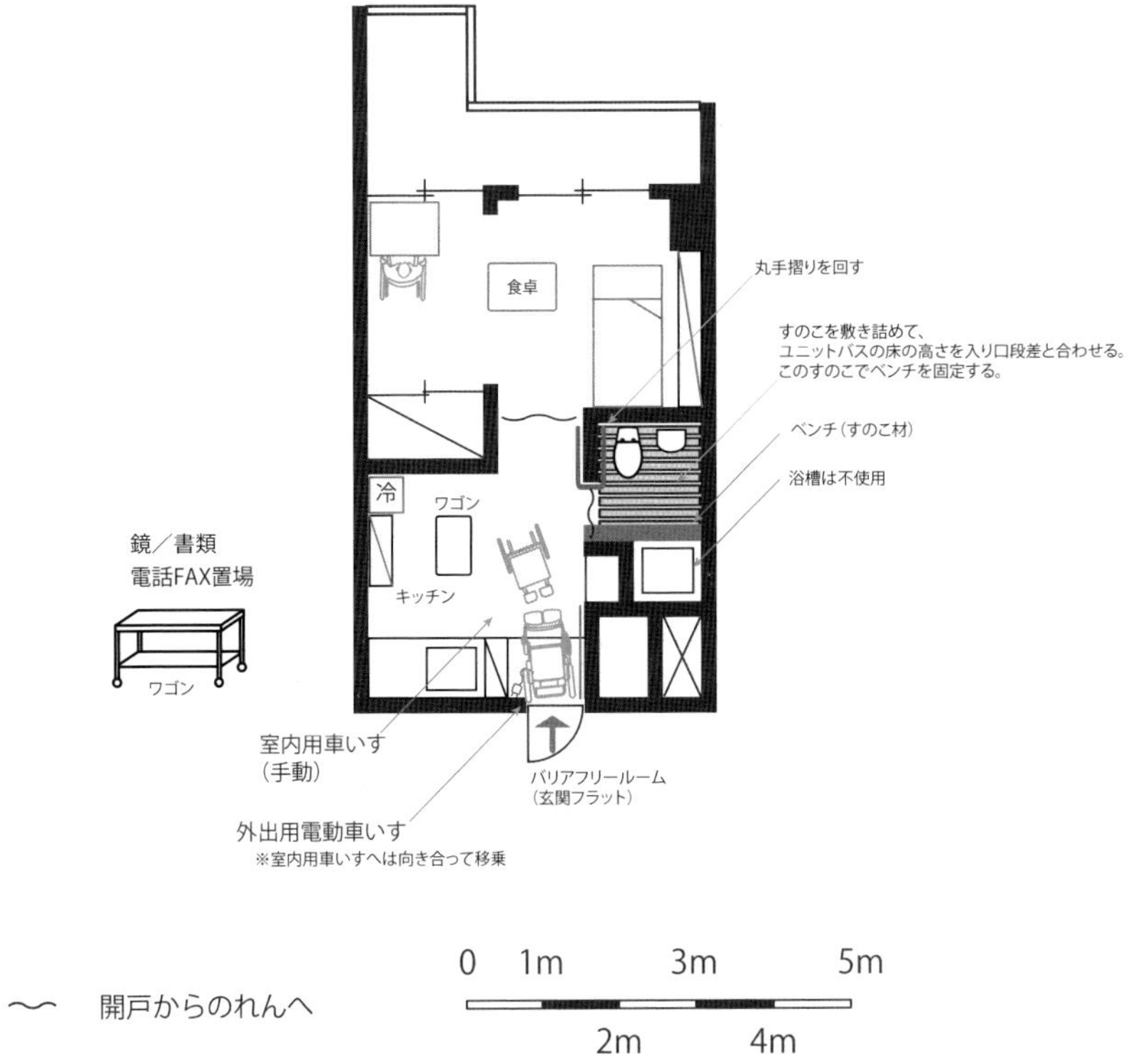

Nマンション
1997年〜2002年まで居住
（大学3年から研修医1年目まで）
先輩の物件探しのノウハウを聞いて自身で探した二度目の一人暮らしの家
不忍池の見える<u>テナントの入る</u>マンション
最初のマンションで、ある程度自分の生活スタイルをつかむ

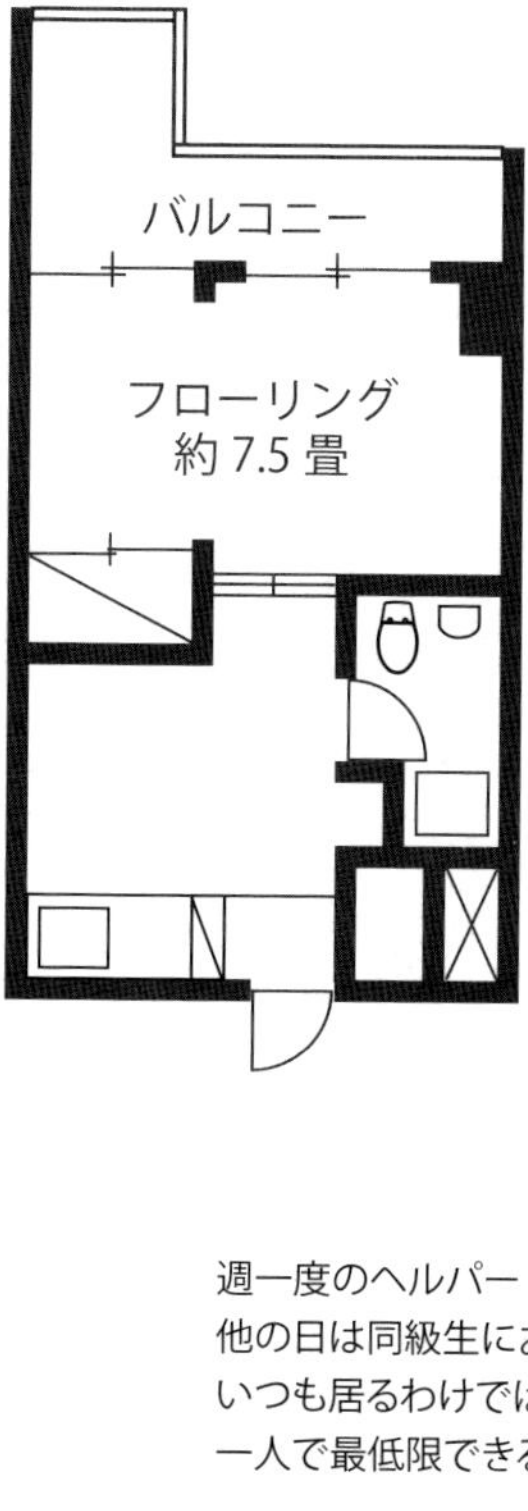

週一度のヘルパー
他の日は同級生にお願いすることもあるが、
いつも居るわけではないので、
一人で最低限できることをしていた

れる。そういうときには、改造はけっこうミニマムで済んでいましたね。浴室にベンチ一個さえあれば済むという感じでした。ところが、だんだん身体のコンディションも変わり、ひとつは、前ほど手が上がらなくなってきたりとか、いちばん大きかったのは、仕事がはじまると、そういった怠惰な生活ができなくなっていったというか（笑）。

太一　時間に余裕がないですよね。

熊谷　そうです。ちゃんと、朝きっちりやる、夜きっちりやる、みたいな一日のスケジュールを予測可能にして生活基盤を整えないと、社会生活ができないらしいということに気付く（笑）。病院の研修時代に気が付きました。あ、これは学生だけに頼っていては、学生は「ごめん」で済んじゃうから（笑）。そうするとお金を払って、きっちりきっちりやらないといけない。そういうなかで、よりいっそう介助者を増やして、責任もってやってくれる人を配置していく生活に変わるとともに、バリアフリーのやり方も、基本自分ではやらない。朝何時間もかけてお風呂に入ることはまずなくなるので、回りが介助しやすいかたちに変化させていく。そういうことでバリアフリーのアレンジも変わっていく。

あと、松戸のときに面白かったのは、最初はヘルパーさんで来てくれていたんですけど、コーラスグループのおじさんおばさんみたいな、趣味でやっている人たちが介助者になってくれて。それがすごい機動力があって、ヘルパー派遣事業者って仕事としてやっているけれど、あいう趣味の仲間みたいな人が介助者登録をわざわざしてくれて、ヘルパー二級をとってくれて、それで入ってくれるとすごくいいんですよね。

菜生　絶対穴は埋めてくれるし。

熊谷　そうですね。あとエクストラというか、臨機応変にカスタマイズしてくれたり。あと急な変更ってやっぱり起きるんですよね。そうすると「ちょっと今日はキャンセルで、三時間後に…」といったときにも、空いてる人、とやるとパッとやってくれたりとか。あの機動性はたぶんふつうの事業者にはないですよね。

菜生　制度が変わって余計できなくなりましたよね。

熊谷　そうですよね。生活はやっぱりアドホック（臨機応変）なものなので、その場その場でどんどん予定が変わるのが生活なんだけど、それがなんというか施設化しているというか管理化しているというような状況ですよね。

編集部　制度的には悪くなったということですね。

熊谷　下手をすると地域包括ケアというのは、地域が施設に変わっちゃうかたちで、場所を変えただけということになりかねない。

太一　それは最悪ですね。

熊谷　場所がどっちか、というのは重要ではなくて、アドホックに対応できるか。事前に決めたことしかできないのか、それともその場であとから対応できるのかという違いが決定的なのに、何だか場所の問題にすりかえられてしまって、合理化をしてしまえば、すぐに施設化してしまうはずなんですよね。無駄をゆるさないから。

太一　だからやっぱり自立ということを、自己決定して自立していくということにもっと光をあてないといけないですよね。

熊谷　自立ってたぶん二種類あって、いい意味でいいかげんな、アドホックに起きる事態に対して、そのつど対処していくというタイプと、それこそリビングウイル（尊厳死遺言）みたいに、自分で決めてその通りに予定を組んで、未来の自分を支配するというか。過去の自分が未来の自分を支配するような自立があります。あれは、昔よりはマシかもしれないけれど、結局は今の制度はそれをうまく活用しながら管理を進めてますので、それにも抵抗しないといけないというか。

編集部　自立を餌に管理されているような。

熊谷　明らかに。それこそ予定表を書かされる

熊谷さんの住宅遍歴　その3

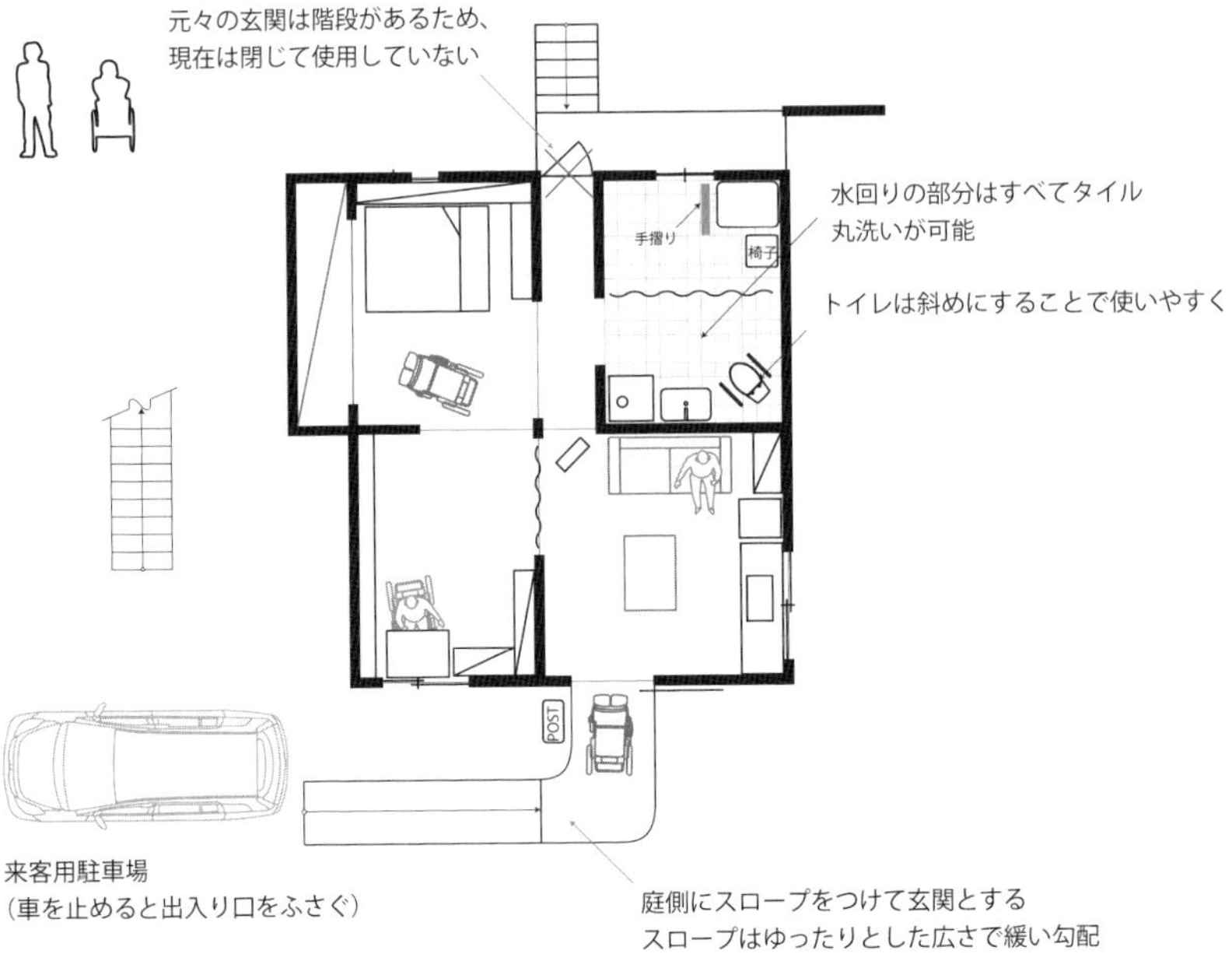

現在の住まい（一人暮らしを始めてから６軒目）
- 自分の生活スタイルをもとに既存の部屋を変更
- 体のコンディションが変わったので
  室内用の車いすに乗り換えることなく、
  土足（外出用車いす）のままで室内へ入るので楽になった
- 玄関、水回りを大きく変更
- 畳をフローリングへ

現在のヘルパー
- 大学サポート４名
- 自宅２名（週二回）
- 平日はパートナーが行う

ヘルパーをいれるということ
- 本人とヘルパーの関係：相補的

それに対して
- 同居家族とヘルパーの関係：相関関係
  →干渉が起きる（動線のバッティングなど）

〜　のれん・カーテン

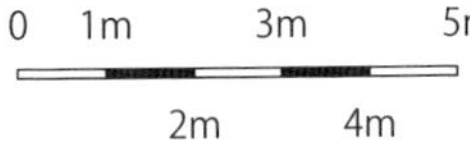

んですよね。何時から何時までトイレとか。あれに抵抗するためにわけのわからないものを書いてますけど（笑）。

太一　その通りにやったことないですよね（笑）。

熊谷　あれはほんとうにグロテスクな、自立による支配っていう。

太一　まさにフーコー的な。

熊谷　そうですよね。過去の自分によって未来の自分を支配する回路を使っているんですよね。リビングウイルも最後の終末期というのは、必ず過去の自分に裏切られる瞬間というか、死ぬ直前というのはこんなに苦しかったのか、と。これは酸素が必要だわ、とか。だけど、過去の自分は酸素を使わないでくれ、と書いてある。でもそれは、酸素が本当に欠乏している状態を知らないからですよね。終末期医療はそれをうまく活用している。

◉身体外協応構造としての住環境

太一　熊谷さんが『リハビリの夜』で言っていたことの中心になっているのが、「身体外協応構造」ということだと思います。そこには、社会、さらに外側と自分がどう関わるかも含まれ、それが空間のかたちに影響してくるということですよね。

熊谷　住環境ということですかね。

太一　人とか、たとえばヘルパーさんが来るようになると水回りをそれに対応させるとか。

熊谷　それはすごく感じますね。それこそ最初の駒場と、松戸のときと、埼玉の毛呂山のときと、湯島のときと、今は高田馬場ですけど、五カ所くらい点々として、そのつど制度も違うし、資源もぜんぜん違ったんですよね。すべてのケースで住環境への対応はアドホックで、あらかじめ計画したことはありません。格別に自分のなかで駒場が大事だったのは、一回最初の住処をつくると、次からはそのイメージがあるので、次の資源と組み合わせてアレンジできるということで、ずいぶんラクになりましたよね。物件を物色するときなんかも、見るポイントがだんだんわかってくる。最初は本当に皆目検討がつかなくて、今から思うとすごく条件の悪い部屋だったんですけど。

編集部　最初の物件は、どう探したのですか？

熊谷　本当に当時はまだ、今もひどいかもしれないですけど、住環境の差別って起こってますよね。

太一　ああ。

熊谷　やっぱりいろいろ差別がなくなってきたとはいえ、住まいと結婚の二つが障害者差別の主戦場だと思うんですけど、住まいというのはけっこう断られることが多くて。

太一　そうなんですよね。

熊谷　今ほど情報がなかったのもあるんですけど、上京したときも、片っ端からあたったけどどこもダメで、賃貸となると。学校の近くというのが理想だったんですが、かなり不動産屋さんががんばってくれて、ようやく見つけた物件だったんです。バリアフリーの観点が強く言えるほど余裕がなかったというか。

菜生　当時バリアフリーの賃貸物件なんてまずなかったですよね。

熊谷　そう思います。

太一　マンションとかも今になってようやく、玄関に段がないとかお風呂はフラットとか、なってきてますけど。

熊谷　そういうことを条件のひとつとして、今は言えるようになっているんですよね。当時は、まず住まわせてもらえるのか、という。

太一　現在は、とりあえずアクセシビリティの面ではかなり改善が見られるけれど、その先の住環境となるとまだまだ。個々の身体のことを考えはじめると、バリアフリーってけっこう際限ないんですよね。熊谷さんも当事者研究の中で言っていましたよね、個々のインペアメント（障害）に合った環境デザインを構想するっていうのがバリアフリーのこれからの展望だ、というのを。これは『自閉症スペクトラムを身体障害の視点からとらえる』[2]という文献のなかで言われていたことなんですけど。これが今まさに、バリアフリーの状況で、それはなぜかというとぼくはやっぱりぼくに合わせた家をつくらないといけなかった。自分の身体に合わせる……とくに住環境、これは基本になるので、それをどういうふうにつくるのかを身体との関係で考えたい。では、熊谷さんとぼくの身体の違いってなんだろうとか、そういうところに興味がいく。

熊谷　そうですよね、そこを緻密に考えることは重要ですよね。

太一　そこでさっきの、熊谷さんとぼくの違いという、ここが重要になってくるぞ、というのがそういう発想から出てくるんですけど、具体的にどういうところが違うのかとつらつら考えていたんですけど。そういう話をしていただけるとありがたいのですが。

2『発達障害の「本当の理解」とは』市川宏伸編著・柘植雅義監所収　二〇一四

熊谷　読んでいただいた文献に関してなんですけど、自閉症スペクトラムにとってバリアフリーな環境ってなんだろうというトピックはわたしのライフワークのひとつです。背景には社会モデルへの文句みたいなものがあって、それは何かというと、社会が悪いんだって言ったそばから、インペアメントを見つめることを忌避している。それはロジカルではないんですよね。さっきも言ったようにインペアメントを正確に把握しなければ、社会のデザインをどう変えていくかを緻密には設計できない。

太一　身体を自覚するということですよね。

熊谷　そうです。だけれど、個人を見つめるというのは医学モデルのトラウマがあるので、やっぱりインペアメント自体を問題として、対象化すること自体を忌避する傾向がどうしてもある。それによる副作用は何かというと、見えにくい障害がよりいっそう見えにくくなる。もちろん見えやすい障害、視覚障害とか、聴覚障害とかはインペアメントがある種自明なので、次のステップにいけるんですよね。ところが自閉症とか精神障害とか、インペアメント自体が非常にわかっていなくて、にもかかわらず社会モデルだけがお題目のように広まっている人たちがいて、その格差というんでしょうかね。社会モデルの枠組みのなかで、見えにくいインペアメントと見えやすいインペアメントの格差が、今ちょっと無視できない範囲まで目立ってきている感じがしている。

太一　さっき言っていた住宅がアクセシブルだったらもうこれでいいでしょ、という話に近い。

熊谷　だからたぶん、もう一度緻密にインペアメントを語る時代がそろそろ来るというか。たぶん掘り起こしてないだけで、案外わかったつもりになっているインペアメントがたくさんあるので、そういう意味では丹羽さんのお話とわたしの話も、なんか身体障害で一緒だよね、と思われがちだけど、緻密にその差異を検討することで社会の提言をよりするどくする、という気がします。

太一　だから、今まで健常者と障害者と二つのグループに大括りしていたものを、どうやってその中味をもっと緻密な差異へと転換するかが重要だと思うんですけど、そのきっかけになればと思っているんですけどね。

その、まず健常者の運動のイメージというのを視覚からとらえて、自分の中に取り入れるというプロセスはぼくはまったくないので。

編集部　健常者の運動とはてどういうことですか？

太一　要するに、リハビリのときに、まず最初に何をお手本にするかって健常者の動きをお手本にする。それは自分ではできないので、視覚的なイメージにとらえなおして、それに身体が合わせていく。

編集部　熊谷さんは、規範的な身体の動きを自分の中に入れるということを、『リハビリの夜』で書かれていましたよね。

熊谷　しかもそれが視覚的に入れられるんですよね。規範が目から入ってくる。それがすごくしんどいというか気持ちいいというか。

太一　ぼくはすでに身体で知っているのでそういうものがないんですけど、見ていることを一緒に今、考えながらやっているゆえに、逆に熊谷さんのほうがなんか身体化されているような気がしたんですよね。その運動イメージというのが。『リハビリの夜』の中で、身体と環境について、現象学的にとらえている部分がすごくあって、建築も、ぼくなんかがもっと考えたいなと思っていることは、そういうアプローチだったりします。身体のイメージのしかたの違いというのはすごく興味があって、でも具体的にどういうふうに違うか、というのはなかなか難しいですよね。

◉二次障害、見えない障害との出会い

熊谷　ひとつはたとえば、こういう補助線を引いてみたらどうかな、と思うのが、わたしにとっての二次障害の経験は、ある意味でわたしにとっての中途障害だったんですよ。三十歳前後に襲ってきたそれはわたしにとっては経験したことのないものだった。中途障害と近い経験だと思っています。それは何かというと、予測の破綻ということ。たとえば右手を上げようと思えばこれくらい上がるとか、腰をひねればこう視界が変わるとか、そういうふうに、こうすればこうなるみたいな、組合せのセットが自分の身体のイメージをつくりあげている。つねに自分の身体を予想しているわけですよね。こう運動指令を出せばこう変化するだろう、といった。それなのに、カフカの『変身』じゃないですけど、ある朝起きたら、予測と違う動作をしはじめた身体がそこにある。わたしはそれを、身体的な痛みとして感じたんですよ。ビリッという感じの衝撃として感じて、稲妻が左半身にぐわっと走るような感覚として、予測と現実がはずれる感じを稲妻のように感じた。そのあと何が起きたかというと、確実性というか、どうなる

んだろうという混沌とした、読めない感じが生活全般を覆っていく。身体の予測が破綻することによって、たとえば昨日と同じように寝返りをうっていいんだろうか、昨日と同じように右足を前に出していいんだろうか、ひいては、昨日と同じように仕事に行っていいんだろうか、昨日と同じように未来を設計していいんだろうか、こういうふうに、ミクロなスケールからマクロなスケールまで、ドミノ倒しのように予測が破綻していく。ドミノの最初の破綻が身体、未来過去全部が半径拡張していって、不確実性の闇が覆うというか。わたしはそのときに、これが当事者研究のスタートラインか、というふうに思った。当事者運動は、じつは予測可能な人がやれていたんだ、社会に対してこういうふうに変えろとか、こういうふうにしろ、って言えるのは、本当に見通しが立っている人ですよね。だけど、あの瞬間わたしは自己決定なんてとてもじゃないけどできない、と思ったんですよね。こんな不確実な状況で自己決定しろと言われたら、究極の選択以外の何ものでもないというか。選択するためには予測がないと何もできなくて、選択肢A、B、Cがあって、Aを選んだときにどういう結果が訪れるかを予測してはじめて、AとBとCの選択肢を比較できるんですよね。だけど予測というものが壊れると、あとはただボタンがあるだけという（笑）。何が起きるかまったくわからないボタンがあるだけ、右足を出すという選択肢自体も、それによって首がもげるのか（笑）、それがわからないっていうことなんですよね。なので、そういう予測が、身体を中心にだんだん同心円上に、過去から未来へ半径が広がっていくという経験をした。それはすごく怖かった。未来が断たれて、過去に覆われるというのかな、過去の記憶だけが想起されるというか。それがどんどん頭の中で膨れ上がっていって、やがては悪夢というか、悪いイメージに編集されてくるようになった。わたしの場合はたとえば、ボディイメージが変わっていったんですよね。身体図式が勝手に変容していって、もちろん怖いからだんだんと身体を動かさなくなっていく。身体を動かさなくなってくると、環境とのループがまわらなくなっていくので、だんだんと、これまでストックしていたイメージが、自己運動というか、奇妙に変形していく。

太一　コントロールできなくなる。

熊谷　そうですね、幻肢痛のような感じ。わたしの場合は左腕がさきイカのように裂ける、という強いイメージがウワーって出てきて、怖いので裂けてないか、見るんですよね。でもまた、夜寝ようとして目を閉じると、怖すぎて寝れないので、パートナーの綾屋さんに、あほらしいかもしれないけれどタオルで縛っておいてくれ、と。皮膚でぎゅって圧迫すると、その圧迫を頼りに裂けないっていう情報が入る。そうすると寝れるんですよね。そういうふうにイメージの自己変容というものが起きて、だんだん悪夢にうなされる状況になっていく。それがわたしの二次障害の経験だったんですよね。そこらへんに何かもし丹羽さんと近いところがあるとしたら。

太一　そうですね、ぼくなんかよりずっと身体を意識しているんだなあ、ということがよくわかる。ぼくの場合は極端だったんで、普通の生活から、本当に何も自分でできない状態になっちゃったので、身体のことを意識するというよりは、まわりのことを意識することが多かったですよね。

編集部　丹羽さんは障害を持ってから身体の変化というのはとくに感じられていない？

太一　なんていうんでしょうね…身体をこうしようとかああしようというのは、あんまり意識したことがなかったというか、もしかしたら職業柄っていうのもあるのかもしれないけれど、まわりをなんとかしていくということのほうが、たぶんメインだった。それはもちろん形だけではなくて、人の関係とか、ヘルパーをどうするとかもあるんですけど。

編集部　今、二次障害というかたちで説明されていましたが、身体の変化というのはそれだけやっぱり、自分の考えも含めて変えてしまうものなんですね。

熊谷　自分はやっぱりはまりこんじゃいましたね。前後にはいろいろな理由があったんだと思うんですけど、たぶん自分にとって大きなライフスタイルの変化をつきつけていたんだと思うんですよね。やっぱり二次障害って、単に身体が破綻したっていうんじゃなくって、今までの予測自体に無理があったことを教えてくれているんですよね。だから、抜本的に見直さなければいけなかった。例えば自分の進路とか、仕事の方向性とか、人間関係の再配置とか、そういうレベルで組み替えのサインだったと思うんですよ。単なる身体の問題と解釈しちゃってるうちは治らない、というのがわたしの経験からの持論で、実際文献なんか読んでみても、そこらへんはすごく重要だと、つまり身体の問題だけに痛みを帰すると、痛みはとれない。今までのことをすごく振り返りました。わたし、痛くてドクターショッピングしたんですよね。それで、三軒の医療機関すべてで同じ説明を受けたんですよ。大したことないよ、と。こんなに痛いのに、大したことないっていうのはどういうことだろうと思って、自分なりに痛みの文献とかを読んでいるうちに、だんだんわかってきて、これはいわゆる慢性疼痛と呼ばれるレベルに入っていて、身体のなかに原因があるんじゃなくて、身体の外に原因があるんだと。どういうことかというと、自分のヒストリーというか、長い歴史の再編集が必要だというサインを。慢性疼痛って、痛みと相関している脳の部分はヒストリーの場所なんですよね。自分の物語の場所なんです。

菜生　その場所を酷使していたとかそういう？

熊谷　たぶん、自分の物語が破綻をきたしつつあるよ、というサイン。

太一　それが痛みになったと。

熊谷　そうですね。身体になにか、痛い場所に何かがあるわけじゃなくて、人生をお知らせしてくれている。それで、だんだんわかってきたタイミングで、主治医の、三軒目のドクターシヨッピングのドクターに、その人はわたしの学生のころを知っているドクターだったので、これまでのことをばーっとしゃべったら、全部聞いてくれて、で「応援してるよ」と言ってくれたら、翌日から痛みがとれた。あっけない(笑)。

太一　だから、身体が変わるとライフスタイルを考えなければいけない。一気に、「ハイ、これで解決！」みたいなことは絶対あり得ない。本当に個々の問題になってくる。ライフスタイルと言ったときに、もちろん社会環境も重要なんですけど、まさに住宅も……

熊谷　まさにライフタイム・デザインですよね。

太一　生活スタイルというか、住環境をまずどうするかというのは、もうだから、単純には考えられないものなんですよね。

編集部　人生の物語の編集につながってくるという。そのことは、障害者だからっていうことでもないですよね。

菜生　ないような気がしてきました。

◉自分の物語の編集

編集部　熊谷さんは、先ほど言っていた、自分の物語の編集をどうされたんですか。

熊谷　わたしが今当事者研究で関心をもっているのはまさにそこなんですが、誰にも言わなかったことを言葉にするところからスタートします。わたしの場合は、医者になってけっこう苦労した。同級生ができることが自分はできなかったりとか、思っていた方向と違う方向に行かざるを得なかったりとか、自分の知らないうちに、そういうエピソードをいっぱいたくわえていたんですよね。でもそういう話ってなかなかできなくって。忙しいのもあるし、医者の愚痴ってだれにも吐けないところもあって。下手にしゃべっても共感されない。結局は医者の当事者研究じゃないけど、自分の先輩の医師に、堰を切ったように思わずワーッとしゃべったら、

「わかるわー」って(笑)。やっぱり当事者同士なわけですよね。当事者同士でなければ、いろんな理由で否認される話を当事者同士で分かち合うと、いやーわかるわというふうに言われて、もう痛みがとれた(笑)。それが、当事者研究でよく起きるんですよね。例えば、患者さんが自分のことをしゃべるときに、聞き手として医療者は不適格なことが多くて、やっぱりまったく同じではないにしても似通った経験の持ち主同士が集まって自分の物語をしゃべると、過去が再編集される。

編集部　当事者が当事者に語る、というところからはじまるのですか?

熊谷　そうですね、やっぱり同じ経験を持っている、統合失調症の人同士とか、発達障害の人同士が語り合うのが最初ですね。そのあと、痛みに対して効果があったり、ぐるぐるした思考とか、物語の再編集と、ひいては理論化とか、未来に向けた予測をつくりあげていく。

編集部　アメリカでは、フェミニズム運動が立ち上がる最初のころ、夜に女性たちが集まってきて、自由気ままに語り合い、何だか意外に共感できることに気がつくということがありましたね。

熊谷　コンシャスネス・レイジングですね。意識化するという。意識の下におりちゃってたものを意識の上に出していく。コンシャスネス・レイジングはそのあと内輪もめみたくなってしまって、フェミニズムの中心ではなくなったんですが。でも、自助グループの伝統の中にそれは引き継がれているというか、むしろ洗練された形で。

◉見える障害と見えない障害

太一　熊谷さんが、だんだん心とか見えない障害研究へと軸足を変えた経緯というのは何か…。

熊谷　心にいったという感じはわたしのなかではあまりなくって、でも、確実に見えにくい障害にはいっていますよね。わたし自身が見えやすい障害と、二次障害みたいに見えにくい障害の両方をもっている。二次障害という経験を通して、見えにくい障害が人ごとではなくなったわけです。

太一　見える、見えないという差異を無視して「障害」という同じ言葉で括っているんですけど、同じ点と違う点とがあると思うんですよね。

熊谷　そうですね。両者の大きな違いは、周囲の圧力のかかり方が真逆である、ということですね。見えやすい障害は排除のほうに働くことが多いというか。見えにくい障害は同化のほうに働くというか。どちらも、等身大の本人を否定している。過剰に違うんだ、というふうに排除されるか、わたしたちと同じようにできるよね、というふうに過剰同化させられるか。どのみち等身大の自分からはずらされている。ですから、カウンター運動も逆向きになる。排除される人は「いやいや、混ぜろ」と。同化させられる人は「いやいや、同じにしてくれるな」と。それを見て、どっちなんだ、という人もいるけれど、どちらも等身大の自分の差異を認めろと言っているわけですよね。

編集部　見え方も違うし、運動の現れ方も違うということですね。

熊谷　そうです。ひとりの人のなかにも、見えにくい部分と見えやすい部分があるので、ひとりのなかに当然、「入れろ」という部分と「違うよ」という部分がせめぎあっている。

編集部　基本的な個々人の差異を認めろというのは、社会は等身大の自分を受けとめろということですよね。

熊谷　そうです。それを承認したうえで、包摂する、インクルーシブな社会をつくろうという方向ですよね。

太一　だからたぶん、先ほどの個々のインペアメントに合った環境デザインというのも、自閉症の研究から出てきた言葉なんだけども、こっち側からも共感できるのは、そういうことなんですよね。どっちみち障害ということを負っている自分がちょっとほかと区別されていることに関しては、共通した認識があるということなんですよね。

そこで、その身体に対応する環境の考え方と、見えない障害といった場合に対応する環境の考え方というのは、共通点みたいなものはありますかね？　もしくは、これが違うとか。つまりぼくらはバリアフリーというのはわかりやすいんだけども、見えない障害に対する環境はどのように考えたらいいのか。

熊谷　具体例で挙げると、例えば自閉症にとってバリアフリーな家はどんな家か、といったことですよね。いま、そういった研究をまさにしているんですけども。聞こえ方が独特であり、音源の位置がわかりずらい、とくに、上下方向がわかりずらい。音源だけではなく、とかく上下方向を見失いやすい。階段を上っているときに、下りていると勘違いしちゃうとか。エレベーターで上下がよくわからないとか。重力に対する上下みたいな表象がちょっと薄い。それで困らなければそれでいいんだけども、上下方向でわからなくなることによって、例えば誰かに呼ばれているんだけども、それが上から呼ばれているのか下から呼ばれているのかわからない。それによってコミュニケーションにワンテンポ乗り遅れるといったことがあったりですとか。あとは、反響音をシャットダウンできないケース。一般的な人は、先行音効果といいまして、壁から戻ってくる音に対してシャットダウンすることができる。最初の音だけを拾って、ちょっと遅れてくる何層かの反響音は無視できる。自閉スペクトラム症の人の中にはそれが無視できない人がいて、全部それが意識にのぼりやすいので、そうすると人並み以上に反響音に対してノイズとして入ってくる。人がたくさん集まったりするとすごく反響音が強く感じられるので、それによって輪に入れなくなったり、しんどくなってしまう。また、音源定位は左右方向にもあって、一対一だとそれが相手だろうということがわかるんだけども、三人四人で喋っていると、まず耳で誰かを判断するんですよね。声質ではなくて、右から聞こえてきたなと思うと、まずこっちを向いて何々さんだ、と。ところが音源定位が苦手だと、一瞬、みんな天の声に聞こえるので、一瞬誰がしゃべったか判断が遅れるので、一瞥して、口が動いている人、みたいにやりがちなので、会話の大縄跳びみたいなものにワンテンポ遅れる。ほかにもたくさんあるんですよね、パーソナルスペースが狭いですとか、運動が自動化しにくいとか、予測誤差に敏感だとか。予想していたものと違う出来事が起こるとわっとなってしまうとか。

菜生　バリアフリーはようやく耳と目、視覚障害と聴覚障害の人にどうやって情報を伝えるかというところまできているのですが、そこですごく抜けているな、と感じるのは、精神障害とかそういったところまで全然いっていない。そういう子たちってたぶん、人が多いところに行くと、よりパニックになって、出かけられる機会も減っていると思うんですけど、それに対する認識がとても低いことって、問題があるんでしょうね。

熊谷　見えにくい障害は非常に多様なので、ガイドラインにのせるほどの共通項を数年で抽出するのが難しいのですが、やらないといけないですよね。

菜生　ほんとに、スパイラルアップといってもやはり物理的な部分での話になってしまうんですよね。このあいだ、新国立競技場のときもそういった話が出て、精神障害を負った子たちのために、個室を用意してほしいと言っていたのですが、本当に採用されるのかどうか。個人の住宅は、それに対応できつつあるんですかね？

熊谷　たぶん、おのおのの家庭がきっと工夫されているはずで、それをどう情報集約して、すでに眠っている人々の知恵みたいなものを可視化するかっていうことがすごく大事です。

菜生　まとめておきたいですよね。

熊谷　研究者主導でやってしまうとずれていくので、すでにあるものからボトムアップに、それこそ当事者研究ですね。当事者が持っている知恵を可視化するところからはじめたほうがいいと思います。

菜生　それが具体的にデザインにどう結びついていくかも重要だと思います。

太一　それこそ、障害といってもとにかくいろいろ、バリアフリーといってもいろいろありますよね。

◉建築と身体性

太一　建築の中でも身体性というのが本来テーマのはずなんですけどね。なかなかテーマにならなくて。

編集部　難しいですよ。哲学にはなったとしても、それを空間にする、ということになった場合。

太一　重要性はみんな気がついている。たとえば磯崎新さんは建築のかたちがテーマなのではなくて、中に入って身体が何を感じるか、心とか内部に建築がどう入り込んでくるかという身体性のほうがこれからは重要だと言っていたりとか。ぼくの先生の石山修武という人も、やっぱり十年くらい前まで「ひろしまハウス」というカンボジアで変わった建築をつくっていたんですけど、そのときのテーマが人間の尊厳ということで、それは大きな歴史の中での人間の尊厳という話だった。それは自分が気分がいいとか快適とか、そういう抽象的なことも含まれますが、もっともっと個々の人間の、それこそ尊厳を考えないといけないよ、と、それがまさに身体性ということとしてテーマになると言っているんですよね。そうは言っても、なかなか形にならない。石山先生は「セルフビルド」をテーマにしていて、自分で自分の空間をつくることを延々やっていたんですよね。そのなかでブリコラージュという言葉が必ず出てくるのですが、それは環境と対話することと同じだと思うんですよね。そういうことが背景として、今ぼくが考える「ライフタイム」という基盤にはあるんだろうなと。個々でどういうふうに住宅を考えるのかということは、建築をつくる側だけの問題ではなくて、そこに住む人がどうやって関わっていくかを考えなくてはいけない。それが近代化が極端な合理化によって捨ててきたものではないか。熊谷さんもポストフォーディズムっていう、問題にするならその辺が共通していると思います。

熊谷　依存症も近代の病というふうによく言われるんですよね。社会学者のギデンズとかベイトソンあたりが、近代が産み落としたネガとしての依存症という病理という。やっぱり自分で自分をコントロールできる、依存しなくても自立できるみたいな、近代のフィクションが破綻をきたした状態というんでしょうかね。そういうふうに考えると、近代の設定を部分的に外すことが回復につながることになるんですよね。

太一　そのことは重要ですよね。

熊谷　近代に回復したのでは意味がなくって。近代的個人にもう一回戻ったのでは、回復とは言わないですよね。

◉理想の住環境

太一　熊谷さんの理想の住環境を教えてください。

熊谷　理想ですか……まとめてしまうとすごく抽象的になってしまうかもしれないですけど、ひとつはやっぱり生活の側面をしっかりと豊かに、冗長にしていく。お風呂とかトイレとか移動とか、そういった生活を構成する家庭的な側面をしなやかにするためにアフォーダンスを冗長に配置していくためのデザインというのがひとつ必要でしょうけれども、何だか住環境のデザインというと、そっちが取りざたされることが多いけれども、もうひとつの広場的部分というか、たとえば駒場の最初の下宿のように、合鍵が八本あるという（笑）、そして人がいついて、対話する。なんとなしに介助者にもなってくれるんだけど、おおむね仲間なんですよね。夜通ししゃべって議論したりする。それはなんだか知らないけどあの下宿が快適だったところもあると思うんですよ。みんながたむろする条件を備えていたというか。わたしに所属するものではなくて、あの場が何だかそういうものになっていっちゃってたというか。なんだか居心地がいいから、みんな集まっていたんですよね。けっこう昔から、わたしという属人的なキャラクターではなく、場がそういうふうになるというか。それはなんでだろうと思ったときに、やっぱり依存先の分散ではないですけど、不特定多数の人がいつも出入りしていたんですね、うちの下宿って。そうすると何かどこか、広場になっていくというか。そうすると物の配置とかが、誰が来ても迎え入れている感じに配置されていて、ぜんぜんこじゃれていないんだけども、でも何か、「居てもいい」感じがただよっているらしい。だから、すごくこじゃれていると怖くて触れないわけですよね。その人の世界観がありそうだ、みたいな感じでくつろげないんだけど、何か雑然とした、公民館みたいな感じというか。

菜生　それは、この人がもともと住んでいたところもまさにそうかもしれないんですよね。一人暮らしをはじめて試行錯誤しているときの生活はまさにそうだったよね。

太一　けっこうみんな、出入りしてたからね。

菜生　先ほど仰っていた、夕食につくったものが朝になるとないとか（笑）。

編集部　本当にね。歳も若いとかね。大学生がボランティアで来てたような環境なので、みんな一緒の仲間みたいな。

熊谷　なるほどなるほど（笑）。

編集部　そういうつながりは、ひとつの敷地にひとつの建物が立って、そこにひとつの家族が住むという、近代家族のような前提がどうも難しくしているんじゃないか。それが人々を生き難くしているという気がしています。今、マンションなんて、共通エントランスはオートロックになっていて、さらに個々の住戸は鉄の扉で、鍵をかけると外と完全に遮断されてしまうわけですよね。それがはたして、プライバシーの尊重ということでばんざいなのか。そうはならない気はしますね。

熊谷　孤独死とかありますしね。

編集部　おせっかいだけど他人が入ってくるような要素がないと、本当はいけないんじゃないかという気がしますね。

熊谷　そう思うんですよね。依存症の施設のレイアウトってすごく面白くて、神聖な部屋はちゃんとあるんですよね。誰でも入れるんだけど、そこに行くときには匿名化するという部屋ですね。みんながミーティングを行う場所なんですよね。食べたり寝たりする場所というのは分かれていて、それぞれにそっち方向で工夫されているというか、全体のデザインとしてはすごく乱雑なイメージなんだけども、どこか居心地がいい。ミーティングがはじまると気持ちも切り替わって、何でも言える感じに変わる。

編集部　そういった点を踏まえ、閉鎖的な住宅の計画の再考が必要というところですね。

（二〇一六・七・五　東京大学熊谷研究室にて）

対談を終えて……障害と健常の境界を考える

わたしは二十五の時に原因不明の病気で頸椎損傷の状態になり、突然車いす生活になった。だからそれまではいわゆる健常者として動き回り、何不自由なく生活していた。それとはまったく異なって、熊谷さんは脳性まひで、幼いころから身体に障害がある状態で生活してきた。

彼が小学生のころまでさせられたという当時のリハビリテーションでは、動きの不自由な自分の身体に対して、健常者の身体イメージを「規範的な体」として、その運動を視覚的に捉え追体験することで、それに近づけることを目指すことを強いられた。つまり健常者の「規範的な体の動かし方」を他者の視覚イメージとして、頭の中で自分本来の運動イメージとは別に組み立てなおすことが必要だった。一旦客観的に分析されるゆえに彼の健常者の身体イメージは極めて理性的に身体化された。それはわたしが習慣的にすでにもっている健常者としての身体イメージとはおそらく違っている。他者の健常者としての身体を、視覚を介してイメージしているので、彼はそれをある種の関係性の身体感覚として捉え、その「(他者由来の)規範と(自身の)身体とのあいだに生じる乖離」を「官能」として感じることができる。わたしにはそれがない。官能は極めて身体的な感覚だ。わたしが習慣的な身体によって獲ている空間を、彼はまったく違ったやり方で、いわばより深く身体化した感覚で、しかも分節化され意識化されたものとして明瞭に獲得しうる。この他者と自分の境界の微妙な揺らぎが、外部との関係のつくり方の違いにも影響している。

彼は現象学的に身体を通して世界とつながるという哲学的思索を、自身のからだを駆使して実践していく。電動車いすという新たな機能の介入を通して身体に「時間の流れ、空間の広がり」を感覚し、あるいは一人暮らしをはじめることでそれまで介助者に隠れて接触のなかった外の世界と直に向き合うことになって、トイレをどのように使いこなすかという問題に直面し、その模索のなかで「トイレとつながる」という「モノとつくりあげる動き」を拓いていくことで、それらの外部と自分の身体との「協応構造」を獲得していく。これらの「身体外協応構造」を自分の運動イメージとして身体化することで、健常者が身体内で解決しうる運動イメージとは別の「オリジナルの運動イメージ」へと身体図式を書き換えていく。同様の協応構造は、人との共同作業においても発生しうる。彼はいわば彼の世界とつながる人称的実存を、その運動し思索する身体を通して実践している。

　この、身体と環境の関係のなかでつくりあげる環境の身体化を、もののかたちとして現すということが実はデザインであり、つまり彼のいう「身体外協応構造」をかたちにすることが、デザインというものの本質である。

　この身体と環境の関係は人称的であるがゆえに、社会においては多様である。しかし人称的であるがゆえに障害の差異のみならず、健常と障害との差異においてもその意味では差異の扱いは同等である。冒頭、「何不自由なく」といったものの、それ自体もじつは健常といわれる身体の中での千差万別を含んでいて、健常者同士にも程度の違いはあれその差異はある。あらゆる個人がその人の環境との独自な関係を持っており、それぞれの身体イメージ、運動イメージ、「協応構造」をもつ。その「規範の多重性」がデザインにおいても重要なのである。それこそがまさに身体空間のデザインである。

　障害はもはや二元的に相対化するものではなく、あらゆる人を含めた個々の問題へと差異化される。その差異の連続性が延長されることでそれが対象となっているカテゴリーが拡張され、その拡張過程で発生する社会性が一般化することで普遍性を帯びる。この多様性を包摂した普遍性が、デザインのとりあえずめざすところになる。身体外協応構造をものの側から誘発することに、果たしてどこまで迫れるのだろうか。それが彼から与えられた課題だ。（TN）

Chapter 03

わたしたちの家づくり作法

01 自分の家を自分で考えるというアイデア

◉セルフビルドの可能性

わたしは大学院を建築家石山修武のもとで過ごし、車いすになってからも長い間研究室で石山さんを見てきた。そのなかで、自分の家を自分で考えるというアイデアを、石山さんの仕事から学んだ。石山さんが、自身の住宅建設活動を通して見出しつつあったセルフビルドの可能性を、表現の問題としても考え始めたのは、ひとつの出会いがあったからである。

伴野一六さんは、車の部品やら渥美半島の浜辺で集めた漂流物やらを散りばめた、灰色の船のようにもみえるコンクリートの家を、自分でこつこつと建てて住んでいた人だ。石山さんの学生へのレクチャーでたびたび紹介されるのだが、マストに見立てた装飾や、剥き出しのコンクリートの壁に無造作に埋め込んだ水槽を窓にしてその中で金魚が泳いでいるスライド写真は、本当に美しい。それは無機質な白いモダンな綺麗さでは決してないが、自由な精神の美しさであった。

石山さんが、師でもあった川合健二[1]さんから教えられたことは、何事からも自由であれ、ということだったという。だから伴野さんのつくるものが、知識も時代も関係なく自由につくる行為そのものが、理想に思われたのではないか。

石山さん初期の作品「幻庵」[2]は、天才エンジニアであった川合健二さんの輪切りのコルゲートパイプ[3]の家をなぞって、建築家として石山流にひとつの答えを出したものだ。これは鍛冶職人及部春雄さんの手を借りて自身が鉄と格闘してつくりあげたものだ。さらに石山設計の「開拓者の家」[4]は、施主である正橋孝一さんが一人で、まさにセルフビルドで建てた、もうひとつのコルゲートの家である。

こうした実作を通して、『秋葉原感覚で住宅を考える』[5]や『笑う住宅』[6]ではセルフビルドの可能性を考えていた。それは自由に自分のつくりたいものをつくる、というだけの意味をもつものではない。

石山さんはそのころ、アメリカ西海岸から住宅一軒分の2×4[7]建材と設備をひとつのコンテナに詰めて輸入して、それで家を建てるD-D方式と名付けた家づくりもやっていた。アメリカ西海岸から東京へのコンテナ輸送費は当時、新潟から東京、あるいは上海、台湾から東京への輸送費よりも断然安く、関税を払っても自分で管理することで材料費がかなり押さえられることに気付いたのだ。初めアメリカのカーペンターを一人連れてきて、日本の大工に教えながらアメリカ流のつくり方で住宅を建ててみて、いく人かの建築家にもそれで実際に建ててもらったりもした。そしてそれは、それまで建設業者のブラックボックスの中に隠れていた流通の部分を、設計の側に引きずり出して明らかにしてみる、ということでもあった。それが、住宅生産の工業化によって実現できるものになっていた。

ところがこれを販売店や工務店に持っていって建物にすると、材料は確かに安く仕入れているはずなのに、でき上がってきたものはさほど安くなっていない。施工の作業代や広告、営業費は相変わらずブラックボックスの中で結局わからないままだった。

1 **川合健二**（かわい・けんじ）一九一三〜一九九六　設備・プラント設計エンジニア。
2 **「幻庵」**　一九七九年　石山修武設計のコルゲートパイプ（註釈4）でできた茶室。
3 **コルゲートパイプ**　主に土木用建材として使われる鉄製の波板を丸めた大型のパイプ状の工業製品。
4 **「開拓者の家」**　一九八六年　石山修武設計のコルゲートパイプ（註釈4）でできた住宅。
5 **『秋葉原感覚で住宅を考える』**　石山修武　一九八四　晶文社。
6 **『笑う住宅』**　石山修武　一九八六　筑摩書房。
7 **2×4**　ツーバイフォー　木造枠組壁構法　フレームに組まれた壁や床で箱をつくる構造の木造建築の構法の一つ。

しかしこれは、人件費広告費なしの施工を自分で管理できれば、安く住宅をつくれる可能性があるということでもある。そしてその究極が、自分で家を建ててしまう、すなわちセルフビルドの可能性につながることになる。

セルフビルドはさまざまに形を変えながら、今も石山修武の建築の主題であり続ける「開放系技術」[8]の重要な軸のひとつとして、研究室の大きなテーマであり続けた。

十年ほど前、研究室に難病で歩行に障害を持つ人の住宅設計依頼があった。石山さんはなぜかすぐに設計に取りかかることはせずに、施主の家族を相手に何度かレクチャーやワークショップのようなことをやった。マザー・テレサの死を待つ人の家や、当時建設していた「ひろしまハウス」にまつわる原爆とポル・ポトの悲劇等を通し、人間の尊厳についてを語りながら、身体の不自由を抱える人が、自らの生き方を考えること、それを具現化するために自分の生活を考え、そのためにどんな住まいを理想とするのかを自分で描くその意義といったものが、自分だけでなく社会にとってどれだけ大きなものかを、探り当てていくようなものであった。

結局その試みは、時間やお金の問題で挫折せざるをえなかったが、それは、今のわたしにも大きな影響を与えた。

自分の家を自分で考えることとは、人間の深いところでも大変重要なことなのだ。とくに身体の必要に迫られて、住む環境に具体的に解決が求められる人が自分の環境を考えることは、その人の生の尊厳につながり、その先にはすべての人の生き方の問題が連続している。

◉住むことは表現

住むということの質は人の生き方の質を支える。すべての人は自分のライフスタイルを持ち、多かれ少なかれそのための住環境を自分でつくっている。それはすでにデザインであり表現である。表現だから自分の住というものを自分で考える自由はすべての人にあたりまえにある。その自由のなかにあるのは家だけではない。誰だって好きな街や住みたい地域がある。住み慣れた場所や懐かしい街並みもある。だから住む場所も自分で選んでいる。それもひっくるめて自分の生活のかたちがつくられる。そして、住むところは必要に応じて時に移り変わっていく。自分の住んできた家やまちを考えてみれば、きっといろいろな積み重ねがある。そうしてだんだんと自分の住み方のかたちもできあがってきたはずだ。ならば自分の住というものをこれからも、節目節目で考えることがあるだろう。それが自分の生というもののかたちをつくりあげていくことにもまっすぐにつながっている。

住むということはだから生涯、考えられ積み重ねられていく。積み重ね方も自分の考え方を映している。そうして家というものはすでにその都度自分で考えてきているし、これからもそうであるだろう。だからまだまだ自分の家は自分で考えていこう。今度はもう少しだけ、自分の個性でもあるライフスタイルに合わせるように、自分のライフタイムを眺めながら。

自分で自分の家を考えることで、自分のライフスタイルをかたちにする。障害なんかあってもなくてもそれは同じこと。ただ、日ごろ家というものに不満を感じる人こそ自分で考える意味はある。それが不自由であればなおさらだ。

自分で考えれば考えた分だけ、自分に合った家ができあがっていくだろう。これから先何かを変える必要があったときにも、自分に合わせたやり方を考え出せるし、例えそれが困ったことであっても

8 **開放系技術** Open Tech 石山修武が唱える、あらゆる人間に身の廻りの環境をつくる可能性があり、住空間には個々の人間主体の空間があるとし、そのための技術のあり方を体系的に目指そうとする、その設計活動での中心理論一つ

解決方法を見つけることができる。できれば先を見ながらそんな変化を織りこんで今を考えておく。それは具体的でなくてもいい。実際に住まいそのものをつくるときは大工さんがいるように、それをかたちにするときには設計者がいる。本当に必要になったときには、自分に合ったデザイナーを探して、考えていることを全部伝えて、話し合いながら設計してもらえばきっとかたちにしてくれる。それで住宅がより面白く、より素晴らしいものになるなら、とことんやってみよう。

◉ライフタイムで家を考える

今ある自分のライフスタイルと、そこからの時間軸で自分の生活を想い描いてみて、それに合わせていける家を考えることが、ライフタイムで家を考えるということだ。自分のライフスタイルであるから、夢を膨らませて自分の面白い方向へどんどん進めばいい。それが実現するように家を選んで、あるいは新築して、もしそれで追いつかないほど膨らんだら、それを考えてくれる専門家にデザインしてもらえばよい。デザインにはそういうもの、なんだかはわからないけれどわからないから余計に面白いもの、をかたちにする楽しみがある。デザインする人だってそれが楽しみでもあるのだ。一方でそういった個々の家づくりの楽しみとは別に、これからはさらにその先、仕事に区切りがついていわゆる第二の人生を考えると同時に、長生きするための自分の住まいの環境まで考える必要がある。もちろん元気なうちは問題などないだろう、その先からだがついていかなくなってきたときに、ではどんな環境がよいだろうか、そこまで考えて家をつくる人はなかなかいないけれど、これからはそんなことも必要になってくる。

一方、社会という枠に拡げて住宅を見てみたときに、このライフタイムという視点がどのように活かされるのか。そうやって見た場合、もっともわかりやすいところでは高齢化という現状、住宅生産の標準化と住宅自身の長寿命化にも関連して、住宅がさまざまな人のさまざまな状態に対応できれば、その価値が社会資本として蓄積されうるという点だろう。もし生産される住宅の標準がアクセシブルで、アジャスタブル、アダプタブルなもの[9]であれば、それを必要とするとくに高齢者が、その必要を満たす家を簡単に見つけることができるようになる。しかも自分に合わせた改装が必要な場合も安価にできるだろう。そういった需要が増加するのであれば、そういった住宅はより多く求められるようになってその使用価値も上がっていく。かなりの調整が必要だったとしても、また最小限の再調整で次の需要にも応えられる。長持ちするけれど高齢になると使えなくなってしまう住宅よりはそんな調整可能なもののほうが、いろいろな人の手を渡り歩いてもより継続して使用ができる。つまり、住宅の使用価値が個人のものとしてだけではなく、不特定の多数を対象にある拡がりをもつことになる。ここでも少しの余裕と準備を考える必要がある。

そこでは家の外と内との関係をいかにつくっておくかということと、そのうえで内の各部屋の機能をどのようにするのかも考慮する必要がある。サービスを受ける部屋も人と接することのできる場所も、家の中では大切になってくる。家の中ではできるだけ暮らしやすくしておきたいし、外出も自由にできるようにしたい。それはどちらも社会、つまり人とのつながりを持ち続けるための機能だ。それはいわば住宅の社会性能とでもいうべきものだ。

高齢社会では高齢者を対象としうる住宅が社会に求められる。それに応えられる住宅は一定の市場をもつ社会的な資本となる。こうした住環境が公的に提供されれば都市基盤としての社会的共通資本にもなりえる。

9 **アクセシブル、アジャスタブル、アダプタブル** accessible, adjustable, adaptable アクセス可能な、調節できる、適応できるさらに、住宅の性能が改善され、とくに構造的に長持ちするようになるとそれだけで社会的な意味合いが変わってくる。これまでは一世代で建て替えていた木造の一軒家も、構法の発展などで長寿命になり、工業化住宅でも百年、二百年使えるものももはや夢物語ではない。これからは、一世代で生活のスタイルが変わったから古いものは潰して新しいものを建てる、ということのほうが非効率ということにもなりかねない。

住宅自身の性能だけではない。四十年前に建てられたニュータウンのマンション群では、当時近代的な住環境にあこがれて入居した多くの若い家族が、その後、親世代の高齢化と子世代の生活スタイルや社会状況の変化による流出によって、さまざまな問題を抱えるようになっている。大規模な集合住宅では簡単に建て替えるというわけにもいかず、建物自身の老朽化と旧い設備の更新も問題に拍車をかける。

つまり、住宅は世代が変わり、状況が変わると大きな社会問題の舞台にもなりえる。ニュータウンなどのある種のコミュニティをかたちづくっている場合は当然かもしれないが、戸建ての住宅もまた高齢化による空き家の増加など、地域の問題に関わってくることがある。社会の変化に対応していくことが、住宅にもたびたび求められるのだ。

社会という枠で考えれば、住宅の価値は本来、とくにその寿命が延びていけば、そこで生活する人たちが使いやすいように手を加え続け、人の手から手へ渡るなかでかたちづくられていくものだ。住む代や人が変わってそのたびに住みやすく改めることで、いつまでも使い続けられてさらに住みやすくなっていく。木造の住宅だってしっかりつくりさえすれば、そうした新陳代謝には向いているはずだ。これからはそんな住宅の考え方もありえるのではないか。

そうした少しの余裕と準備を考えることが社会的に有用であれば、それはより多くの人にそれなりに影響する。ただ、それがまた提供する側の都合で画一化に向かってしまったら、堂々巡りになってしまう。だからこれに関しては、一定の問題に対して必要最低限を考えるだけにしておきたい。

では、少しの余裕と準備を考えることで、誰の希望にも合わせて調整、適応できる家をつくりだす可能性はあるだろうか。少なくとも、困ったときに前向きに住宅を考え直すことができるようにする。それはこれから、これは社会的な要請として、ますます誰にでも必要になるかもしれないからだ。そのうえで、住む人が誰であってもその楽しみや心地よさまでを、そのライフスタイルの変化に合わせて家を考えることで、その人や家族の今の希望やこの先の展望をどこまでかたちにできるのだろうか。歳をとることや子どもの成長は見通すこともできるから、それに備えることはそう難しいことではない。その先だ。それぞれの人が考えうる希望や展望までどこまで具体的に住宅に組み込めるか、その組み込み方を考えるのがわたしたち設計者の役割なのだが、そのときもっとも大切なのは、そのための条件を与えてくれるのはそこに住むあなたたちだということだ。その希望や展望をかたちにするにはできるだけ、それを膨らます必要がある。だから思い切り考えてもらうことがどうしても必要となる。希望や展望をかたちにするには結局、自分の家は自分で考えることが必然なのだ。

その際、先を考えるという点でこの展望というのがこれからはきっと鍵になってくる。現実的な展望はもちろん、もっと自由で希望的なものでも、そこに何らかの意味は必ずある。今こうしてみたい、こんなことを考えているということは、もしすぐにできなくても準備しておくことはできる。しかしそれ以上に、自分たちの可能な生き方を想像して家をつくることができれば、それはいつも、きっととてつもなく新しい。そしてそれは、一人ひとりの生の表現であり尊厳である。少々大袈裟になってしまったけれど、実際はほんの些細な望みをかたちにするだけで十分だ。住宅設計の面白いところはそんなところにあるのだから（TN）。

都市のバリアと社会的障害

都市の中に住むことは、障害者にとっては、交通の便がよくなり、生活や娯楽のための施設が多いことや、就労の機会、職住の近接などで、一般の人より以上に恩恵を受ける。人口が密集していることで間接的に、ヘルパーが必要な場合はその選択肢が多いことや、バリアフリー住宅の選択肢が多いことも利点になるだろう。外に出る機会が増えて、社会参加がしやすい環境は、誰にとっても必要なことである。では、障害者がそこに参加するために必要なことは、それぞれの場面において具体的には何であるか。

障害という場合、そこにはふたつの側面がある。一般に考えられている身体障害というのは、多くは身体の動きや聴覚や視覚に不自由な部分がある、というからだの側の「障がい」のことであるが、その不自由さゆえに生活のいろいろな局面でなにか困ったことがあり、その局面で何らかの工夫をしておけばそれが解消されるのに、工夫がなされないことで生じる「障害」ということが、実はたくさんある。車いすで上り下りできない段差という障害があっても、リフトやランプ（スロープ）があれば車いすのままで段差の上下を往き来することができるようになって、上り下り自体は障害でなくなる。そんな障害を社会的障害と呼んでいて、いわゆるバリアフリーやユニバーサルデザインにおいては、おもにこちらの障害を解消することが目的になっている。

時代が進むにつれ、こうした社会的障害はその理解も広がり、解決のためのいろいろな実践も行われるようになっている。とくにそれは都市において、目に見えるかたちで具体的に現れる。駅にエレベーターやホームドアが増え、バスがノンステップになり、建物の入り口にはスロープが付く。

わたしも初めは大学の近く、ということで都心に住むことになっただけだったが、それは車いすでも生活がしやすいという、自分にとって必要な利便性に気付くと共に、高齢者や障害者が都市の中で生活することそのものにも、社会的障害をなくしていくという点では意味がある、と今では感じる。社会的障害が生じる場面はきっと一様ではない。できるだけ色んな視点でそれを検証することが、生活の環境をより住みやすくすることに役立つこともあるのではないか。実際に、まちへ出ていろいろな場面でいろいろな人の目や手に触れることで、問題意識を持ってもらうような当事者の活動が、いろいろな社会的障害を解決してきた。

都市には物理的な障害が現れやすい。密集した人工の環境に、過剰とも言える大勢の人が集まって日々往ったり来たりしている。都市の環境は、脈絡のない細かな空間のつながりでできている。だから、その接続を往来するのにそれを妨げる障害が生じがちになる。縦に延びる空間のつながりには、垂直な移動が必要になる。

誰でも地下街を歩いていて、やたらと階段の上り下りが多くて疲れることがある。二階や三階や、それ以上上がるのに階段しかないとおっくうになることもあるだろう。そんな些細な不便は、多くの人の日常にも転がっていて、ああ、こうすれば便利なのにと思うようなこともある。この便利の先に、実はバリアフリー/ユニバーサルデザインはある。誰かが便利なことが、それ以上の意味をもつことだってあるのだ。

そして、少し不便が多い人が、こうすれば便利になると考え、それを実現させようとすることで、インクルーシブな社会が形成されていく。

都市のバリアは、さまざまな人が利用することでその問題点が明らかになることがその解決の第一歩であり、その解決方法を考え、実行するというひとつずつの積み重ねが、その都市自体の成熟に関わる。成熟とは、多様性を受けいれる力である。都市は多様性の実験場であり、人は誰でもそこに参加することができる。

家も、本来そういった意味合いでバリアがなくなっていくべきものだ。（TN）

02 実践的ライフタイム・ホームズ　はるひ野の家

「はるひ野の家」の設計依頼者は、三人の娘の子育てが終わり、定年退職を迎える夫とピアノ教室をひらいている妻の夫婦である。

もともとは、四十年ほど前に新潟に赴任していた両親が帰京するのを機に、最寄り駅からバスで十分ほどの郊外の住宅地に二世帯住宅を建てて、夫婦と両親、娘三人との合計七人で住んでいた（**写1**）。父が亡くなり、数年前から母も施設に入所、三人の娘も結婚し、五年ほど前から夫婦二人の生活になっていた。

床下や天井裏など収納場所が多く、また出版社勤務の夫の職業がら書籍も多く所有しており、本棚もいくつも造作されていた。ところどころ妻の描いた絵と家族の写真、花などが飾られ、四十年も経ったと思えないほど、台所も居間もきれいに使われており、二人がこの家を大切にしていたことがうかがえた。しかし、住んでいて少し気になっていたところもあったという。家の東南の方向に一階のピアノ室と二階の居室が張り出していたために、西側の一階のリビングダイニングが日中も少し暗めであった。また古い家ゆえの冬の寒さと夏の暑さも問題であった。坂の途中につくられたこの家は、二階からの見晴らしがよい反面、家の裏側が崖になっているために、南側の庭から北側に風が抜けにくくなっていた。また道路と土地（地盤面）の高さの差が約2mほどあるため、玄関に行くまで十段ほどの階段を上がる必要があり、二階に上がる階段も少し急なつくりになっていた。それでも、敷地と土地の段差のおかげで家の下にガレージがつくれるなど、若いころの夫婦と家族には、この土地と

見晴らしの良い二階からの眺め

壁に掛けられた絵（妻の模写）や
写真、海外のお土産物など

ピアノ室と子供部屋

玄関までの階段

二階への階段

写１　依頼者の引っ越し前の二世帯住宅

それに合わせた家の形状は魅力的であったという。

しかし、親が歳をとったとき、「少し気になっていたこと」はしだいに目に見える問題となり、自分たちの不安にもなった。父は突然の病に倒れ、家に戻ることなく亡くなってしまったが、その後、元気だった母も徐々に身体が弱り、施設への入所を余儀なくされた。母は月に数度帰宅すると、朧気だった表情が以前の母の表情に戻り、二階にある自分の部屋に向かって、弱った足腰を助けるように手すりをしっかりつかんで、階段を必死に上って自分の部屋に行った。二階からの景色を楽しみ、夜は自分の布団で休んだ。だが、しだいに近年の猛暑で二階の部屋が暑くなる時期には、それも見送られるようになっていった。また、狭いトイレの使用は、寄り添う家族にとって一層大変な作業になった。「こうやってあと何度、自分の部屋に行かせてあげられるだろう」と夫婦でよく気にかけていた。さらに、自分たちのどちらかが倒れたとき、この家で介助を受けながら暮らし続けられるのだろうか、という不安が二人の中で生まれた。同時に、母を施設へ入所させることがいかに大変だったか。この先、自分たち団塊世代が高齢者となったとき、母と同じように入所施設を見つけることが実際問題として可能なのだろうか。現実の体験を通して、夫婦はお互いのこれからのことを話した。そして以前購入した土地に、自分たちが年老いても快適な自立した暮らしを自宅でしていくための家をつくりたい、という思いを共有するようになった。そのためのこれからの二人の生活計画を、漠然とではあったが紙に書きだしていった。

このメモは、わたしたちのところへお二人が新築の相談に来られた際に、最初にいただいたものだ。住み手の考えをなるべく多く引き出し、住み手が選べる部分は住み手が選び、つくり手はそれをかたちにする役になると考えて設計を進めるうえで、とても重要な足がかりとなった。

このお話しは、NPO法人「高齢社会のすまいをつくる会」から紹介していただいたものだった。

＜メモ＞

[高齢になっても安心して住み続けられる家をつくりたい]

① 希望事項（ランダムに）
・バリアフリーを基本に
・風呂・トイレ
→ 障害者も利用できるよう介護が可能に（広めの風呂）
・台所の工夫
→ ガスと電気の利用かオール電化か
・暖かい家が基本に
→ 全館暖房か？ ソーラーシステムは？
・玄関・アプローチの工夫
・二階建てでホームエレベーターの設置は
（はじめからか？ 将来への対応準備か？）
・明るい家（日照と風通しへの工夫）
→ 窓の大きさと雨戸は
・グランドピアノあり（リビングあるいは音楽室への対応）
・本が多い（書棚の設置の工夫）
→ リビングの壁面にデスク（パソコン設置）
コーナー設置で？

② 居住予定人数
・当面は夫婦二人（60 代前半）
→ 予想居住年限は 10 ～ 20 年？
・母親（90 歳）が老人ホームに入居している
→ 一時帰宅のおりに宿泊対応を考慮（客室兼用？）
・独立した娘（3 人）が別世帯であり
→ 里帰り（3 ～ 4 人家族）時の宿泊への対応を考慮

ちょうどそのころ、同会においてイギリスのLifetime Homesという住宅設計基準についての勉強会を開いていた。Lifetime Homesは、必要なときに必要な設備を取り付けたり変更したりできるように、住宅の新築時にあらかじめ準備しておくことをいろいろ挙げている設計のガイドラインだ。もちろん、イギリスと日本は生活習慣も環境も違うため、この基準をそのまま日本に持ってくることはできない。イギリスのLifetime Homesをベースに、これまで日本で広まってきたいわゆる「バリアフリー」の考え方と、それに加えてわたしたちが感じてきた「車いすでも生活を行うために必要な事柄」を合わせて、これを日本版として書き換えることにした。[10] わたしたちはこれを、「ライフタイム・デザイン」と呼んでいた。

はるひ野の家で何よりも大切なことは、退職後、今までよりも家で過ごすことが多くなる元気な二人のために、住んでいて生活が楽しくなるような快適な家をつくることである。あらかじめ車いすでも使えるプランとしながらも、そうではない時期においては不要な設備は最小限にして、必要なときに最大限に機能を追加できることが重要であると考えた。ライフタイム・デザインの考え方を踏まえて、それをどのようにデザインできるかということを考えて、進めていくことにした。

新しい土地は今より少し郊外になるが、最寄り駅から徒歩七，八分、スーパーまでは四，五分の新興住宅地にあって、近隣は若い家族が多い、これからのまちだ。前面・後面共に6m道路に挟まれ、前面の南側には正面に向かってくる道路も走っている。区画整理されており、見晴らしと風通しのよい立地で、道路から土地が80㎝ほど上がっている。

退職後は、それまでよりも夫婦二人で家で過ごすことが多くなることを考えて、見晴らしのよい二階を日常生活を送る主な生活スペースとし、一階はおもにゲストルームとしつつ、ピアノ教室にすることも考えて外の人も直接出入りしやすくすることにした。これをベースに、高齢になって、車いすを使うようになったり、介助が必要になっても、住み続けられる家を考えることになる。

◉ライフタイム・デザインの家　三つの主題

わたしたちが考える「ライフタイム・デザインの家」には、大まかには三つの主題がある。第一は「生活を続けるために必要な基本的な部屋とその配置について」、第二は「生活環境について」、第三は「各部屋と要素について」である。

①生活を続けるために必要な基本的な部屋とその配置について

第一の「生活を続けるために必要な基本的な部屋とその配置」では、高齢になった場合の、自宅で自立した生活を続けるために必要な部屋の配置や、ヘルパーを入れる際にも対応できる複数の動線を考えた部屋の配置などを、計画段階から考えておくことが重要である。

まず、歳をとると問題になることの多い寝室の位置づけを考える。一日をそこで過ごすか、できるだけ昼の間は別室に出るかなどで配置が変わる。寝室だけではもちろん生活はできないので、それまでと変わらない生活を続けるにはその他にも、家族と一緒に食事をとるためのリビング・ダイニングや、食事の用意をする台所、毎日使うトイレ・洗面所・脱衣室・浴室など、すべての使いやすさが必要になる。外に出られるようにするために玄関も使えなくてはならない。生活に必要となる部屋は個人個人で差があるにしても、そのすべてができれば同じ階にあるとよい。人によっては、家族がいるので食事をつくる必要はなく、また食事も寝室でとればよいと考える場合は、玄関・寝室・トイレ・

10 NPO法人高齢社会の住まいをつくる会では、「新・バリアフリー15ヶ条」として小冊子を発行している

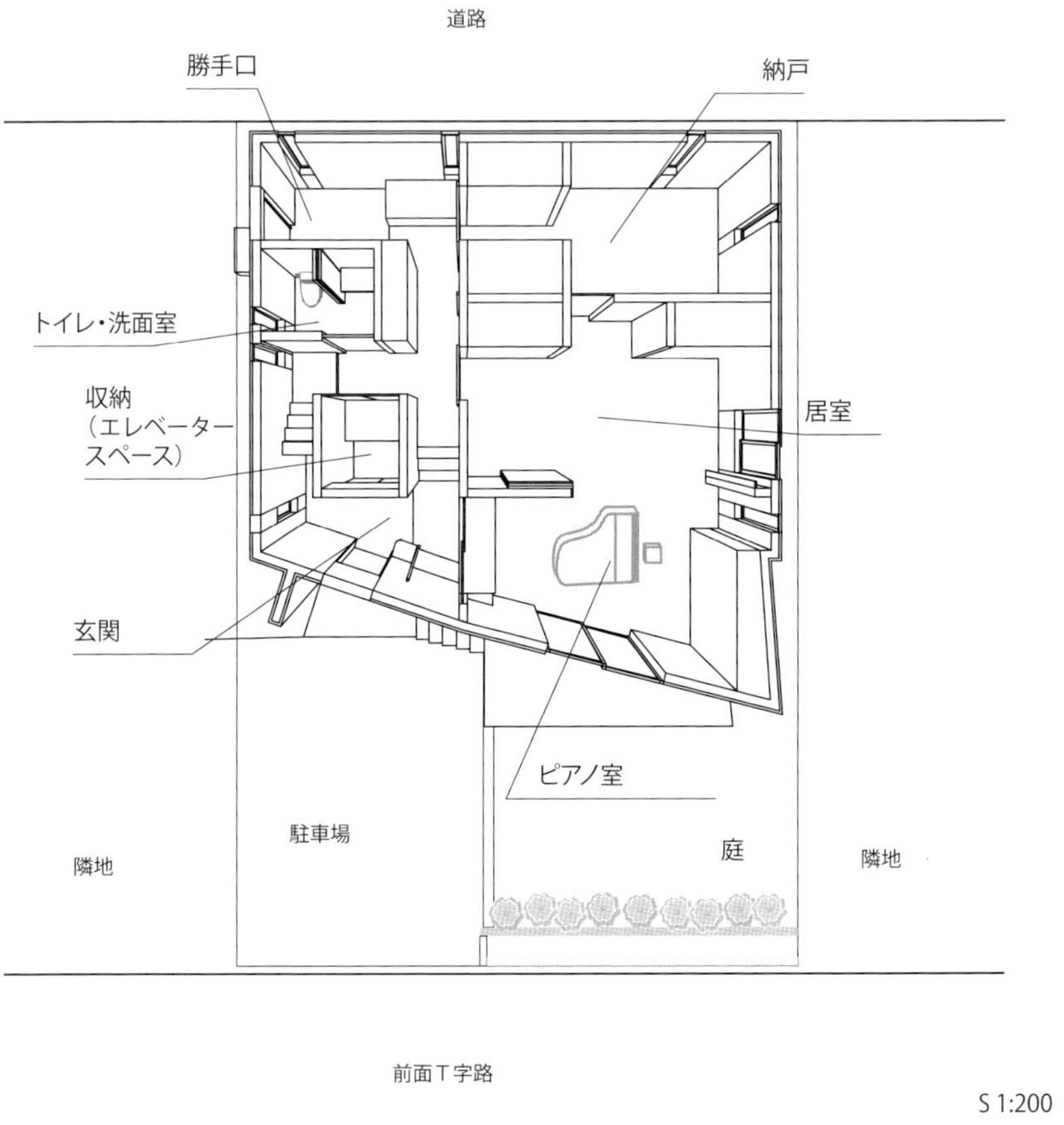
道路
勝手口
納戸
トイレ・洗面室
収納
(エレベーター
スペース)
居室
玄関
ピアノ室
駐車場
庭
隣地
隣地
前面T字路
S 1:200

はるひ野のプラン　1階

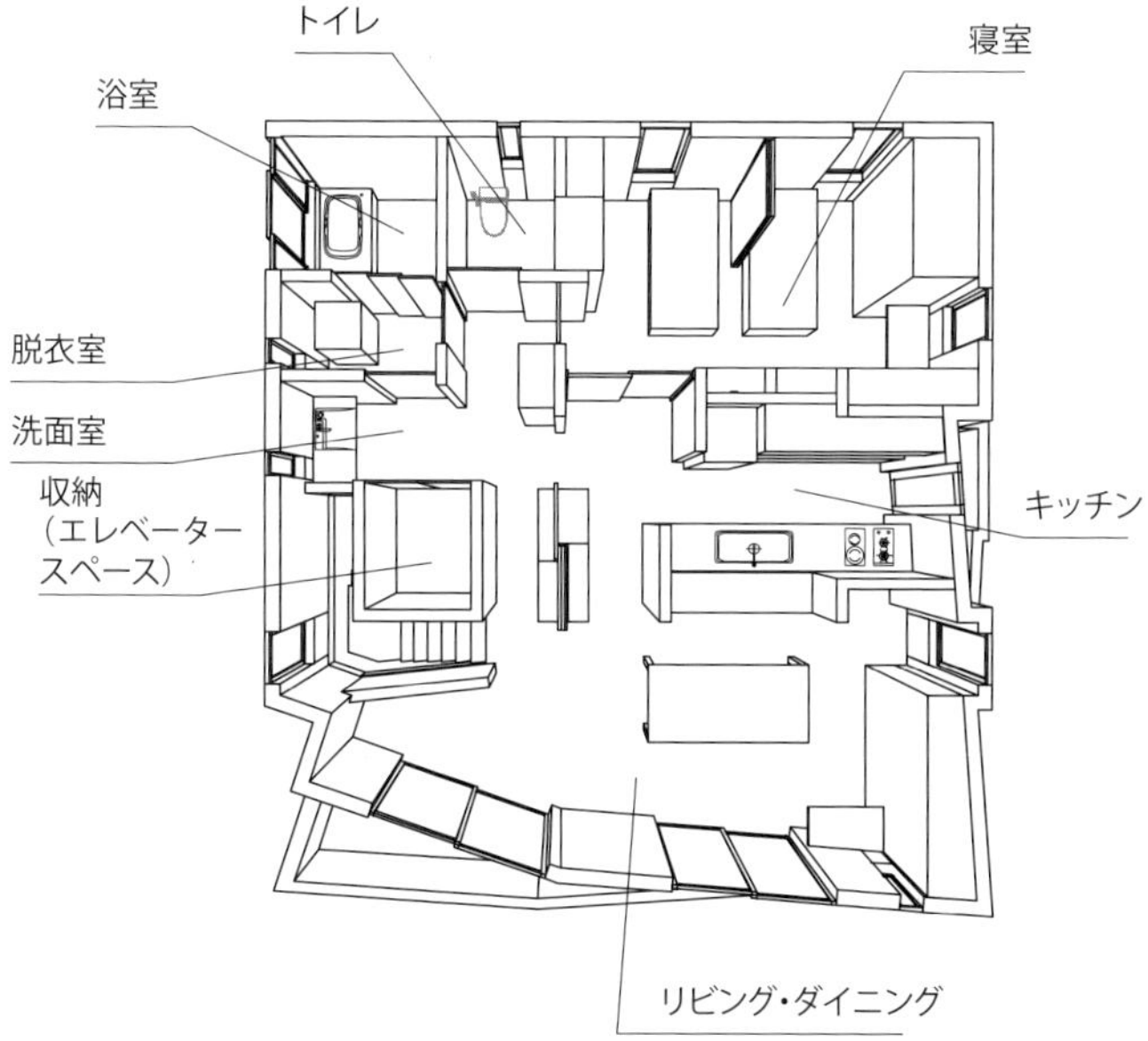

はるひ野のプラン　2階

洗面所・脱衣室・浴室が生活を続けるために必要な部屋になる。ただし、生活に必要な部屋を初めから必ず同じ階にもってこられるとは限らない。二階にある寝室をあとで一階にもってこられるような計画であったり、もしくはエレベーターを設置できるようなスペースをあらかじめ考えておく計画でもよい。エレベーターの設置に関してはスペースだけの問題だけではなく、梁など構造にも関わってくるので、あらかじめ考えておくことが重要になる（**図1**）。

ここでは、一日の大半を過ごすであろうリビング・ダイニングを二階に持ってくるのに合わせて、台所も二階にする。寝室・トイレ・浴室・洗面所などは一階に持って行くことも考えられたが、万が一車いすを使うことになった場合、同一階にあったほうがスムーズな生活ができるため、リビング・

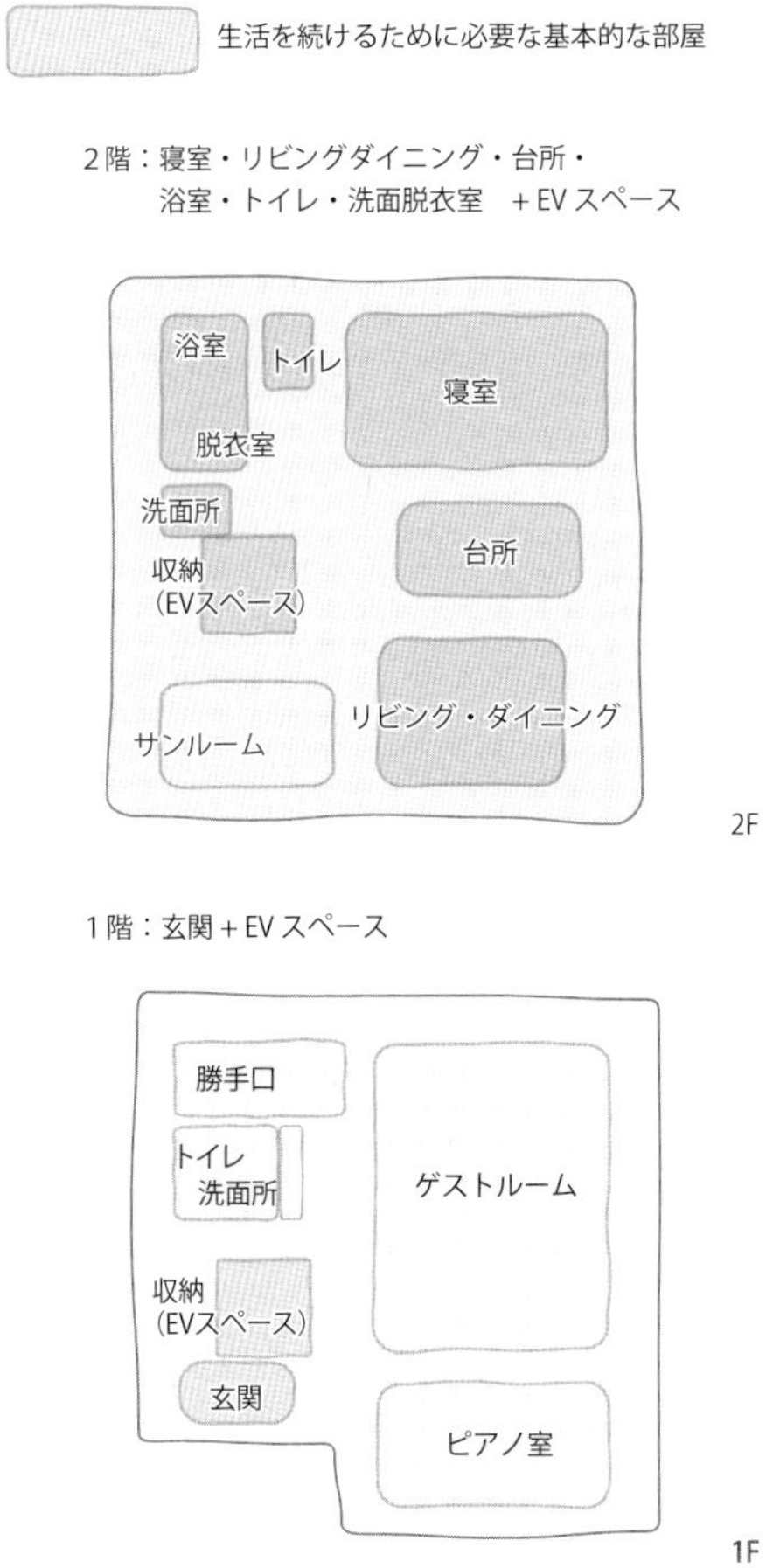

図１　生活を続けるために必要な基本的な部屋の配置

ダイニングと同じ二階にすることにした。ただし、生活スペースを二階にすると、一階の玄関とは同一階にならない。お二人は普段から意識して歩いたり、休日ごとに山登りに行くなど、健康を考えて積極的に身体を動かすアクティブな夫婦だ。これからもできる限り階段を使うであろう。最初からエレベーターの設置をする必要はないが、いずれ設置できるように考えてスペースを取っておくことにする。土地が80cmほど上がっている段差もエレベーターを設置することで解消できる（**図2**）。

ただ単にエレベーターを設置できればよいというだけでなく、エレベーターを設置した後の動線も

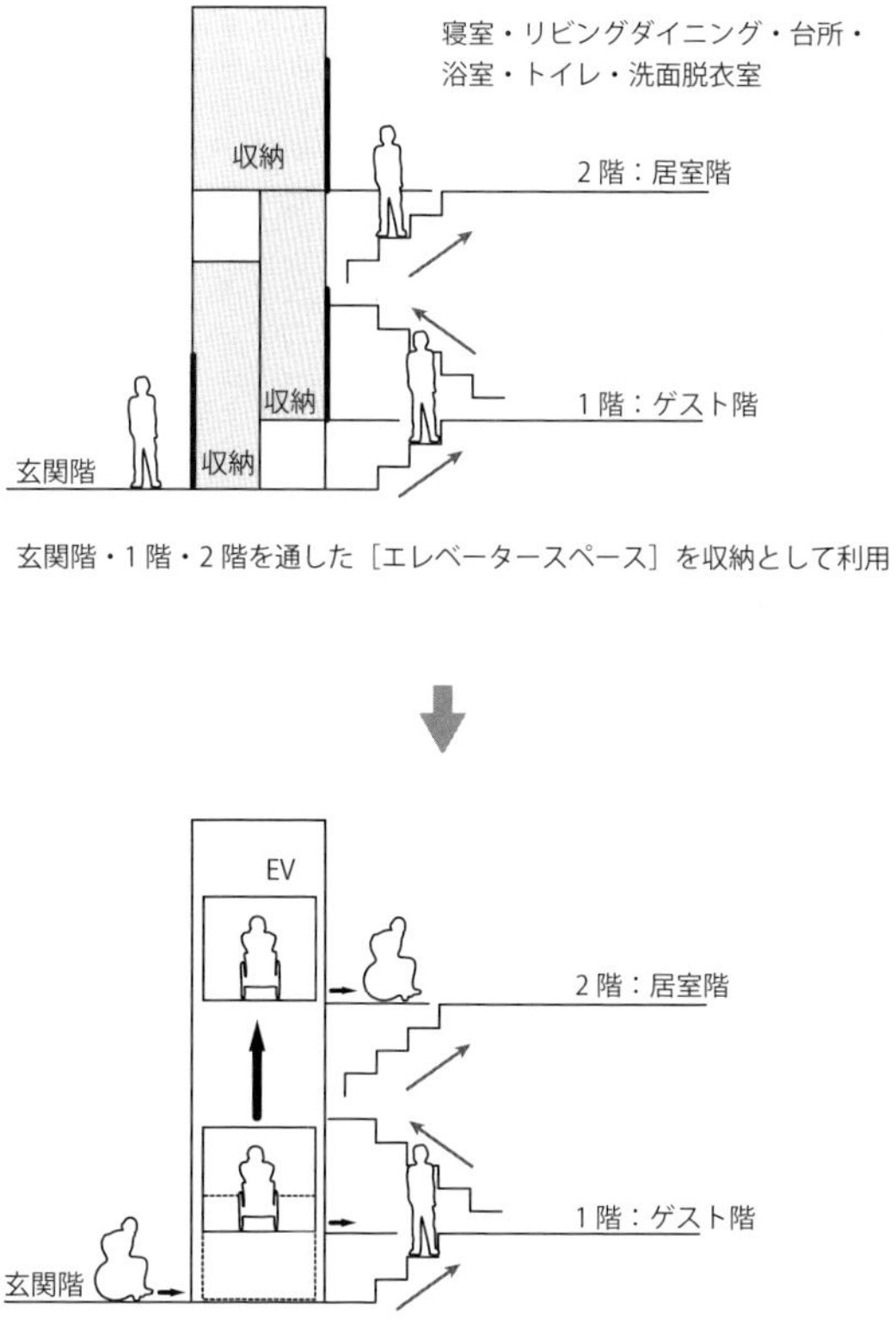

玄関階・1階・2階を通した［エレベータースペース］を収納として利用

必要になったら［エレベータースペース］にエレベータ-を設置

図2　生活を続けるために必要な基本的な部屋のつなぎ方

最初から考えておくことが必要である。併せて、ヘルパーなどを入れる生活も考えてみる。ヘルパーについてはこれからは高齢者の必須事項として捉えたほうがよい。本人だけでなく家族の精神的な負担を減らすことも大切なことであるから、その動線は、同居する人もストレスを感じることなく生活し続けられるように計画しておく。

ここでは、ヘルパーの動線が、同居家族がくつろぐスペースを横切ることなく、その手前を通って顔を見せながらも寝室まで直接行けるような配置に計画した（**図3**）。

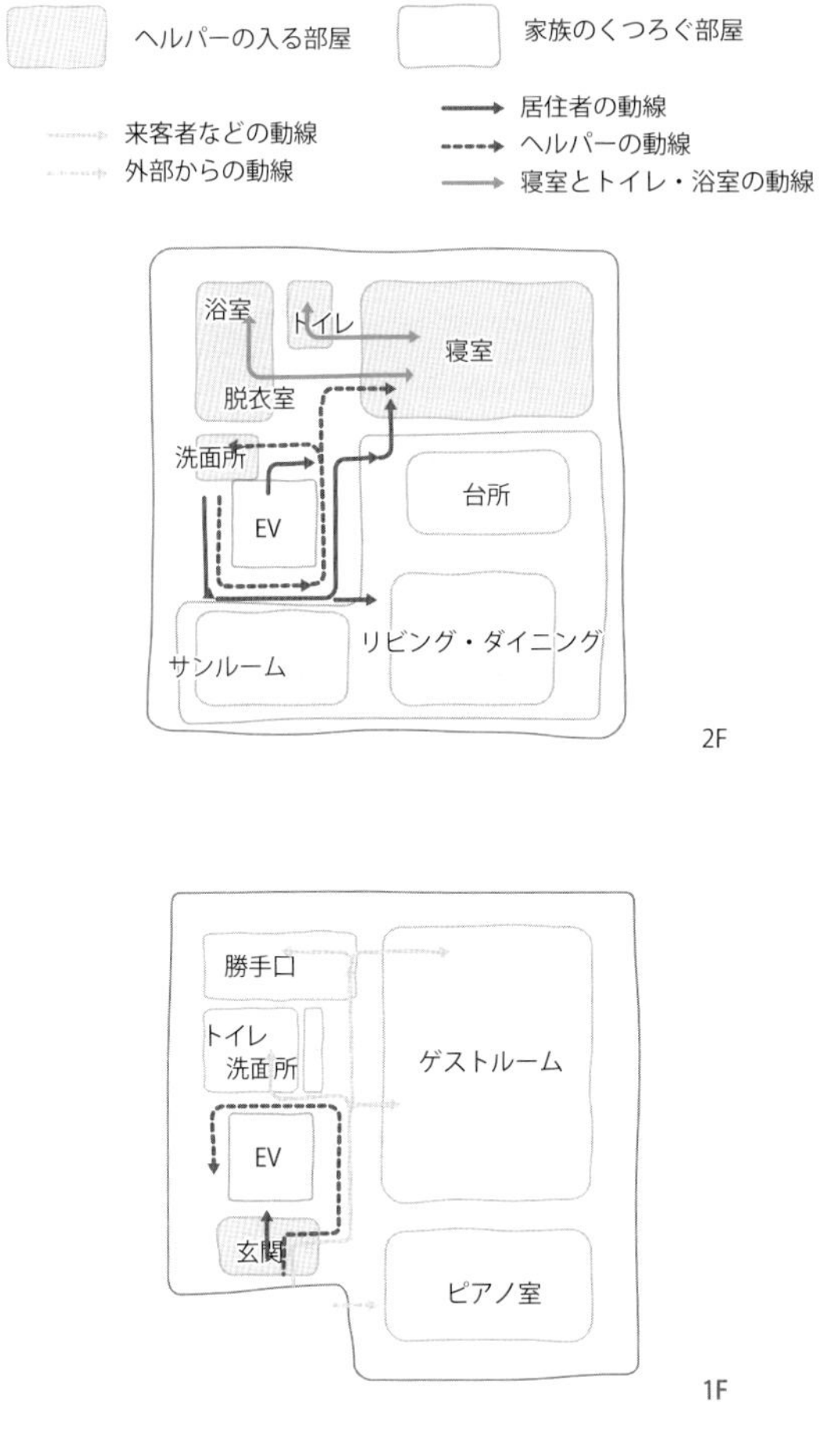

図３　居住者の動線と社会サービスの動線

高齢になったときには、寝室とトイレは近くにあるように考えておくとよい。将来、収納をトイレにリフォームできるような配置を計画しておくのでもよい。トイレは、自宅で生活を続けていくうえで大きな課題になるからだ。

ここでは、ベッドサイドの棚を挟んでトイレを配置した。棚を取りはずすことで直通にもなり、ベッドサイドにトイレが必要になったときに対応ができるようになっている。最初からあまり近すぎると、他の家族のトイレ使用時の音などが気になるであろうことを配慮した（**図4**）。

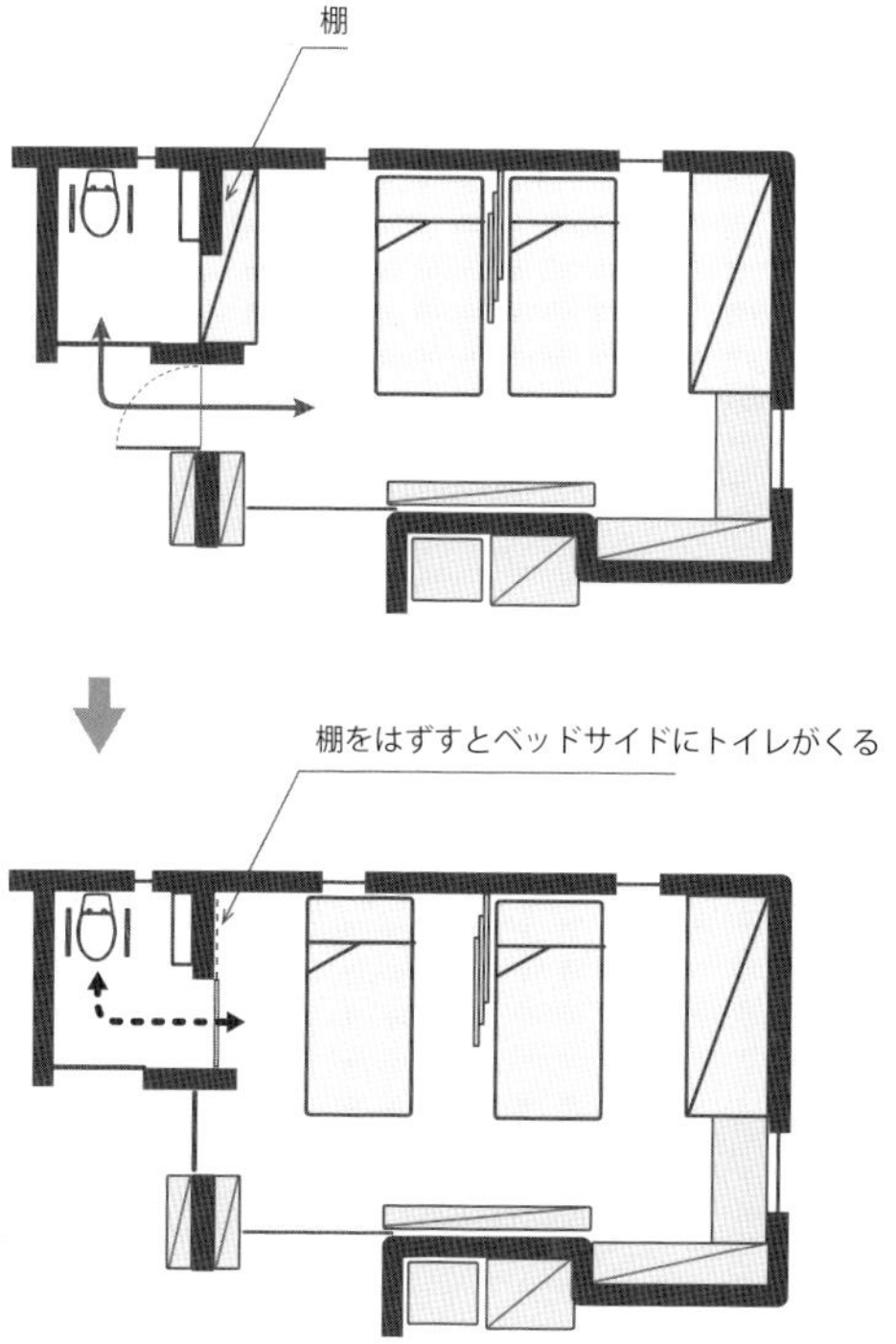

図４　寝室とトイレの関係

②生活環境について

第二の「生活環境について」では、部屋の明るさや風通し、温熱環境など環境一般に関する計画について考えることが重要である。

年齢を重ねると、視力だけでなく明るさの感じ方も弱くなる。いくつかの照明で必要な明るさに調節できると安心だが、照明だけに頼るのではなく、家の中で過ごす時間が増えたときのことも考えて、自然光を取り入れることも重要である。

ここでは、生活スペースを二階に持っていくことで、見晴らしと昼間の明るさは十分確保できた。前面道路にぶつかるように延びる道路からの直接の視線も気にならずに、ひらけた空を見ながらの生活スペースをつくれる（**図5**）。

風通しについても十分な配慮をする必要がある。気密性の高い住宅では冷暖房に頼りがちだが、自然の風を室内に取り入れ、温度や湿度を調整して快適に暮らす工夫も大切である。そのためには、間取りを決める段階から窓の大きさや方位などを考慮しておく必要がある。家全体の風の流れを考えて、空気が溜まる箇所ができないように、そし

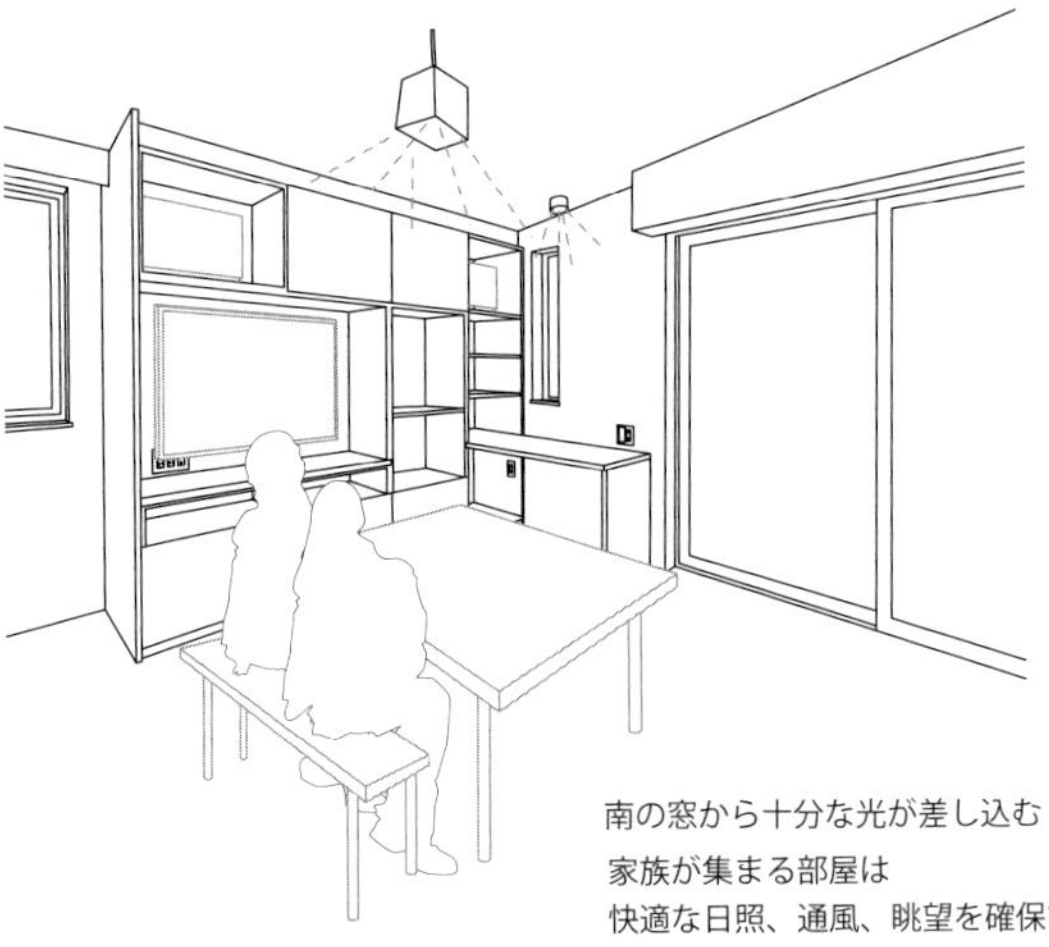

南の窓から十分な光が差し込む
家族が集まる部屋は
快適な日照、通風、眺望を確保する

図5　リビングダイニングの採光

実践的ライフタイム・ホームズ　はるひ野の家

2階リビング・ダイニング

キッチンからリビングが見える

1 階ピアノ室・客室

階段室が 2 階洗面所へ吹き抜けになっている

玄関吹き抜けにある階段

ピアノが二台おかれたピアノ室

て暑い空気が上部に留まらないように換気窓を設け、また、煙や臭いがこもらないような、空気の流れを考えた室内環境にすることでも快適に過ごせるようにする。ヒートショック[11]を防ぐために、冬の各部屋の温度差をなくすことも重要である。

ここは、今まで住んでいた場所よりも冬の寒さがきつくなる。一階に蓄熱式の床暖房を設置することで、家全体の温度を一定にするようにした（**図6**）。

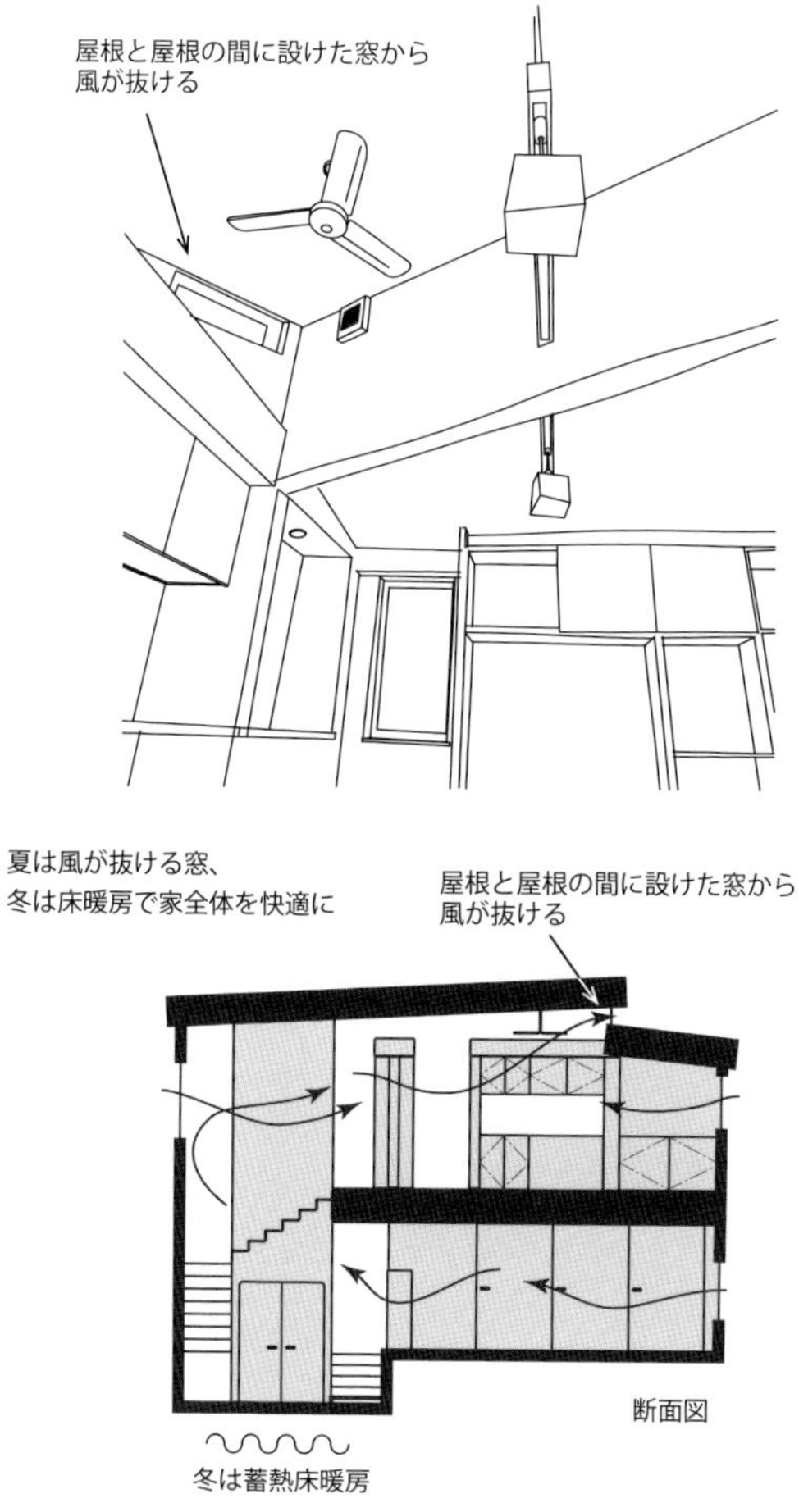

図6　風が抜ける窓

11 **ヒートショック**　冬の入浴時など、急な温度変化で血圧が急に上がったり下がったり何回も変動することで心臓に負担をかけ、心筋梗塞や脳卒中になることがある

③各部屋と要素について

第三の「各部屋と要素」は、いわゆる「バリアフリー住宅」で扱われてきた内容と重なる部分は多いが、初めから完璧にするのではなく、必要になったときに対応できるようにしておくことと、そのときには介助されやすい空間であること、外を感じられ、また外との繋がりも持てる家にすることが重要なことになる。

●アプローチと玄関

二階建て三階建てで、いずれエレベーターを設置して車いすのルートを解決することも考えた場合などは、道路からエレベーターまで段差がなく、車いすなども無理な回転をせずに使えるように計画しておくことも大切である。

アプローチはあまりに急な勾配になるときはむしろ緩やかな階段状にしたほうが、車いすを使うときにも介助が必要だが使いやすい場合もあるので、ケースバイケースで考えることも必要だ。

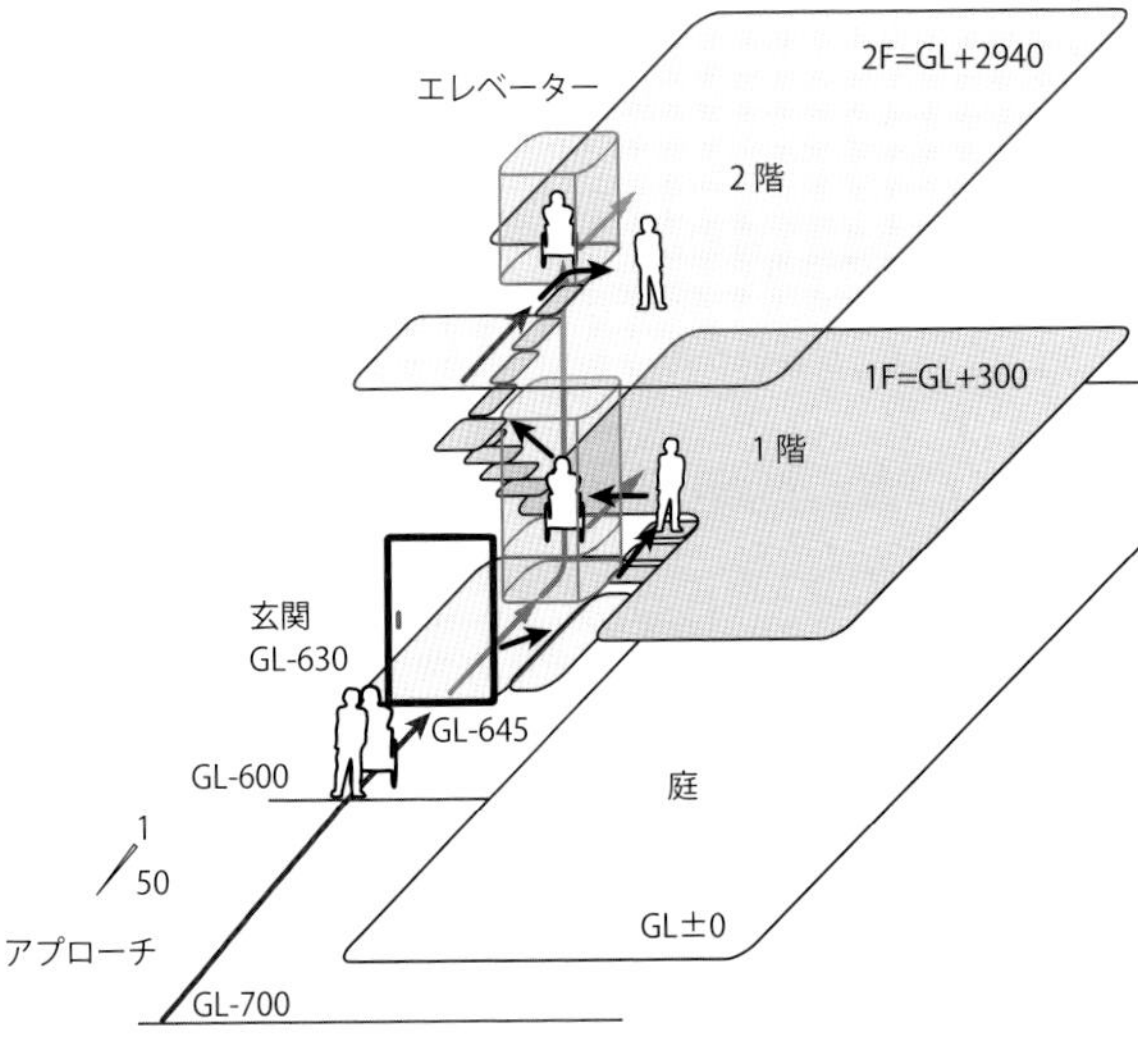

図7　各階高さとエレベーターの関係

ここでは、道路面から玄関まではステップなしで、玄関から一階までは、エレベーターを使わない場合は数段の階段で上がることにした。それにより、道路から玄関までは傾斜50分の1程度にすることができた（**図7**）。

車いすを車の横につけて乗降することも考えて、駐車場の幅も十分取っておくようにする。十分な広さの駐車場が取れない場合は、道路から直接乗り降りできる場所をあらかじめ考えておくことでも対応できる（**図8**）。

玄関前は雨を防げるような庇があるとよい（**図9**）。ここでは、二階のバルコニーの出を庇と兼ね

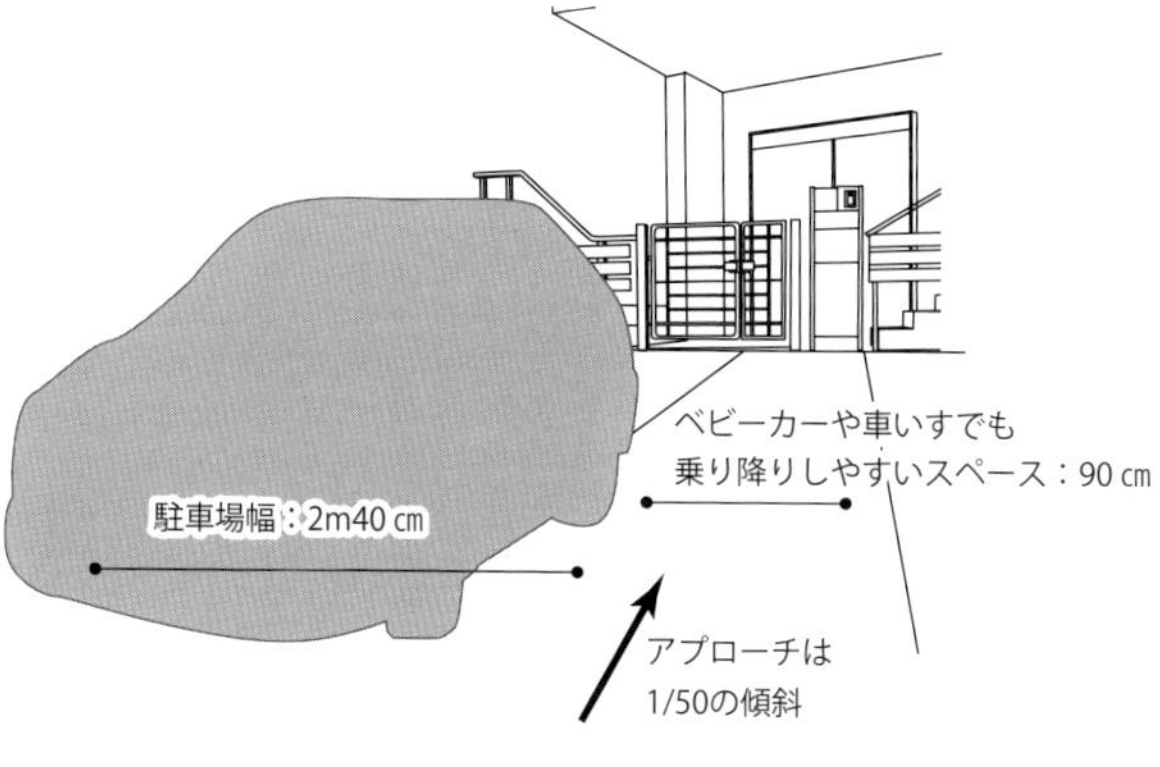

図８　玄関へのアプローチと駐車場の幅

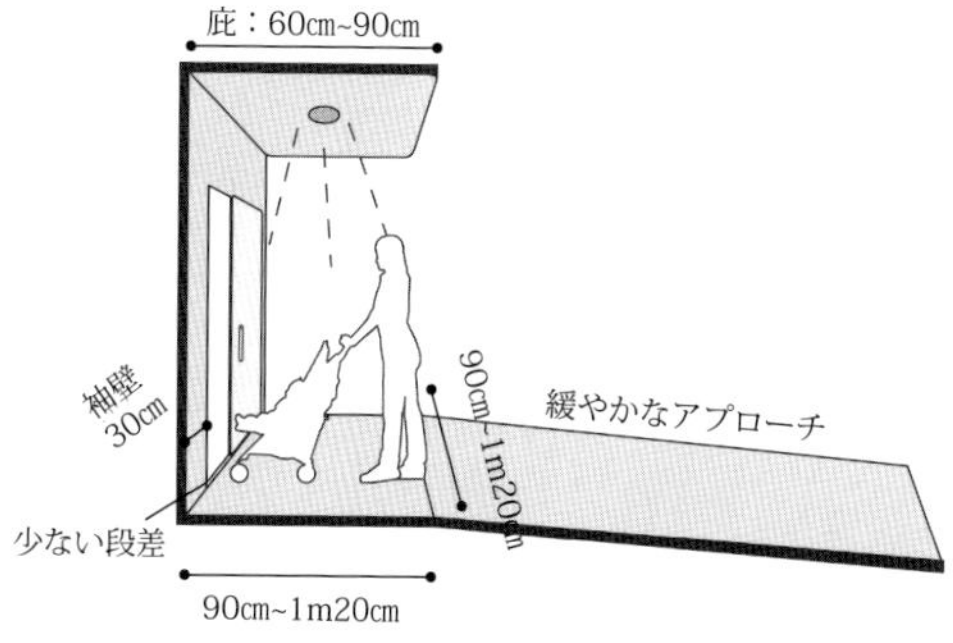

図９　玄関前のスペース

た。車いすやベビーカーが止まっていられるようなスペースを取り、十分な明るさの照明を付けてある。

玄関の上がり框は、2cm程度であれば車いすでも無理なく入れる。高くても10cm程度ならば、脚が上がりづらくなっても上がれる高さになる。どうしても上がり框が18cm以上になってしまう場合は、必要になったときに中段の台を設けられるようにしておくとよい。玄関を広めにとっておくと、車いすやベビーカーなどを置いておく場所にすることもできる。

ここでは、後でエレベーターを付けることができるので車いすで上がることは考えず、10cmの上がり框としている。当初エレベーターは必要ではないので、収納としてエレベーターのためのスペースだけを確保しておく（**図10**）。

玄関横には、靴の脱ぎ履きを補助する椅子と手すりを設けられるようにしておくと安心である。ここでは天井まで繋がる縦の手すりと、手すりを兼ねた棚に続く椅子をデザインした。

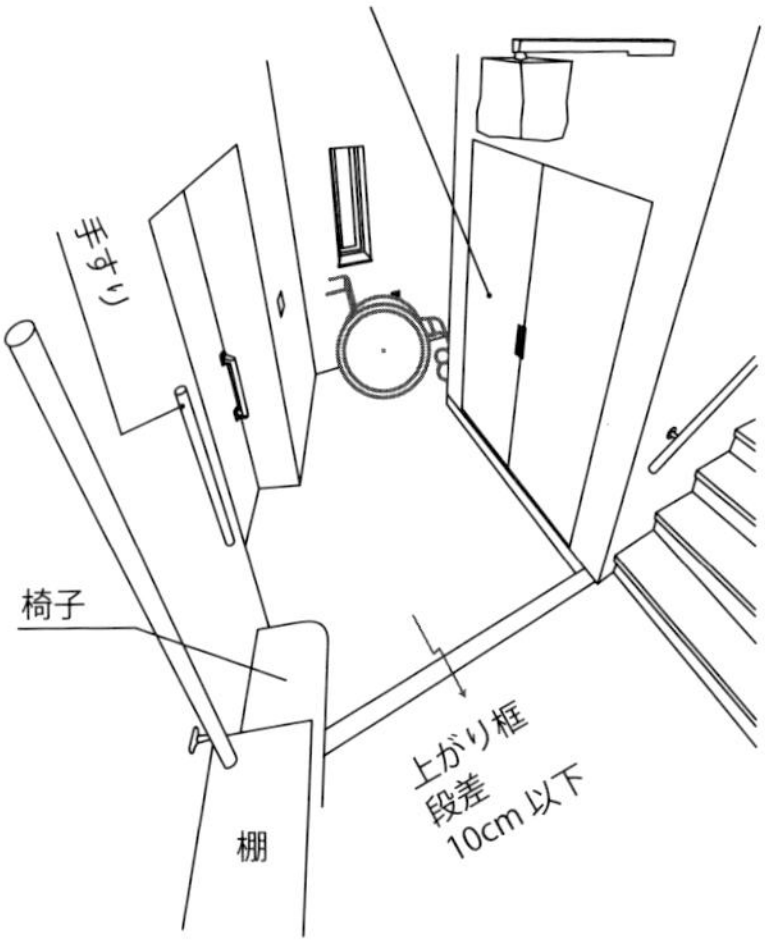

車いすや自転車も置ける広めの玄関

図10　玄関スペース

●廊下・階段と車いすの回転スペース

車いすでも通れる廊下と扉の幅にするために、部屋の扉の幅は廊下の幅と併せて考える必要がある。そうすることで、それぞれの箇所で車いすでも回転できる扉の幅になるようにする。

一般的な日本の家の廊下の幅は76cm程度だが、ここでは有効幅を90cm程度とした。リビングやダイニングなど日常使うことが多い場所では、車いすの回転スペースとして、直径1m50cmもしくは1m70cm×1m40cmの楕円のスペースが取れるように考えてある（**図11**）。

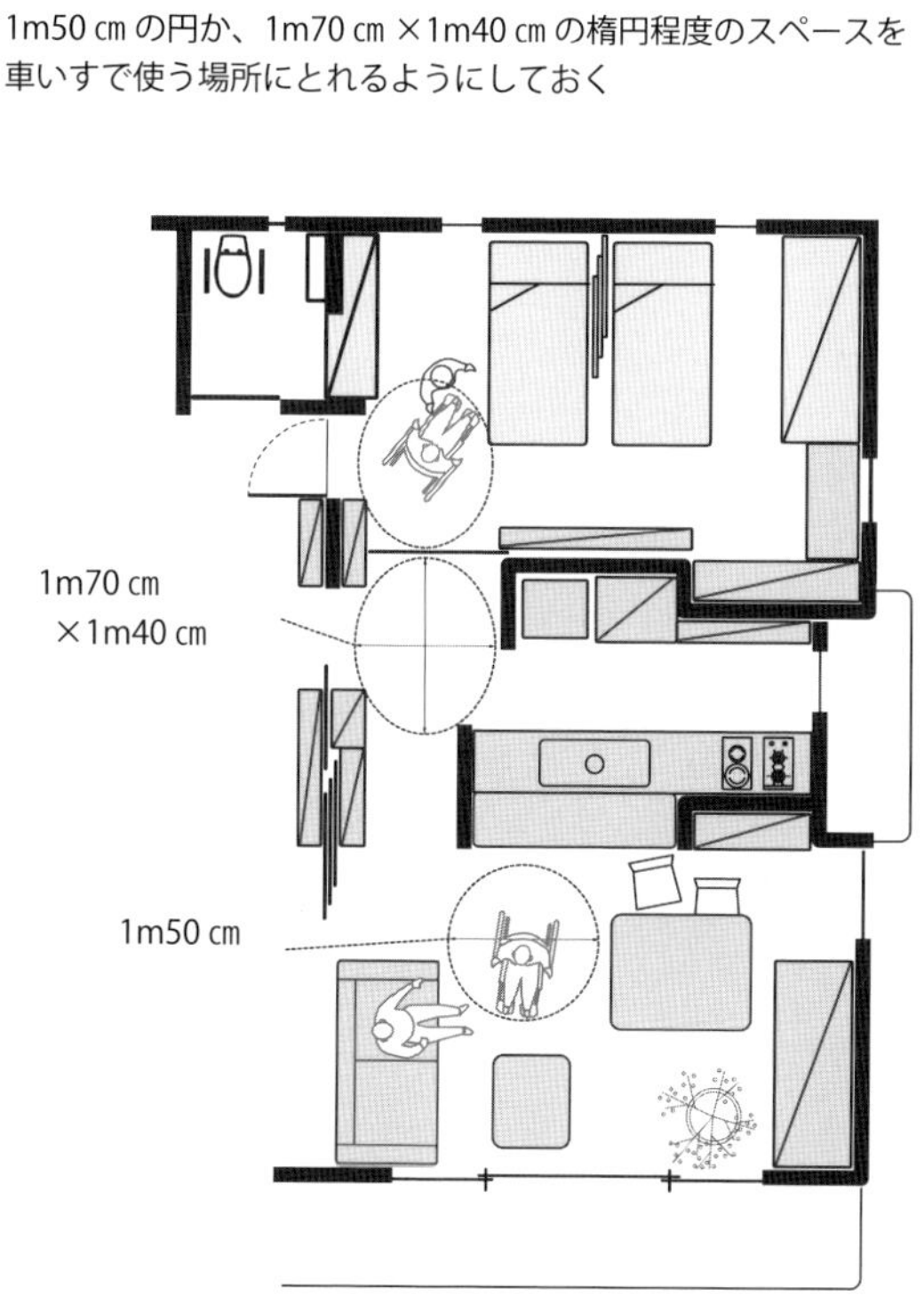

1m50 cmの円か、1m70 cm ×1m40 cmの楕円程度のスペースを
車いすで使う場所にとれるようにしておく

図11　車いすの回転スペース

階段の角度を緩やかにるすと、上りやすいだけでなく踏み外しなどの事故も防げる。ここでは、蹴上げ高さを18㎝、踏面幅を25㎝にした。事故を防ぐために足元も照らすようにして、階段の先端部は視認しやすく、滑らない工夫も必要になる。停電の際は車いすを担ぐ必要も考えて、階段の幅も廊下同様少し広めにしている（**図12**）。

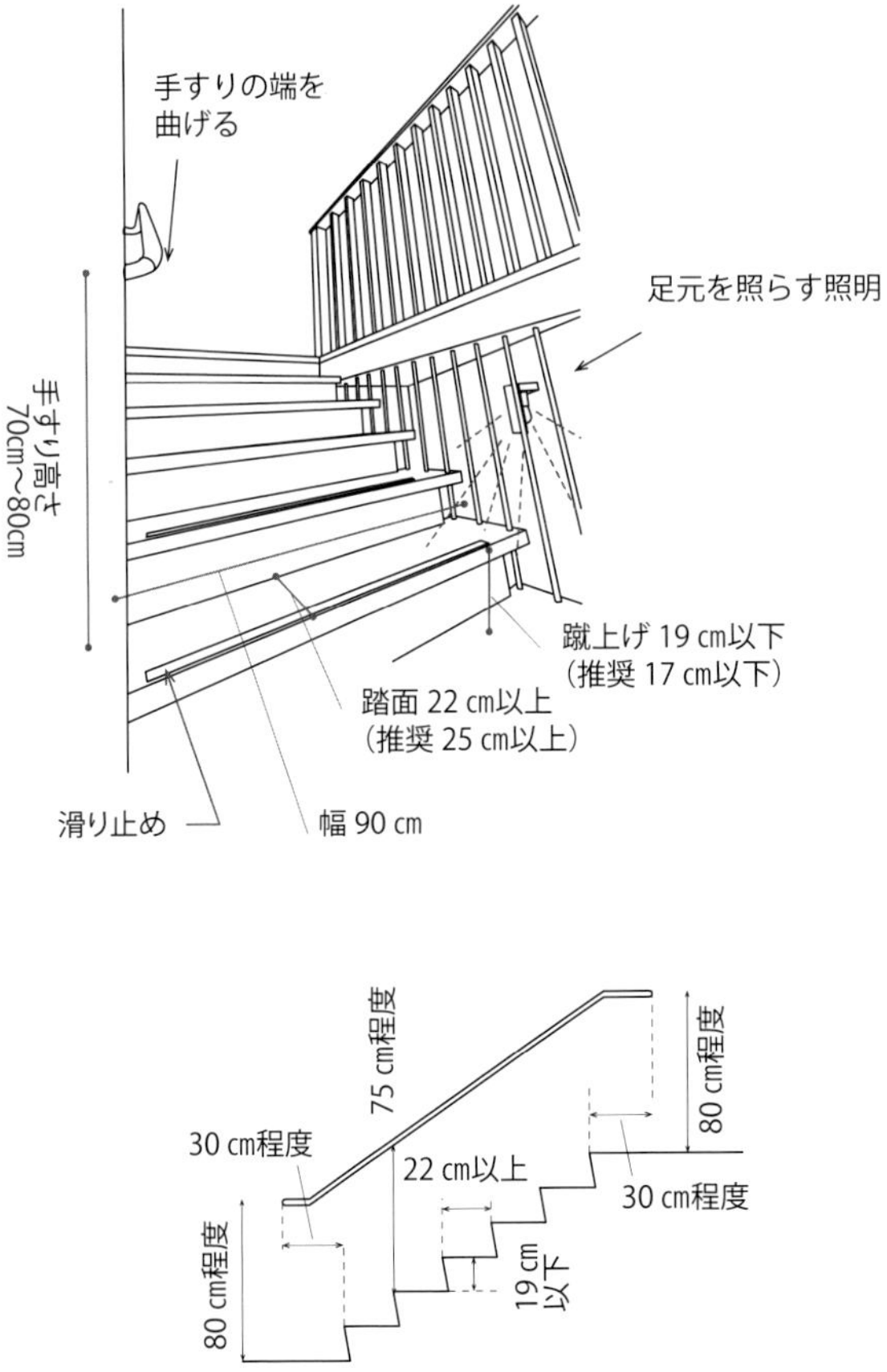

図 12　階段

●居室

リビング・ダイニングを二階にしているので、十分な陽当たりと風通しを得られている。また南側を大きな窓にしているので座った位置からも外の景色を十分楽しむことができているが、もし大きな窓を取れない場合でも、椅子に座った位置から外の景色を見ることができる高さに窓があるとよい（**図13**）。

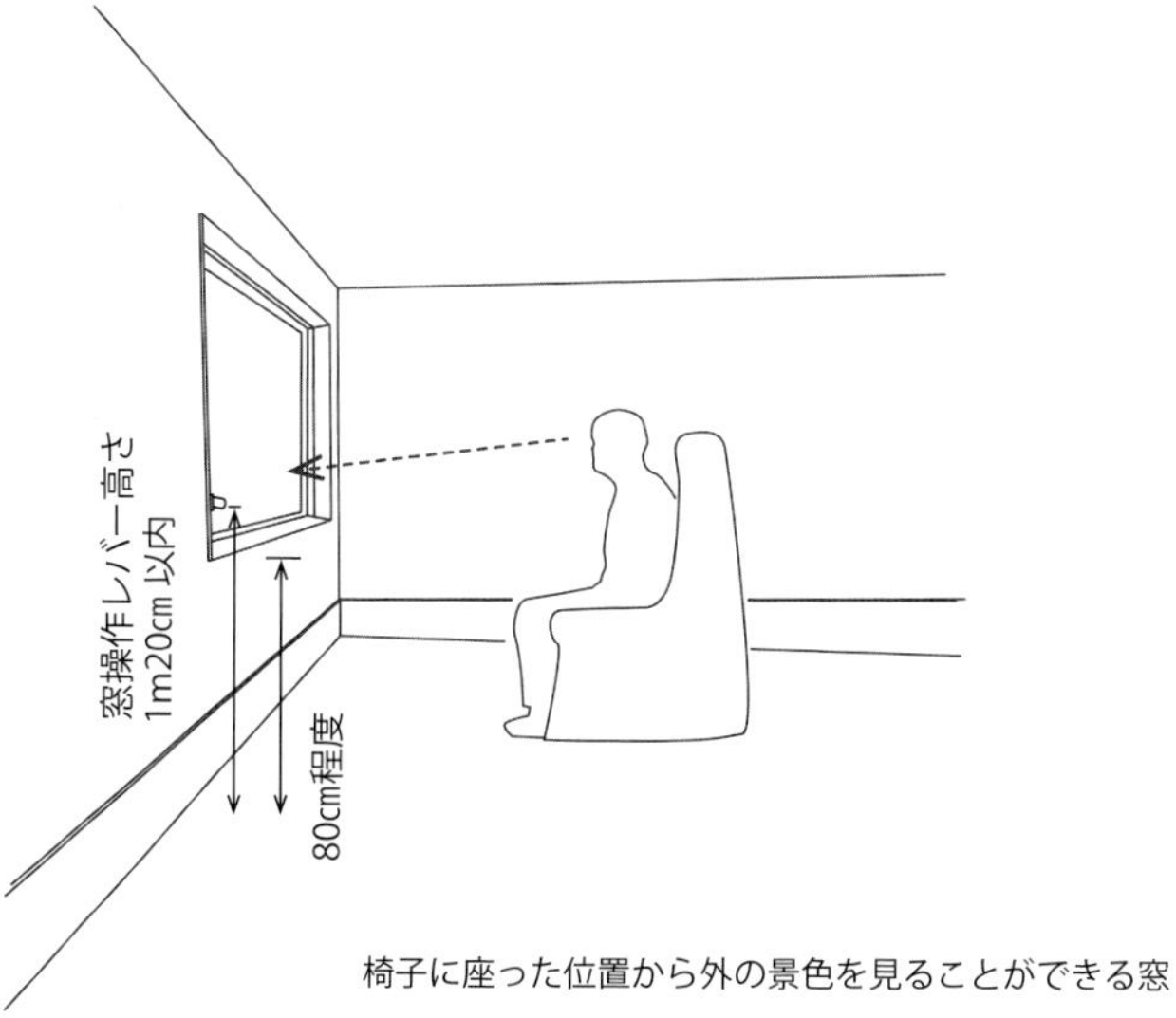

図 13　窓の高さ

寝室は北側になったが、寝室で過ごすことも多くなるかもしれない。窓から自然光や風を感じられるようにして、寝室にいてもなるべく外の雰囲気が感じられるようにした。夜はシャッターで閉じられる。部屋に換気扇を設けることで、空気の流れをつくり部屋の空気もこもらないようにしている。ベッド横には車いすが入れ、介助も受けやすいように、ここではベッド周囲に75cm程度の広さがとれるようにした（**図14**）。

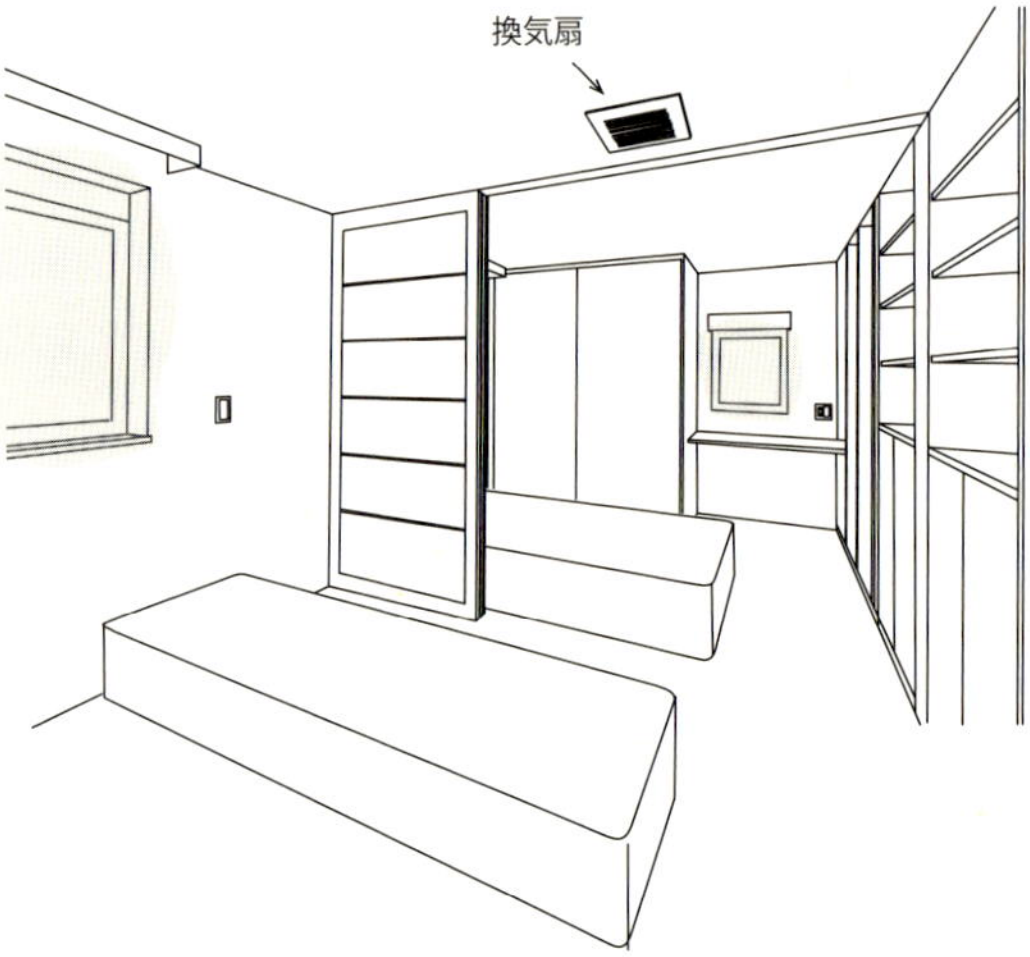

自然光が入り外の景色が見られる窓を設ける
換気扇を設けるなど空気の流れを考える
ベッドサイドの空きは75㎝以上

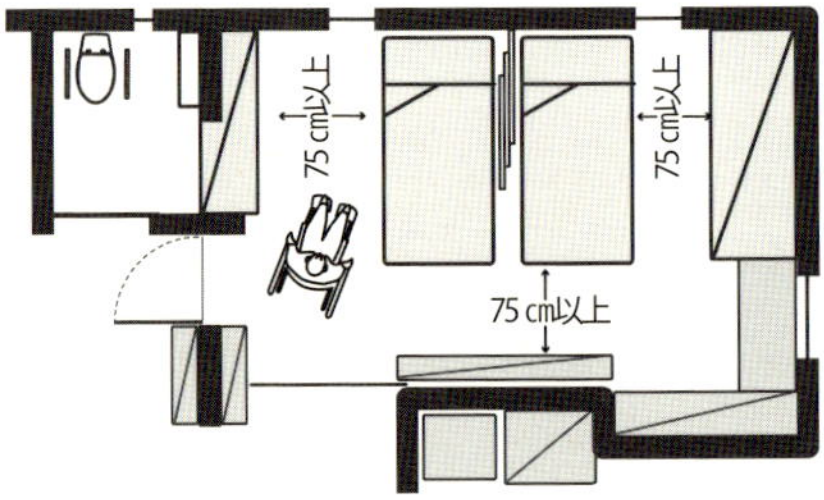

図14　寝室

●水回り

トイレの使いやすさは、とくに高齢となったときには自立した生活を続けていくうえで大きなポイントになる。介助されやすいトイレにすることで、自分でトイレを使える期間が長くなる。

車いすからの移乗も考えた広さにして、ヘルパーが入れる幅を確保した。横の手すりはあらかじめ付けてあるが、後ろの壁にも下地が入っており、跳ね上げ式の手すりを付けることもできるようにしてある（**図15**）。

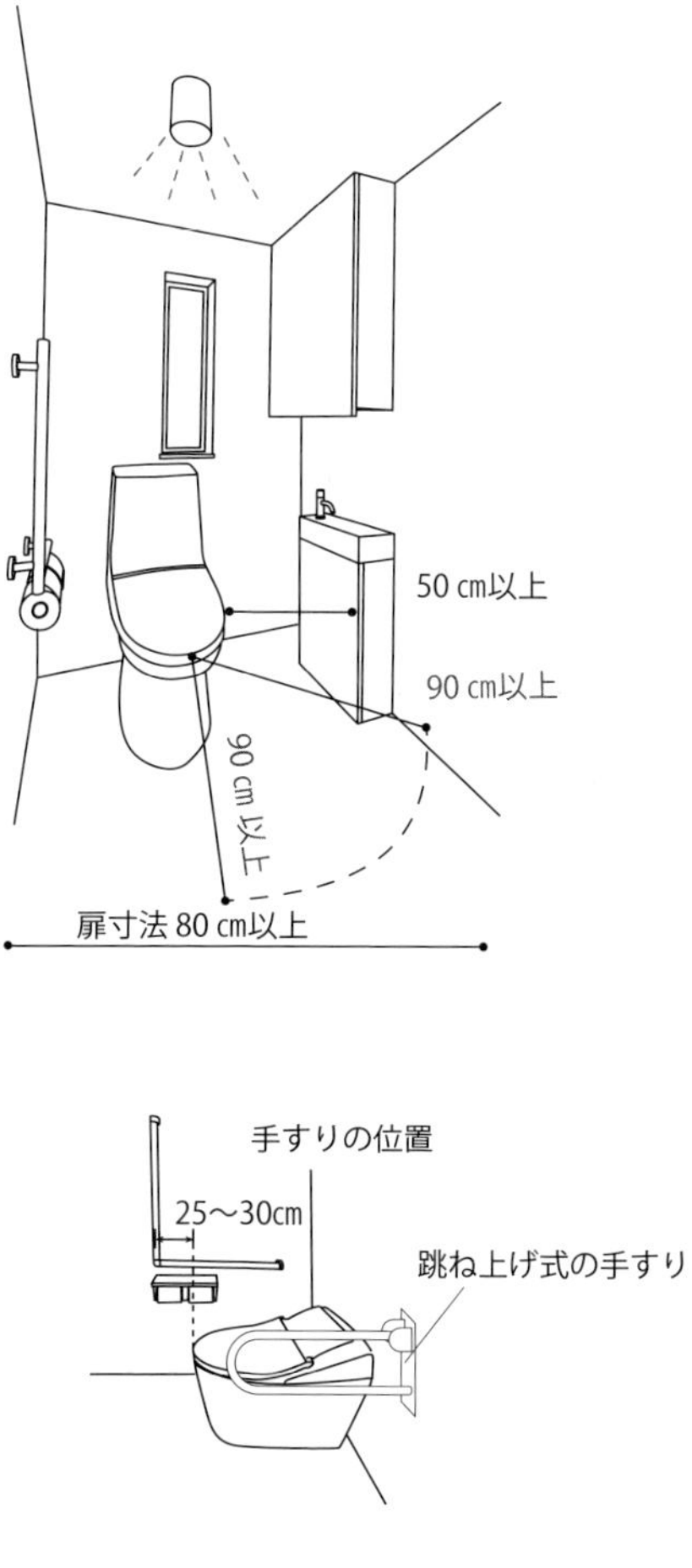

図15　広めのトイレと手すり

洗面所では、洗面台の下を空けておくことで、車いすでも脚が入り十分蛇口に近づけるようにした。ヘルパーが立てるようなスペースを考えて洗面台を少し広めにし、洗面の介助が受けやすくしてある。広さの関係で洗面台はあえて個室にせず、エレベーター前の回転スペースの一角に設置した。脱衣室も介助を受けやすい動線と広さにした。浴室からの移動や、衣類を着たり脱いだりする際に、安定した姿勢を保つための手すりを設置できるようにしてある（**図16**）。

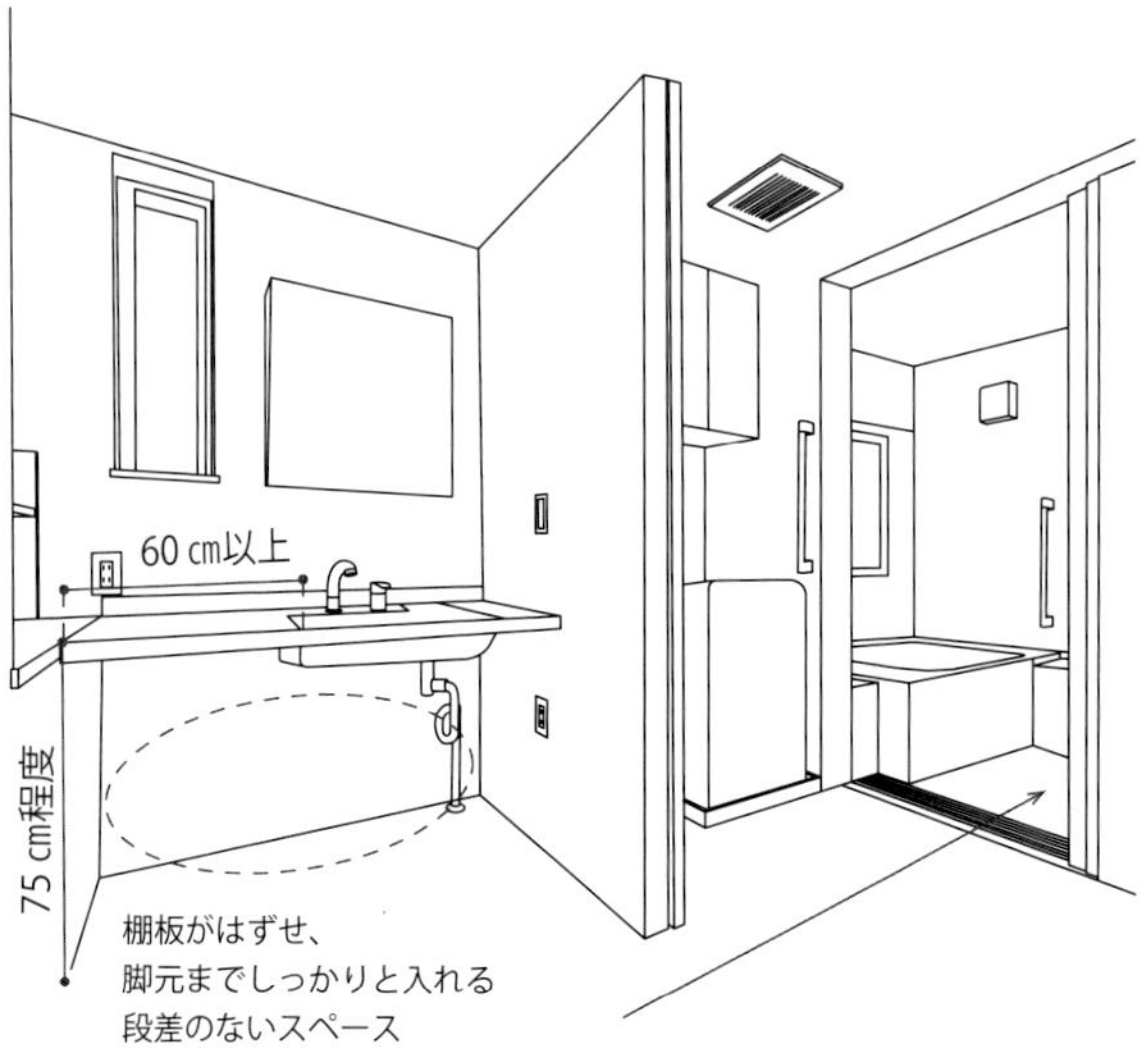

図16　洗面室・脱衣室

浴室は、温度差によるヒートショックや足を滑らせる事故を起こしやすく、他より注意が必要な場所である。浴室出入り口は段差をなくしておくと、つまづきを防ぐだけでなく、車いすでの使用も可能になる。

浴槽は楽な姿勢でリラックスできるものを選ぶとよいが、からだが浮く事故を防ぐため、膝が少し曲がる程度として、大きすぎるものは避ける。安全に浴槽に出入りできるように、横に腰掛けるスペースがありまたぎやすいようなへりの高さにする。

浴室の出入り口に縦の手すりを、また浴槽への出入りを補助する手すりも設置できるように考えてある。

洗い場は、シャワーチェアの使用や介助を受けての入浴にも対応できるように、できるだけ広めにし、また、カラン（蛇口）も高めの椅子に座って使えるように、高めの位置に設置した（**図17**）。

キッチンは椅子に座っても使用できる

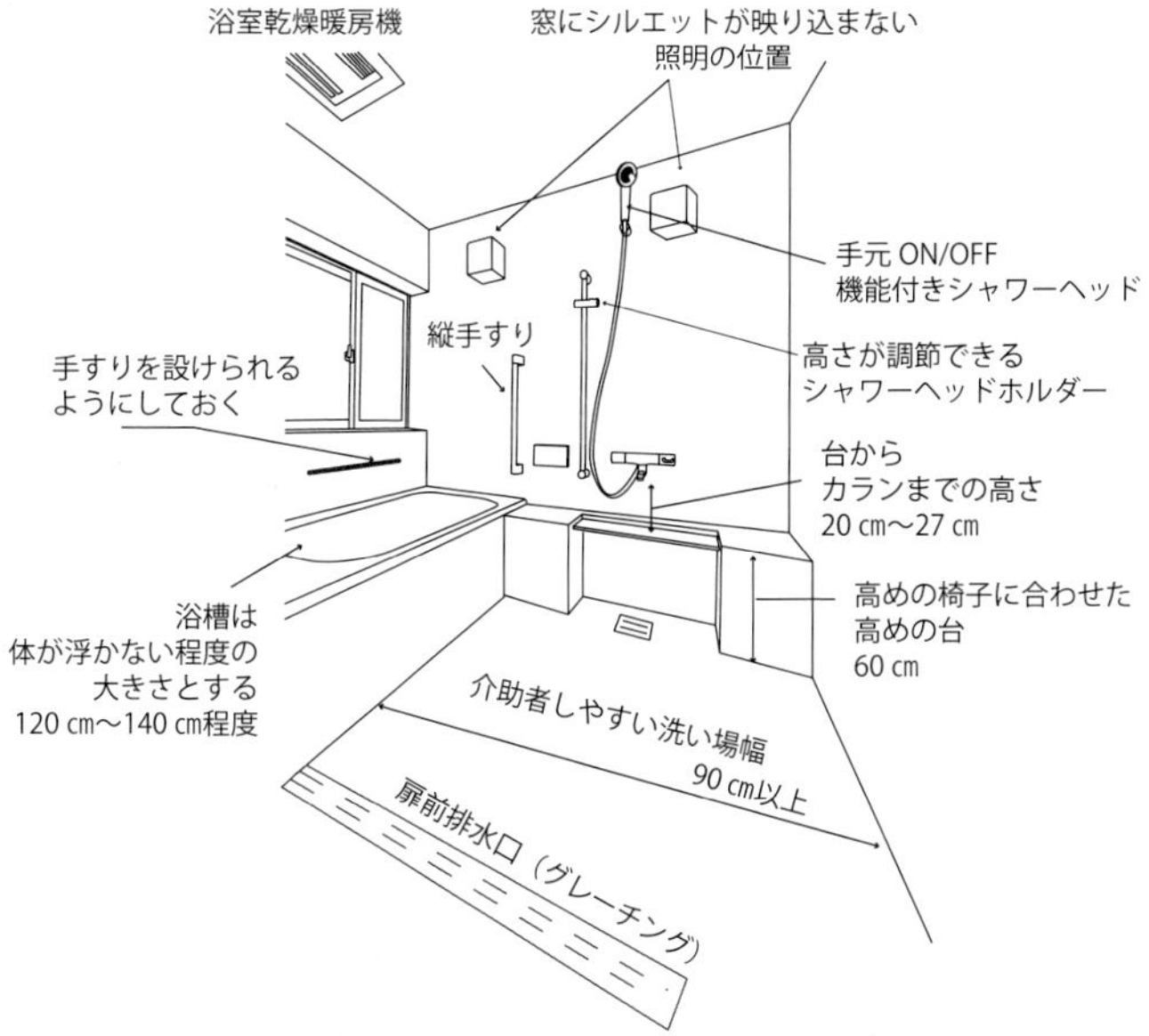

図17　浴室

ように、シンク下にスペースを確保した。これにより、車いすの回転スペースも確保できる。将来を考えるとガスコンロの使用は不安であるので、IHコンロを今のうちから使えるようにしておきたいが、今はまだガスで調理をしたいという要望もあり、ガスとIHのコンロを並べた。キッチンは以前の家と同じように対面式で、リビングに面しているので、キッチンからも大きな空を見ながら調理ができる（**図18**）。

●手すり・床とスイッチ・コンセント

手すりは取り付けられるように壁に下地を入れておけばよい。固定した棚などで手すりの代わりにすることもできる。手すりが必要になるのは、身体を支えて動作を補助する場所と、動作が変わる場所である（**図19**）。

若いときにはなんともない段差が、高

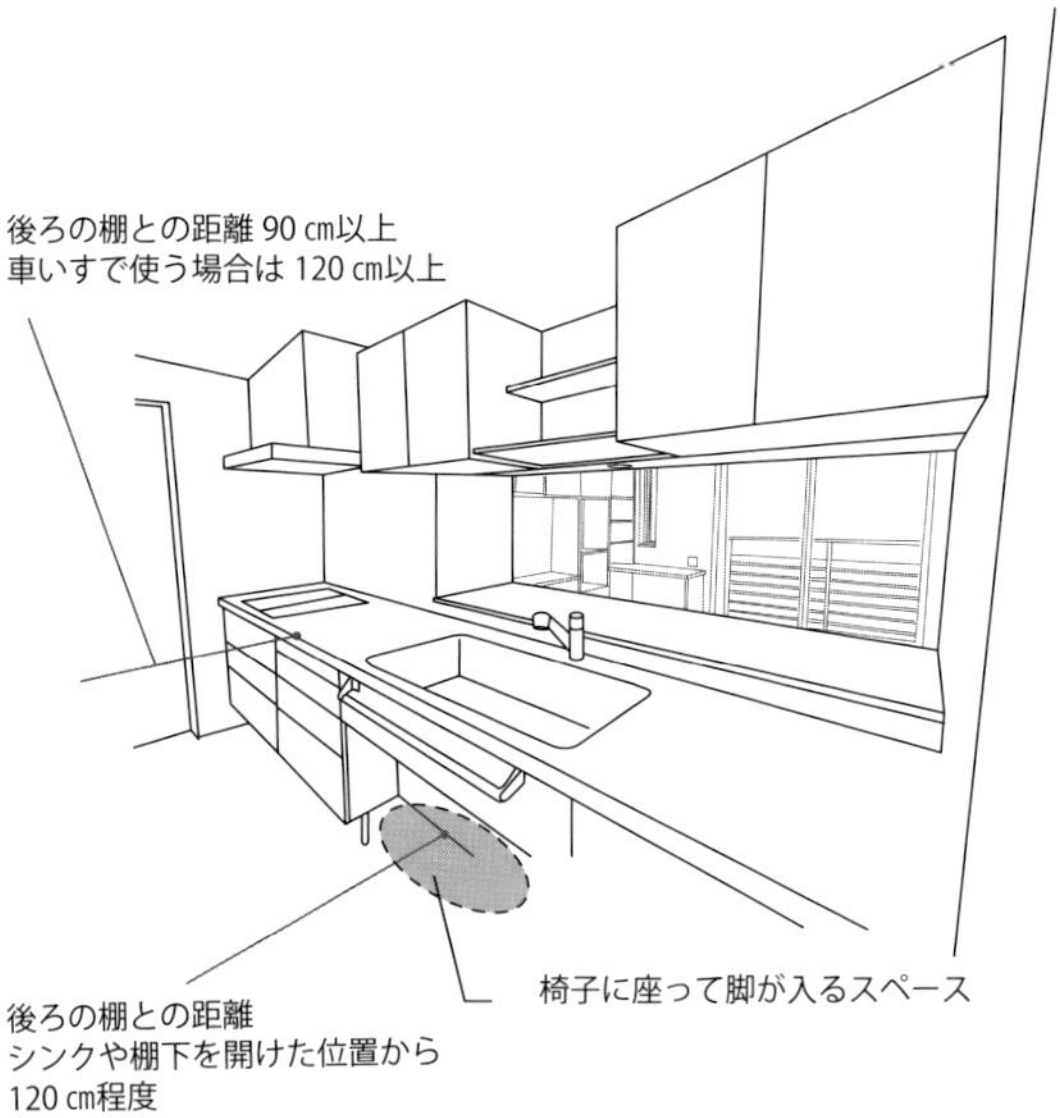

図18　キッチン

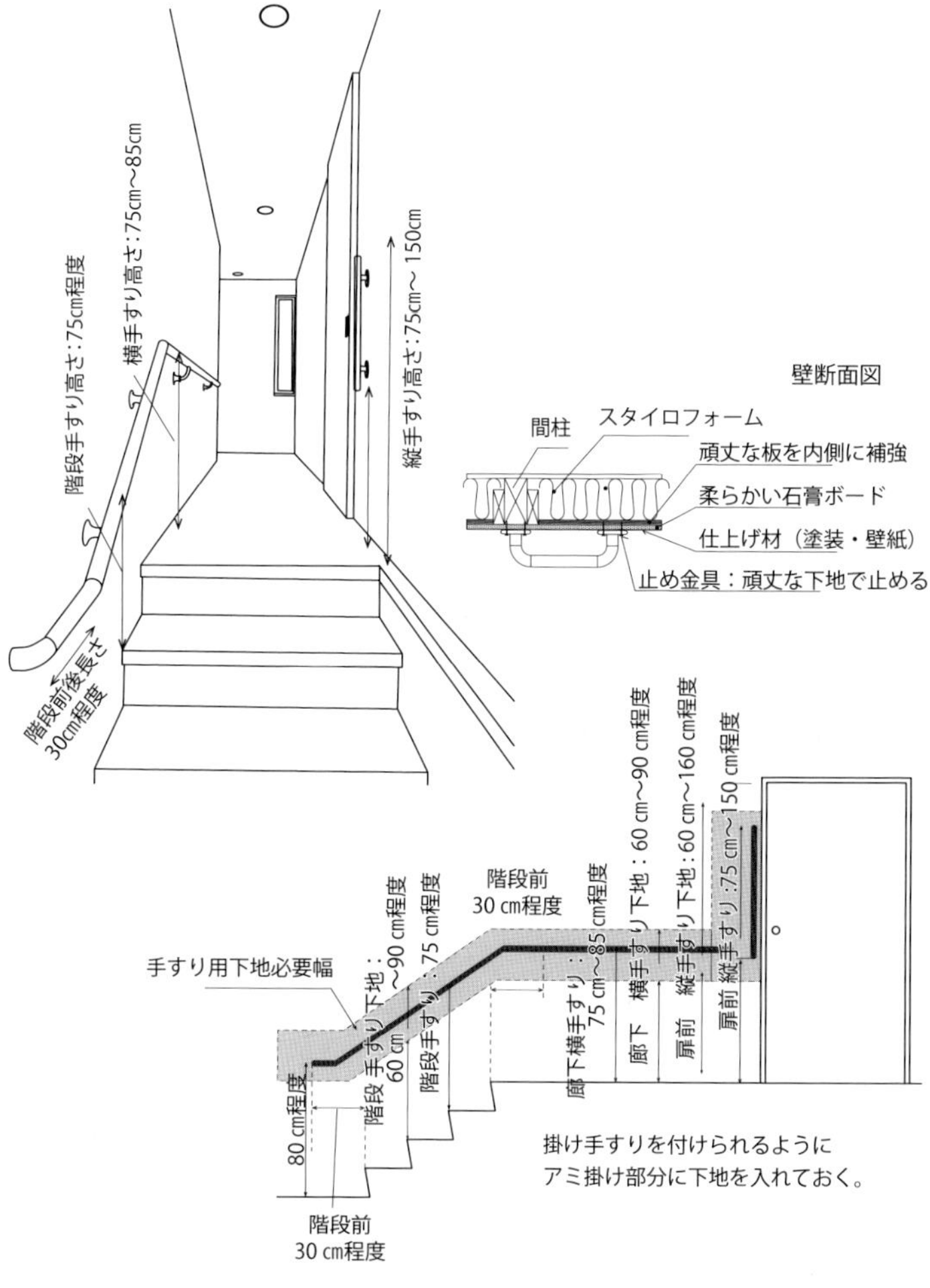

図 19　手すり下地の準備

齢になるとつまずきの原因になる。なるべく段差を設けず、滑りやすい床材を避ける。歳をとってからは、ラグなど足元がとられるようなものを使用することは避けたほうがよい。車いすで使用する場合も、カーペットだとタイヤが取られるのでフローリングが使いやすい。段差部分は色や素材で段がはっきりとわかるようにして踏み外しを防ぐ（**図20**）。

スイッチは高すぎないように、またコンセントは低すぎないように、車いすでも使えるだけでなく、無理にかがんだりする必要のない位置に設置する（**図21**）。

つまずいたり、滑ったりしない床にする。
段差を設けなくてはならないような場所は、段差がわかるようにし、スムーズな移動が考えられるようにする。

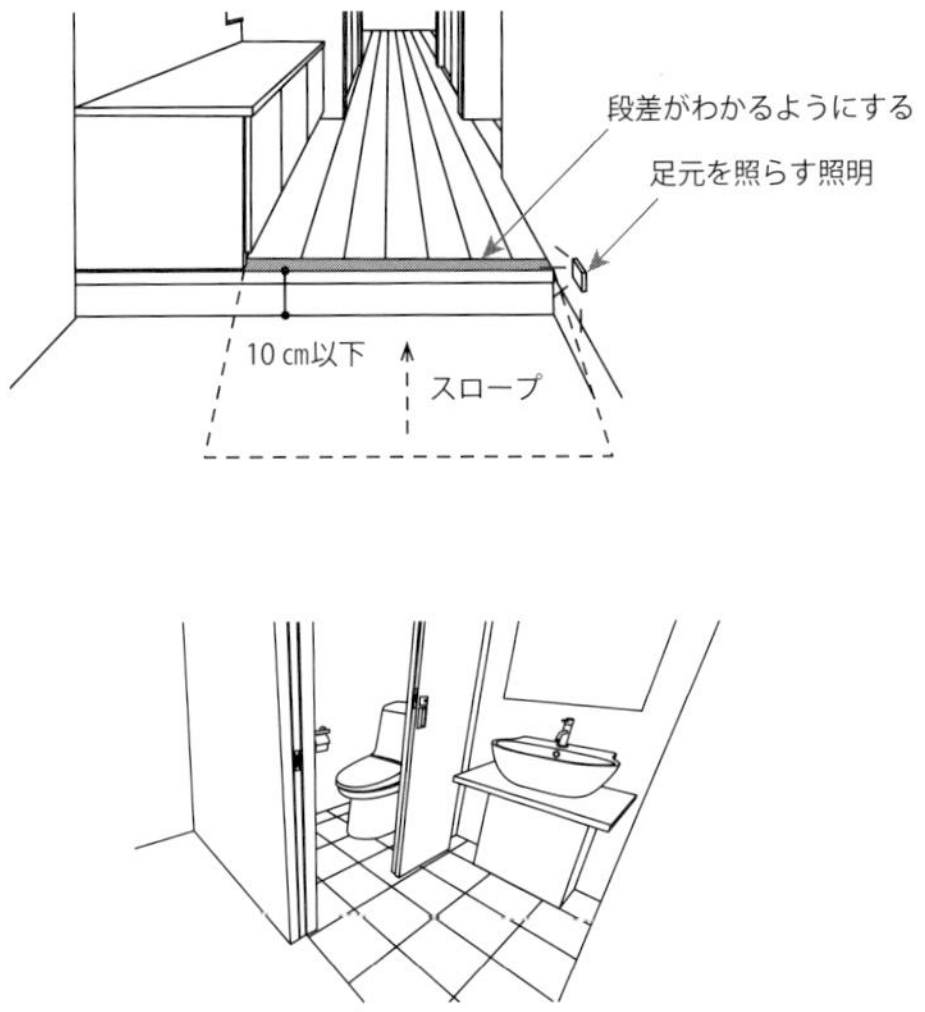

水回りもつまづいたり、滑ったりしない床にする

図20　床

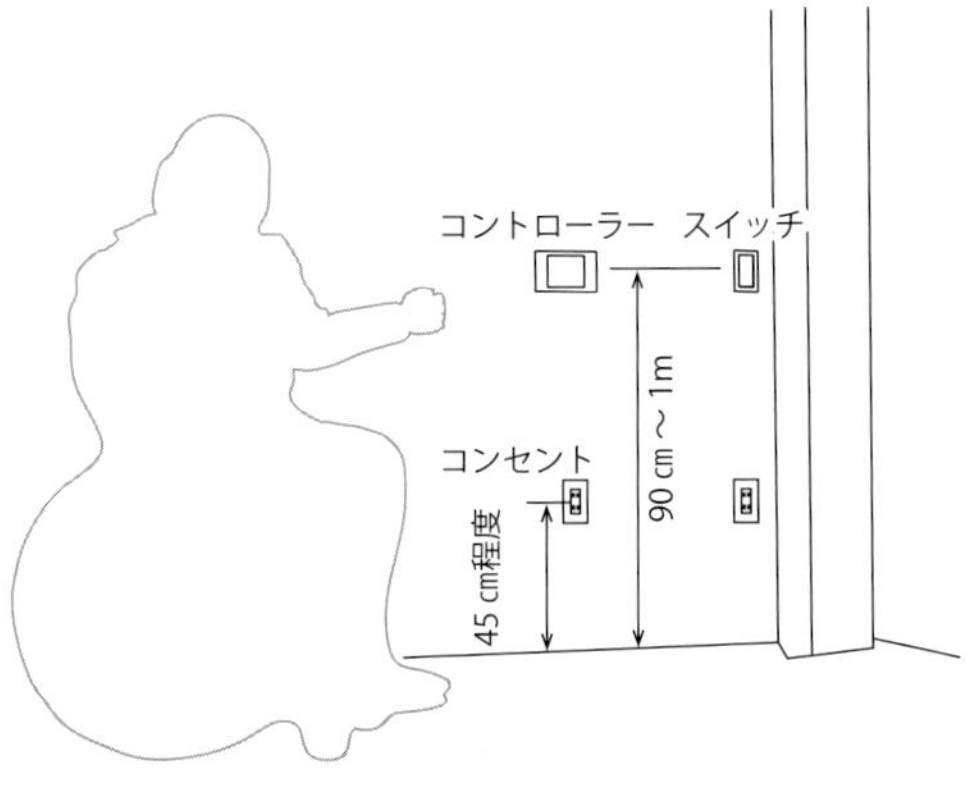

図21　スイッチ・コンセントの高さ

◉その後

高齢になっても住み続けられるように考えられた家で、今どのような暮らし方をされているのか。

住み始めてからしばらくして、エレベーターを入れる必要が出てきたのだが、準備していた収納スペースを使い、簡単な工事で玄関から一階、二階までのエレベーターを設置することができた。それでもお二人はできるだけ階段を使う生活を心がけている。緩やかな階段なので、階段の上り下りは非常に楽にできているという。孫が遊びに来たときには、玄関前のスペースや駐車場での車の乗り降りなど、ベビーカーの使い勝手がよいという。

冬は蓄熱式床暖房のお陰で二階でも底冷えすることはなく、また夏の暑い空気も二階の天井に設けた窓から排気できるので、暑さを厳しく感じない。当初、トイレが広すぎると思ったが、今では必要な広さだと感じているという。寝室のベッド横と、脱衣室には手すりを追加した。下地が入れてあるので、そのときの身体の状態に合わせた手すりを、必要な場所に簡単に入れることができた。家で過ごすときは二階で生活のすべてが済むので、居心地がよいという。何かあったときにはエレベーターがあるので安心だ。買い物をしてきたときなどの大きな荷物はエレベーターで上げたりもしている。

前面の道路は、通学路や通勤路にもなるため人の往来が比較的多い場所であるが、二階は道路からの視線を直接受けることはないので、窓のブラインドを開けていても気にならない。いろいろ準備していたことで、この先も安心してこの家に住み続けられると喜んでいただいているようだ。

取りあげたはるひ野の家の例がすべての人に対応した答えではないが、住み続けるために考えられうることは準備したつもりだ。本来であれば設計者が、家を計画する際にこうしたことも考えておけるとよいと思うが、残念ながら、そこまではされていない家が多くあるのも事実だ。住む側も、自らがどのような生活を続けていきたいかを考えたとき、ある程度の知識が必要となるだろう。この家を通して考えた「ライフタイム・ホームズ」の項目をまとめたので、興味のある方はぜひご活用いただきたい（**図22**）。

⑤曲がるときにも危なくない階段にする
（五）リビングダイニング
家族が集まる部屋は快適な日照、通風、眺望を確保する
（六）寝室
①自然光や風を感じられるようにする
②ベッド回りには75㎝程度の広さがとれるようにしておく
③ベッドからトイレに行き来しやすいような配置にしておく
④空気が流れるようにする
（七）トイレ
①介助者が入れる幅を確保しておく
②手すりを付けられるように考えておく
③暖房設備などを設置できるようにしておく
④水に濡れても滑らないような床材にする
（八）洗面室・脱衣室
①洗面室・脱衣室、浴室へは段差がないようにする
②介助が受けやすい広さにする
③ヒートショックを防ぐために暖房方法を考える
④滑りにくい床材にする
（九）浴室
①介助が受けやすい広さにする
②手すりが付けらるようにする
③高めの椅子でも使用しやすいようにする
④ヒートショックを防ぐために暖房方法を考える
（十）キッチン
座っても使えるようにするなど、誰でも安全で使いやすいキッチンにする
（十一）手すり
手すりが取り付けられるように壁に下地を入れておく
（十二）床
つまづいたり、滑ったりしない床にする
（十三）スイッチやコンセントの高さ
コンセントやスイッチは使いやすい位置に付ける

この内容は、[一級建築士事務所 BASSTRONAUTICS　ADMINISTRATION] が、[NPO 法人高齢社会の住まいをつくる会] と共にまとめた内容を再構成したものです。

◉ライフタイム･ホームズのポイント

一　生活の基本要素と配置

（一）生活の基本要素という考え方

玄関、リビングダイニング、寝室、台所、浴室、トイレ、脱衣室、洗面所など、生活の基本要素となる部屋は必要に応じて、同じ階に設けるか、将来同じ階にできるように考えておく、もしくはホームエレベータなどで行き来できるように考えておく

（二）寝室とトイレの位置

生活のかたちに応じて使いやすいトイレの場所を考える

（三）社会サービス受け入れの配慮

社会サービスを受け入れられるようにしておく

二　生活環境について

明るさや風通しには十分な配慮をする

各部屋の温度差をなくし、過ごしやすい環境が保てるようにする

三　部屋と要素

（一）玄関へのアプローチと駐車場の幅

①道路や駐車場から室内へ緩やかな経路を考えておく

②道路から室内までの高低差が大きい場合は、段差解消機などを付けられるようにしておく

③ベビーカーや車いすでもスムーズに車から出入りできるような駐車場にしておく

（二）玄関

①玄関前は十分な明るさを得られる照明と、雨でも濡れないような庇を設け、ベビーカーや車いすでも安全に止まっていられるようなスペースをとる

②玄関の段差は低く抑え、椅子と手すりを設けられるようにしておく

（三）廊下と部屋の扉と回転スペース

①車いすでも通れる廊下と扉幅にする

②車いすの回転スペースを考える

（四）階段

無理なく上り下りしやすい高さと幅にし、十分な明るさにする

①蹴上げ高さは19cm以下、踏面幅22cm以上にする（推奨蹴上げ高さ17cm以下、踏面幅25cm以上）

②手すりの高さは75cmから80cm程度とする

③滑らないようにして踏み外しをふせぐ

④事故を防ぐために足元も照らすようにする

図22

おわりに

二人は共に石山修武研究室という、建築学科の研究室にいた。
石山修武は一線の建築家のなかで野武士と呼ばれた独特の味を持った人だ。秋葉原で部品を買って電気製品を自作するように、工業製品や住宅部品を集めて自分で家を建てることができるとしてそれを実践し、コンテナや土木用建材の鉄板で建物をつくり、新しい共同体のあり方を見せるために小さな町の海辺の集落をやる気にさせて家の屋根を全部黄色に塗ってみたり、漁村の町おこしに大漁旗を縫い合わせて三日間だけの劇場をつくったりし、「異形の建築」と称してセルフビルドの不思議な建物なんかを見つけてきて光を当てたりして、そのすべてが学生だったわたしたちをしびれさせた。その建築は融通無碍で、開放系技術と言って使えるものは何でも使い、デザインは決してキレイにまとまるばかりでなくときに納まらず、そのかたち自体も開きっぱなしの自由逸脱の、まさに野を駆けるごとくの人物だ。少なくとも、そういうふうに受けとられていたのは確かだ。一見破天荒だが、常に人間を面白がり、場所や歴史や社会の裏付けを重視し、その経験と知識をもとにした理屈も鋭く的を射て、やはりわたしたちを魅きつけた。二人はそこでデザインとは何か、建築とは何かを考えさせられてきた。

そんな研究室でその後も長い間いろいろなプロジェクトを見てきて、そのなかで与えられたいくつかの着想が、ここで住宅を考えるうえでも中心となった。自分の家を自分で考えるということ、とくにそれが障害者などのマイノリティとされる人たちにとってはより一層大きな意味をもつこと、それが個人の問題だけでなくさらにすべての人間活動つまり社会というものを考えることにも連なっていること、その大筋は研究室での経験から自ずと引きだされたものだ。ここではそうした個人の問題をわかりやすく、ライフスタイル、ライフタイムとできるだけ軽くシンプルに伝えることに徹したが、その本質は実は重く広い。本当はそれこそ思想哲学の話にまで行き着いてしまうようなものではあるのだが、そんな住宅観がライフタイム・ホームズとここで言っているものに直接影響している。ここで考えていることがある種の住宅論として成り立つとすれば、それをさらに徹底して深めることをおいて他には考えようがない。

しかしここで言ってきたことはそんな大層なものではない。デザイン論でもないから、形態的な表現すなわちデザインとしての住宅に関する話も一切してこなかった。ちょっとした思考の姿勢ぐらいはでているかもしれない。が、ここでは主には障害者としての自己にとっての、あるいは車いす一般のため、ひいては高齢者のための住宅の機能について、ごく簡単な基本みたいな考えを述べている。そしてその社会的な意味を考えている。

そんな基本を自分のこととして考えてもらうきっかけとしては、ライフタイム・ホームズという言葉は素直でわかりやすいものだと思ったのだ。ライフタイム・ホームズはイギリスのLifetime Homesからとっている。ライフタイム・デザインの家もここでの意味は同じだ。このイギリスのガイドラインを、「高齢社会の住まいをつくる会」というＮＰＯの、理事長吉田紗栄子氏に誘われた勉強会で学びつつ、日本ではどう応用して考えられるかをそこで議論した。最後のリストはその成果を礎につくらせてもらった。

対話の一で園田眞理子さんに登場いただいたのは、そうした議論が社会の制度の中でどう活かされるべきかを伺うためだった。実際に、ここでわかりやすくライフスタイル、ライフタイムと言っていることの具体的な意義、さらにそれぞれの人間の社会とのつながり、その地域への広がりなどについて、日本の現状やさまざまな実践実状実感を踏まえてその社会的地域的な意味を語っていただいた。

一つつけ加えておきたいのは、ガイドラインというものは技術的な話になりがちだが、イギリスのLifetime Homesは、高齢者や障害者を決して地域から排除することのないように、という人権の問題が、すべての住宅をあらゆる人が使えるようにという議論の根っこで考えられているということだ。その視点は忘れないようにしたい。

もう一つの対話で熊谷晋一郎さんの名を挙げたのは、身体を通じての互いの知覚の差異の有無について気になったことがきっかけだった。そのうえで最初の著書を拝読したところ、まさに身体空間というべきものへの身体からの視点が示されていて、医師ならではと思ったと同時に、期せずしてそれを空間からの視点でどう考えるべきかの問いを突きつけられた。その辺りを整理して本番に臨んだのだが、実際には熊谷さんの身体とその環境のコントロールについての話から、人との関係、自立と依存、見えない障害、当事者研究と彼が進行形で考えているほうへ話は展開していったので、話が広がっていくほどに最初の目論見からは大きく外れ、空間の身体性についての問いは依然として、問いのまま残された。この問い自身がそもそも誰にとっても的外れなのかもしれない。それでもやはり考えることは続けたい。もちろん、この対話で新たな知見を与えられたことは有意義であったし、そこには新たな問いもまた浮上してきた。他にも、わたしたちに問いとして残されていることはまだまだたくさんある。

住宅はそこに住む人の生活そのものであるから、社会のあり方の根底を実は支えている。住宅設計に関わることは、例え私的個別の問題であっても、社会にそれなりの問題意識を投げかける小石ぐらいにはなる。それはひとつの住宅を通して、ローカルな地域の小さな共同体に対して、つまり人間の活動について、建築ゆえの街並み景観風景の問題だけでなく、何らかの社会的意味を表明することから始まる。これからの地域の自立とその私的自治の問題を見通して、この住宅は何を言わんとし、何を目指そうとしているのか。それは何に寄り添い、どんな生活を支え、誰のためになるのか。経済的技術的にあるいは文化的社会的歴史的に、あらゆる局面でそれは常に問われている。それを追求しなければならない。ここでの話が、そのほんの一様相にでもつなげるための小さな一歩になれば、それは大きな意味がある。

だが建築の設計というものはその先の、そこから出てくる建築のかたちまでを本当は考えなくてはならない。実際に住宅をどうかたちにしていくかは、それぞれの人が、それぞれの場所で、それぞれのやり方で実現していくより他はない。本当の住宅はそこからしか生まれない。設計するものとしては、それをかたちにすることを通して、すべての問いを懸命に考えるより他ないのである。懸命に考えたことが今度は実際どう表現されかたちになるのか、それがこれからのわたしたちの課題である。

著者の園田眞理子さん、熊谷晋一郎さん、小竿顕子さんと、住宅の掲載を承諾していただいた施主のご夫婦、話に取りあげさせてもらった諸個人諸団体関係者のみなさんは言うまでもなく、ここに辿り着くまでに出会ったすべての人に感謝したい。すべては一人の編集者の差し金である。彰国社鈴木洋美氏にお礼を言いたい。

丹羽太一・丹羽菜生

◉写真クレジット

畑拓（彰国社）　カバー、Ⅰ～Ⅳ（口絵）、64
和田雅仁　187、188、189（上）

●編者・著者紹介

丹羽太一（にわ・たいち）
一九六七年　生まれ
一九九〇年　早稲田大学建築学科卒業
一九九二年　早稲田大学大学院理工学研究科修士課程修了
一九九二年〜二〇一〇年　早稲田大学建築学科石山修武研究室スタッフ
二〇〇五年〜　BASSTRONAUTS
二〇一〇年〜　東京大学大学院経済学研究科　READ／REASE

丹羽菜生（にわ・なお）
一九九八年　早稲田大学建築学科卒業
二〇〇〇年　早稲田大学大学院理工学研究科修士課程修了
二〇〇三年　早稲田大学大学院後期博士課程満期修了
二〇〇五年〜　一級建築士事務所 BASSTRONAUTICS ADMINISTRATION 主宰（略称、BASSTRONAUTS）　一級建築士／工学博士
現在、中央大学研究開発機構　機構助教
羽田国際空港ユニバーサルデザインに関する研究を行う。
BASSTRONAUTS は、車いすで生活する人のための家や定年退職を迎える夫婦のための家など、車いすと介助者の視点から LIFETIME DESIGN で住み続けられる家の設計をしている。

園田眞理子（そのだ・まりこ）
一九五七年　生まれ
一九七九年　千葉大学工学部建築学科卒業
一九九三年　千葉大学大学院自然科学研究科博士課程修了
市浦都市開発建築コンサルタンツ、日本建築センター勤務を経て
現在、明治大学理工学部建築学科教授。博士（工学）・一級建築士
おもな著書に、『世界の高齢者住宅——日本・アメリカ・ヨーロッパ』、『高齢時代を住まう——２０２５年の住まいへの提言』（共著）など

熊谷晋一郎（くまがや・しんいちろう）
一九七七年　生まれ
二〇〇一年　東京大学医学部医学科卒業
二〇〇九年　東京大学大学院系研究科生体物理医学専攻博士課程単位取得退学
現在、東京大学先端科学技術研究センター准教授。博士（学術）
おもな著書に、『リハビリの夜』、『発達障害当事者研究——ゆっくりていねいにつながりたい』（共著）

小竿顕子（おざお・あきこ）
一九六九年　生まれ
一九九三年　早稲田大学人間科学部人間基礎科学卒業
一九九四年　日本社会事業大学研究科卒業。社会福祉士
回復期リハビリテーション病院、地域包括支援センターでの仕事も経験しながら、おもには急性期病院において医療ソーシャルワーカーとして従事し、現在に至る。

体験的ライフタイム・ホームズ論　車いすから考える住まいづくり

2016年 11月10日　第1版 発　行

編　者　丹 羽 太 一・丹 羽 菜 生

著　者　丹 羽 太 一・丹 羽 菜 生
園 田 眞 理 子・熊 谷 晋 一 郎
小 竿 顕 子

著作権者との協定により検印省略

発行者　下　出　雅　徳

発行所　株 式 会 社　**彰　国　社**

自然科学書協会会員
工 学 書 協 会 会 員

162-0067　東京都新宿区富久町8-21
電話　03-3359-3231（大代表）
振替口座　00160-2-173401

Printed in Japan

印刷：壮光舎印刷　製本：中尾製本

ISBN 978-4-395-32075-2 C3052　http://www.shokokusha.co.jp